디자인 창업의 모든 것

디자인 창업의 모든 것

아이디어에서 납품까지,
아무도 알려주지 않는
실전 창업 공식

김진경·진진아 지음

어깨 위 망원경

이 책은 교수이자 선배 디자이너로서, 창업을 준비하는 여러분에게 들려주는 현장의 경험담입니다.

오늘도 강의실에서 창업을 꿈꾸는 학생들의 눈빛을 마주합니다. 그럴 때마다, 예전 우리 역시 같은 눈빛으로 세상을 바라보던 시절이 있었다는 사실을 떠올리곤 합니다. 각자 걸어온 길은 달랐지만, 디자인 창업 과정에서 겪었던 어려움과 배움은 닮아 있었습니다. 그리고 언젠가 이 이야기를 전한다면 누군가에게 실질적인 도움이 되지 않을까 하는 마음이 우리를 만나게 했습니다.

디자인은 단순히 예쁜 것을 만드는 것을 넘어 그 이상의 것을 창출하는 일입니다. 자신의 감각을 믿고 클라이언트의 문제를 함께 고민하며, 사람과 사람 사이를 이어주는 가교 역할을 하는 일이라고 말하고 싶습니다. 그렇기에 디자인 창업은 단지 사업이 아닌 삶의 방식과 철학을 담는 긴 여정입니다.

지금 우리는 교수라는 자리에 서 있지만, 여전히 '창업을 준비하는 디자이너'의 마음을 잘 알고 있습니다. 학생들을 만나면, 창업에 대한 열망은 크지만 정작 어디서부터 어떻게 시작해야 할지에 대한 구체적인 가이드는 부족하다는 사실을 자주 느낍니다. 특히 디자인 외에도 마케팅, 브랜딩, 소통, 재무 등 창업 전반에 대한 막연한 두려움을 안고 있는 경우를 많이 봅니다. 그래서 우리가 겪었던 시행착오와 노하우, 그리고 실제 창업 과정에서 반드시 알아야 할 실무 프로세스를 정리해 독자들에게 전하고자 이 책을 쓰게 되었습니다.

이 책은 그저 창업 지침서가 아닙니다. 디자인을 사랑하고, 스스로의 힘으로 일하고자 하는 이들에게 보내는 '실질적인 조언'이자 '선배의 경험담'입니다. 창업을 꿈꾸는 순간 반드시 마주하게 될 고민들—첫 번째 프로젝트를 어떻게 수주할 것인지, 어떤 시행착오를 피할 수 있는지, 디자인 회사를 운영하기 위해 어떤 과정을 이해해야 하는지—에 대해 진솔하게 담고자 했습니다.

또한 이 책은 정답이 아닌 '방향'을 제시하고자 합니다. 디자인 전공자일 수도 있고, 비전공자일 수도 있으며 각기 성향이 다르고, 하고 싶은 일도 다르기에 창업의 모습도 저마다 다를 수밖에 없습니다. 누군가의 방식이 곧 내 방식이 될 수는 없으니까요.

이 책이 창업을 앞둔 당신에게는 불안 속에서도 용기를 내게 하는 작은 등불이 되기를, 이미 시작했지만 길이 보이지 않는 이들에게는 다시 방향을 잡을 수 있는 나침반이 되기를 바랍니다. 그리고 무엇보다도, 디자인을 사랑하는 모든 이들이 자신만의 길을 개척하는 데 든든한 동반자가 되기를 진심으로 바랍니다. 세상의 기준에 휘둘리기보다, 나만의 리듬과 철학을 가지고 나아가는 창업의 길, 이 책이 그 시작을 함께하는 첫걸음이 되기를 진심으로 응원합니다.

우리의 지난 시간이 그러했듯, 앞으로 당신의 여정 또한 분명 빛날 것입니다.

차례

1장
독립한다,
홀로 일해서
돈 벌 거다

2장
사업 기반을 세우는
준비 단계

3장
단계별 디자인
수익화 과정

4장
진심을 다해 만나고 납품하자

1장

독립한다,

**홀로 일해서
돈 벌 거다**

01 졸업하면 그냥 쉴 건데요

나를 위한 움직임은
계속되어야 한다

졸업을 앞두고 "좀 쉬고 싶어요"라는 말, 이해합니다.
하지만 쉼이 오래되면 생각만 많아지고 움직이지
못하는 상태가 길어질 수 있습니다.
잠시의 쉼을 디자인 창업에 필요한 '숨 고르기'
시간으로 삼아보세요.

"졸업하고 좀 쉬다가 취업해도 될까요?"

졸업 상담을 하다 보면 이 질문이 가장 많습니다. 학교생활이 힘들어서 쉼이 필요하다고요. 구직활동을 일절 하지 않고 '그냥 쉬는' 청년이 44만 명이 넘으면서 역대 최대치를 기록했다는 뉴스, 보셨을 거예요. 그런데 더 심각한 것은 75% 이상이 구직 의사가 없었다는 겁니다. 상담을 해보면 이유는 다양해요. 원하는 일자리가 없거나, 연봉이 기대에 못 미치거나, 집과 거리가 멀어서이기도 하고요. 어떤 학생들은 이력이 부족하다고 생각해 학원을 더 다니며 포트폴리오를 쌓기도 합니다. 또 어떤 학생들은 전공과 맞지 않아 전혀 다른 새로운 길을 개척하기도 하죠.

저도 학생일 때가 있었기 때문에 이 마음 너무 잘 공감됩니다. 학교 다니는 동안 과제하고 팀 프로젝트하고 동아리 활동하다 보면 쉬고 싶다는 생각이 절로 들거든요. 몇 개월만 쉬면 리프레시가 되고, 그 뒤엔 더 열심히 일할 수 있을 것 같잖아요.

그런데 이 몇 개월이 내 맘 같지 않죠. 3개월만 쉬고 싶었는데 3개월이 6개월이 되고 1년이 되죠. 요즘은 경기가 더 안 좋아져서 회사에서는 신입이 아닌 경력직만 채용합니다. 신입은 어디서 경력을 쌓죠? 상황이 이렇다 보니 스펙 쌓기만 하다가 소중한 시간을 다 보내는 경우가 많아요. 그리고 신입의 경우에는 내가 어느 정도 실력인지, 회사에서는 어떤 인재상을 원하는지 가늠할 수가 없기에 그 간극을 좁히기가 어려운 것 같아요.

취업 기회를 잡을 수 있는 위치에 있는 학생들조차 고민을 합니다. 더 좋은 회사가 기다리고 있을 것 같아 지금의 기회를 놓치기도 하죠.

물론 원하는 곳에 들어간다면 좋지만, 그 기다림이 길어지면 오히려 조급해지고, 조급함은 좋은 기회를 놓치게 만들기도 합니다.

졸업 후 그냥 시간을 흘려보낼 수도 있지만, 조금만 다르게 생각해 보면 그 시간은 훨씬 더 의미 있는 여정이 될 수 있습니다.

요즘 누군가는 자신이 좋아하는 캐릭터나 일러스트를 활용해 소규모 굿즈를 제작해 온라인에서 판매하고, 또 누군가는 친구들과 힘을 합쳐 작은 디자인 스튜디오를 시작해 실제 프로젝트를 의뢰받아 실무 감각을 키우기도 합니다. 실제 제자 중 한 명은 졸업 후 자신만의 이모티콘을 직접 제작한 후 플랫폼에 승인받았고 그 결과 타 브랜드와 협업까지 이어가며 창업의 성과를 낸 경우도 있었습니다. 이처럼 디자인 전공자에게는 '창업'이라는 또 다른 진로의 문이 열려 있습니다. 졸업 후 잠시 쉬는 시간을 가진다고 해도, 그 시간을 가만히 흘려보내기보다는 나를 위한 투자로 전환해 보는 건 어떨까요? 내가 정말 해결하고 싶은 문제는 무엇인지, 어떤 사람들을 위해 디자인을 하고 싶은지 곱씹어보는 것만으로도 창업의 씨앗을 틔울 수 있습니다. 또한 창업이 최종 목표가 아니었다 하더라도, 그 과정을 통해 얻는 경험과 배움은 분명히 남습니다. 작은 아이디어를 스케치하거나, 직접 간단한 프로토타입을 만들어 보는 것, 친구와 협업 프로젝트를 시도해 보는 것 역시 훌륭한 준비 과정이 됩니다. 중요한 건 속도가 아니라 방향입니다. 취업이든 창업이든, 남이 정해준 길이 아니라 내가 원하는 길을 조금씩 설계해 나가는 것. 그 과정을 통해 비로소 졸업 이후의 시간은 의미 있는 나만의 여정으로 바뀌게 됩니다.

□ 졸업 전, 다양한 실무 경험이나 프로젝트를 충분히 해보았는가?

□ 졸업 후, 나만의 목표와 비전을 구체적으로 설정해 보았는가?

□ 내가 정말 해결하고 싶은 문제나 관심 있는 분야는 무엇인지 자문해 보았는가?

#쉬는청년 #스펙쌓기 #취업과창업사이

사수들의 따돌림을
새로운 기회로

상처가 방향이 되기까지

사수와의 관계에서 느꼈던 불편함이나 관계의 어려움이
창업의 계기가 되었더라도,
새로운 시작으로 바라보는 것이 중요합니다.

어느 한 디자이너의 이야기를 들어볼까 합니다.

꿈에 그리던 디자인 회사에 입사했다. 대학 시절부터 동경했던 곳이었고, 포트폴리오를 수차례 갈고닦아 간신히 합격한 자리였다. 기대에 부풀어 첫날을 맞았지만, 그 설렘은 오래가지 않았다. 팀원들은 형식적으로 인사만 건네고, 사수인 김 대리님은 "잘 부탁해요" 한마디만 남긴 채 자리로 돌아갔다. 처음엔 다들 바빠서 그런 줄 알았지만, 점점 이상함을 느꼈다. 특히 점심시간이 되면 다들 우르르 나가면서도 나에게는 말 한마디 건네지 않았다. 회의 시간에도 내 의견은 마치 공기처럼 스쳐 지나가며 무시당하는 듯했다.

결정적 순간이 찾아왔다. 중요한 프로젝트 시안을 밤새 완성했지만, 김 대리님은 힐끗 보더니 "우리 스타일이 아니네"라며 차갑게 덮어버렸다. 이후 논의는 다른 팀원의 시안으로 자연스레 넘어갔고, 내 노력은 먼지처럼 사라졌다. 이유가 궁금해 선배 유진 대리에게 물었다. 그는 잠시 망설이다 조용히 입을 뗐다.

"너 전에 있던 신입이 김 대리랑 트러블이 있었거든. 그때부터 신입한테 좀 까칠해."

그러니까, 내 잘못이 아니라 단순히 운이 나빴던 거였다.

그날 밤, 나는 생각했다. 여기에 남아 버틸 것인가, 아니면 새로운 길을 찾을 것인가.

사수는 선배 디자이너를 뜻해요. 신입 디자이너에게 사수는 단순히 일을 가르쳐주는 존재를 넘어, 회사 생활의 기본부터 알려주는 중요한 멘토죠. 잘 맞으면 정말 큰 힘이 되어주지만, 그렇지 않은 경우도 종종 있어요. 특히 조직 생활이 처음이라면 당장이라도 그만두고 싶은 마음이 들 때가 있을 거예요. 조직 사회? 조금은 복잡하지만, 사람들과 협업하는 감각, 회사라는 틀 안에서 움직이는 요령, 그리고 클라이언트와 일하는 방식까지, 이런 모든 경험은 언젠가 나만의 일을 시작하고 싶을 때 큰 자산이 됩니다. 물론, 무너지기 직전까지 참으라는 뜻은 절대 아니에요. 사수가 신입을 부당하게 대하는 행동은 어떠한 경우에도 정당화될 수 없고, 누구나 존중받을 권리가 있다는 점을 잊지 마세요. 다만, 도망치듯 그만두지 말고, 내가 진짜 원하는 일을 충분히 고민해 보고 결정했으면 해요.

창업은 단순히 회사를 세우는 일이 아니라 내가 어떤 디자이너로 살아가고 싶은지 스스로 정의하는 과정이기도 합니다. 어떤 분야에 집중할지, 어떤 가치를 디자인으로 실현하고 싶은지, 어떤 방식으로 사람들과 협업할지 이 모든 질문에 답을 찾아가는 여정이 곧 창업의 길이죠. 따돌림이나 좌절 같은 경험도 결국 이 여정으로 이어진다는 점을 기억하세요. 힘든 순간이지만, 언젠가 나만의 길을 만들 동력이 되거든요. 그래서 창업은 '현실 도피'가 아니라, 자신에게 가장 솔직한 선택이라는 점을 깨닫게 됩니다. 어떤 이유에서든 "이제는 나만의 길을 가고 싶다"는 생각이 들었다면, 그 마음 자체가 이미 창업의 첫걸음입니다.

□ 조직 사회에서 협업과 소통을 경험해 보았는가?

□ 현재 겪고 있는 어려움이 나중에 어떤 자산이 될 수 있을지 생각해 본 적이 있는가?

□ 타인의 시선이나 평가에 흔들리지 않고 나만의 판단을 내릴 수 있는가?

#불편함이기회 #관계가학습 #새로운도전

03 시간적·경제적 자유를 위한 사전 준비 전략

**중요한 것은
꺾이지 않는 마음!**

처음부터 시간과 경제적 자유를 가질 수는 없습니다.
안정화를 이루기 위해서 초기에는 몰입하는 시간이
절대적으로 필요합니다.
원씽One Thing!

그렇다면, 왜 나는 창업을 하고 싶은 걸까요?

이 질문은 여러분이 그리는 미래에 대한 질문입니다. 창업 동기는 사람마다 다르지만 정말 중요한 건 나만의 동기, 즉 '왜 창업이지?'에 대한 답을 명확히 할 수 있어야 합니다. 창업은 단기간에 보상을 얻기 어려운 여정입니다. 오히려 창업 초기에는 안정적인 취업보다 더 많은 리스크와 불확실성을 혼자 감당해야 하는 현실에 직면하게 됩니다. "돈을 벌고 싶다"는 이유만으로 창업하면 금세 지치거나 실패할 확률이 높아요. 사람들은 돈만 좇는 사람을 금세 눈치채곤 합니다. '1-02. 사수들의 따돌림을 새로운 기회로' 챕터의 사례처럼 회사에서 내 디자인, 내 아이디어가 묻히는 게 싫어서, 혹은 업무만 잘하면 되는 것이 아니라 김 대리님의 감정까지 신경 써야 하는 조직 문화가 부담스러워서가 이유일 수도 있죠. 틀에 짜여진 회사의 구조가 싫고 단지 '자유'만을 추구해서 창업을 선택한다면 그 선택이 항상 옳은 방향으로 이어지리라는 보장은 없어요. "무엇이 나를 창업으로 움직이게 하는가?"라는 본질적인 질문을 더 깊이 스스로에게 해야 합니다. 숨은 내적 동기를 더 깊이 파고들 필요가 있어요. 창업이 나에게 주는 의미가 무엇인지를 고민해 보세요.

결국 가장 중요한 질문은 '무엇이 나를 창업으로 움직이게 하는가?'입니다. 내적 동기를 깊이 탐구하고, 창업이 나에게 주는 의미가 무엇인지 스스로에게 솔직하게 물어보세요.

Q. 나에게 있어 가장 중요한 가치, 원씽One Thing은 무엇인가?

창업을 '내가 대표가 되고 리더가 되어 모든 것을 결정하고, 선택하며 나를 중심으로 일이 돌아간다'고 생각하기 쉽습니다. 이 말은 반은 맞고 반은 틀립니다. 창업도 누군가와 협업을 해야 하고, 소통을 해야 하고, 조율을 해야 합니다. 오히려 구성원이 있다면 대표는 자신보다도 그들의 삶을 더 깊이 들여다보고 책임져야 할 때가 많습니다. 근무 시간 외에도 움직여야 하는 일이 생기며, 대표라는 직함에 책임의 무게가 더해집니다. 단지 창업이 화려하고 멋있어 보였기 때문에 꿈꾸었다면, 그 이면에 있는 현실도 함께 바라볼 필요가 있습니다. 다음과 같은 질문을 스스로에게 해보세요. 이 질문에 대한 답이 바로, 여러분이 가장 중요하게 생각하는 '원씽One Thing'이 될 수 있습니다.

> 내가 가장 즐거운 순간은 언제인가?
>
> 내가 가장 성취감을 느꼈던 일은 무엇이었는가?
>
> 내가 삶에서 가장 중요하게 여기는 가치는 무엇인가?
>
> 내가 힘든 상황에서도 계속 몰입할 수 있도록 하는 것은 무엇인가?
>
> 나는 어떤 방식으로 살아가고 싶은가?
>
> 내 삶과 창업에서 가장 집중해야 할 단 하나의 목표는 무엇인가?

이 질문들은 '돈'이나 '성공'이 아니라 창업을 지속하게 만드는 내적 동기와 의미를 발견하게 도와줍니다. 자신이 진짜로 중요하게 여기는 가치와 목표를 명확히 하게 되면, 어려운 상황에서도 흔들리지 않고 꾸준히 나아갈 힘을 얻을 수 있습니다.

Q. 바로 창업하는 게 좋을까요? 경력 쌓고 창업하는 게 좋을까요?

이 책을 펼치면 '지금 당장 창업에 도전하라!'고 말할 것 같죠?

하지만 현실은 그렇게 단순하지 않습니다. 실무 경력을 쌓고 나서 창업하는 것을 추천합니다. 그 이유는 경력이 단순히 일을 잘하게 되는 것, 실무적 기술만을 의미하는 것은 아니기 때문이에요. 경력이 없는 상태에서 곧바로 창업에 도전하면, 제품이나 서비스를 만드는 데는 성공할 수 있더라도 정작 비즈니스로 이어지지 못해 어려움을 겪는 경우가 많습니다.

고객과의 소통이나 협상 방법, 시장 트렌드 분석, 재무 관리와 같은 요소는 실무에서 직접 부딪히며 배우는 것이 훨씬 효과적이에요. 이러한 경험이 없으면 사업 초기 단계에서 많은 시행착오를 겪을 수 있고, 비용과 시간 모두에 있어 큰 손실로 이어질 수도 있거든요.

반면에 충분한 경력을 통해 다양한 프로젝트를 경험하고, 팀원과 협업하는 법, 클라이언트를 설득하는 커뮤니케이션 능력, 일정과 예산을 관리하는 역량 등을 갖추게 되면 창업의 현실적 기반이 탄탄해집니다. 충분한 경력이 어느 정도냐고요? 최소 1년 정도의 실무 경험이면 기본적인 프로젝트 진행과 고객 대응 능력을 익힐 수 있습니다. 3~5년 정도의 경험을 쌓으면 다양한 프로젝트를 수행하며 시장을 이해하고, 팀과 협업하는 방법과 기본적인 비즈니스 운영 능력까지 어느 정도 갖출 수 있죠. 이 시기에 얻게 되는 업계 인맥과 자원은 훗날 창업을 시작할 때 매우 유용한 자산이 되기도 합니다. 물론 모든 경우에 적용되는 정답은 없어요. 이미 자신만의 아이디어가 확고하고, 시장 경쟁력이 명확하다면 바로 창업에 뛰어드는 것도 하나의 길입니다. 다만 대부분의 경우, 자신의 역량과 시장 상황을 냉철하게 분석하고 준비하는 것이 중요합니다. 따라서 경력을 쌓으며 창업 준비를 병행하는 방식도 충분히 현실적이고 현명한 선택이 될 수 있습니다.

□ 내가 집중해야 할 가장 중요한 한 가지(원씽)는 무엇인지 명확한가?

□ 조직에서의 경험을 나만의 비즈니스 전략이나 업무 방식에 녹여낼 수 있는가?

□ 작은 실험이나 시도부터 시작해 볼 용기가 있는가?

#시간과경제의자유 #몰입의힘 #꺾이지않는마음

04 창업, 어디서부터 시작해야 할까?

이제, 나만의 길을 향해 첫발을 내디딜 시간입니다

창업의 첫걸음은 떨리면서도 설렘으로 가득합니다. 실수와 고민조차도 내 길을 밝혀주는 작은 별이 되고, 그 발걸음을 떼는 순간, 나만의 디자인 무대가 열리기 시작합니다.

창업은 '디자인 천재'와 '운영의 달인'이 동시에 되어야 하는 미션입니다. 두근두근, 그 긴장감과 설렘 사이에서 첫걸음을 내디딜 준비 되셨나요? 아마 막연한 기대와 함께 머릿속에는 수많은 질문이 맴돌겠죠. "내가 잘할 수 있을까?", "어디서부터 시작해야 하지?" 회사에서는 주어진 프로젝트만 잘하면 되었지만, 창업을 하면 디자인뿐 아니라 브랜딩, 기획, 마케팅, 심지어 재무 관리까지 스스로 챙겨야 합니다. 그래서 창업의 첫걸음은 기술이나 아이디어보다, 내가 왜, 어떤 방식으로 디자인을 하고 싶은지를 스스로에게 질문하는 데서 시작됩니다. 그 고민은 곧 방향이 되고, 그 방향은 나만의 브랜드가 되죠. 조금 두렵고 조금 설레지만 그 마음을 마주하는 순간, 창업은 이미 시작된 것일지도 모릅니다.

Q. 그럼, 디자인 창업의 첫걸음은 어디서부터 시작해야 할까요?

디자인 창업을 시작하면 '대표'라는 이름표만 달리는 것이 아니라, 모든 결정과 책임이 내 어깨 위에 놓이게 됩니다. "돈만 많이 벌고 싶다" 거나 "대표님 소리를 듣고 싶다"는 생각만으로는 오래 버틸 수 없습니다. 이런 욕심이 동력이 될 순 있지만, 디자이너로서의 마인드를 잃어버리면 결국 만드는 디자인에도 그 마음이 그대로 묻어나기 마련입니다.

창업의 첫걸음은 바로 나만의 디자인 철학을 세우는 일입니다. 그리고 그 철학의 뿌리는 인문학적 사고에 있습니다. 예쁘거나 트렌디한 디자인을 만드는 것을 넘어 사람과 사회, 문화와 역사, 삶의 의미까지 고민할 수 있어야 비로소 자신만의 디자인 방향이 생깁니다. 예를 들어, 나만의 디자인 철학은 이렇게 말할 수 있습니다. "복잡함 속에서 단순함을 찾아낸다. 불필요한 것을 덜어내고, 누구나 직관적으로 이해할 수 있는 디자인을 만든다." 또 다른 예로는 "사람들이 공감할 수 있는 이야기를 디자인에 담는다. 형태와 색상을 넘어 감정을 전달하는 디자인을 만든다." 이처럼 나만의 철학은 구체적인 예시를 통해 조금씩 형태를 잡아가고, 창업의 첫걸음에서도 나만의 기준과 방향을 잡는 길잡이가 됩니다. 눈을 감고 5분 동안, 내가 정말 만들고 싶은 디자인은 무엇인지, 사람들에게 어떤 가치를 전하고 싶은지, 그리고 10년이 지나도 여전히 이 방향을 지킬 자신이 있는지, 그 질문에 대한 솔직한 대답이 창업의 출발점이 되어줄 거예요.

Q. 창업 전, 다른 회사에서 실제로 필요한 디자인 업무를 경험해 보는 것이 좋은가요?

네, 매우 추천합니다. 이전 챕터에서 살펴본 내용처럼 디자인 아르바이트, 프리랜서, 현장실습 인턴, 회사에서의 디자인 업무 경험 등 다양한 방식으로 실무 경험을 쌓는 것만큼 창업 준비에 도움이 되는 건 드뭅니다. 실제로 제자들 중에는 방학마다 인턴 생활로 다양한 프로젝트 경험을 쌓은 뒤 바로 창업한 경우가 있습니다. 대학 시절 쌓은 실무 능력과 프로젝트 운영 경험 덕분에 조금은 떨리면서도 한편으론 안정감 있게 사업을 시작할 수 있었죠. 프로젝트마다 견적을 비교해 보면 예산 감각과 시간 관리 능력도 자연스레 따라옵니다. 디자인 업무라는 건 그림을 그리는 것을 말하는 게 아닙니다. 명함이나 브로슈어 같은 인쇄물 디자인, 짧은 인트로 영상 제작, 홈페이지나 랜딩 페이지 구성 등 실무에서 필요한 다양한 형태의 시각적 결과물을 만들어보는 모든 경험이 디자인 업무에 속합니다. 이러한 경험은 경력 이상의 가치를 지닙니다. 무엇보다도, 나만의 디자인 철학과 스타일을 구체화해 나갈 기회를 제공하거든요. 어떤 디자인이 나와 잘 맞는지, 어떤 방식으로 클라이언트와 소통하는 게 효과적인지, 직접 부딪히며 체득할 수 있는 소중한 기회죠. 결국 다른 회사에서의 디자인 경험은 나만의 회사를 시작할 때 흔들리지 않고 나아갈 수 있는 든든한 발판이 되어줍니다.

　　자, 이제 경험을 발판 삼아, 나만의 길을 만들어볼까요?

□ 나만의 디자인 철학을 고민해 보았는가?

□ 지금까지 쌓은 경험 중 창업에 활용할 수 있는 것은 무엇인지 정리했는가?

□ 초기에는 단기적 불편함이나 어려움을 감수할 마음이 준비되어 있는가?

#열정의불씨 #행동이답이다 #발자국

05   첫 클라이언트 찾기 실전!

**개인적인 인맥으로 시작하여
적극적인 네트워킹까지!**

처음에는 회사 다닐 때 알던 지인,
회사에서 프로젝트를 함께 했던 협력업체 등
한 번쯤 함께 일하며 신뢰를 쌓아왔던 사람과의
작은 일부터 시작하는 것도 좋습니다.
첫술에 배부를 수 없으니까요.

첫 클라이언트를 찾는 건 창업 초기 가장 큰 도전과 용기입니다. 이 단계에서 중요한 건 적극적인 네트워킹과 용기 있는 시도예요. 사람을 만나는 게 익숙하지 않아도 괜찮습니다. 중요한 건 말을 잘하거나 성격이 외향적인 것이 아니라, 진심을 담아 자신의 의지를 전하는 것이에요. 프로젝트가 작든 크든, 첫 경험은 당신의 가능성을 보여주는 소중한 시작입니다. 때로는 거절도 당해보고 관심 없는 반응도 마주하겠지만, 그 모든 경험이 나를 조금 더 단단하게 만들어줄 거예요.

Q. 첫 클라이언트는 어떻게 찾나요?

우선 가장 가까운 주변 인맥부터 활용해 보는 것이 좋아요. 가족, 친구, 동료, 선후배 등 여러분이 이미 알고 있는 사람들에게 여러분의 창업 아이템이나 서비스에 대해 소개하고 그들이 알고 있는 사람 중에 이를 필요로 할 만한 잠재 고객을 연결받는 방법이에요. 예상보다 많은 기회가 여기서 시작되곤 합니다. 만약 취업이나 인턴의 경험이 있었다면, 프로젝트를 같이 했던 업체나 클라이언트에게 다시 연락해 보는 것도 좋은 방법입니다. 처음에는 이렇게 개인적인 네트워크를 통해 일을 시작하고 이후에 차근차근 확장해 나가는 방법이 자연스럽고 안정적이에요.

또 다른 방법으로는 온라인 플랫폼을 적극 활용해 보는 걸 추천합니다. 요즘은 크몽, 탈잉, Fiverr, Upwork와 같은 프리랜서 플랫폼이 활성화되어 있어서 나의 서비스를 홍보하고 클라이언트를 만날 수 있는 기회가 정말 많아졌어요. 초기에는 준비된 포트폴리오를 업로드하고 가격을 테스트해 보며 클라이언트를 찾는 식으로 시작해 보는 것도 좋아요. 또 하나의 팁은, 창업을 위한 별도의 SNS 계정을 만들어 브랜드 아이덴티티를 보여주는 방법입니다. 인스타그램, 블로그, 유튜브, 스레드 등에서 나의 작업 과정을 공유하거나, 과거 포트폴리오를 정리해 업로드한다면 자연스럽게 타인과 연결될 수 있어요. 아직 만나지 못한 잠재 고객들이 여러분을 발견할 수 있도록 다양한 경로로 최대한 노출시켜 보세요.

Q. 첫 클라이언트를 찾았다면 뭐부터 해야 하나요?

한 계단 올라왔네요. 이제부터가 진짜 시작입니다. 먼저 클라이언트와 원활한 커뮤니케이션을 통해 계약을 성사시켜야 해요. 계약서에 도장을 찍어야 진짜 시작이라는 사실 기억하세요!

그래서 더욱 커뮤니케이션이 중요합니다. 이때 말투, 태도, 비언어적 표현까지 모두가 신뢰감과 연결된다는 사실을 잊지 마세요. 대면 미팅이든 전화 통화든, 여러분이 이 업계의 전문가라는 인상을 심어주세요! 클라이언트는 여러분의 서비스에 대해 잘 모를 수 있어요. 그래서 오히려 여러분이 주도적으로 대화를 이끌어내야 해요. '아! 이 사람에게 일을 맡겨도 되겠다' 하는 인상을 주는 것도 여러분의 능력입니다. 결국 사람의 마음을 움직이는 자가 성취하는 법이거든요. 고객과 이야기할 때는 명확해야 합니다. 어떤 서비스를 원하고 있는지, 어디까지 책임질 것인지, 타겟은 누구인지, 일정은 어떻게 조율할지 이런 세세한 것들을

요. 사실 그걸 이미 알았다면 이 책을 샀겠어요? 걱정 마세요. 3장에서 바로 이 '논의의 기술'을 차근차근 알려드릴 거니까요. 여기서 한 가지 꼭 기억해 두세요. 애매하게 넘어간 사항은 나중에 큰 문제로 돌아올 수 있으니 이 모든 사항을 계약서에 명시하는 것이 좋아요. 비용, 작업 일 정, 수정 횟수, 지불 조건 등 모두 문서화해야 합니다. 이 과정이 다소 번 거롭게 느껴질 수 있지만 장기적으로 보면 서로 신뢰를 쌓을 수 있는 중 요한 부분이에요.

▢ 도움을 받을 사람, 멘토, 동료는 누구인지 생각해 보았는가?

▢ 네트워킹을 위해 연락할 수 있는 채널(전화, 이메일, SNS 등)을 준비했는가?

▢ 고객과 대화할 때 필요한 질문과 논의 포인트를 준비했는가?

#계약서 #네트워킹의힘 #클라이언트

06

결국엔 마케팅이다

디자인 창업,
알리는 게 반이다

나의 회사, 나의 브랜드
이제 마케팅은 선택이 아니라 생존입니다.
어떻게 알릴 것인가, 그 고민이 지금부터 시작됩니다.

디자인 회사를 막 시작하면, 제일 먼저 떠오르는 생각이 아마 '좋은 디자인만 만들면 되겠지?'일 거예요. 물론 멋진 디자인은 중요하지만, 아무리 잘 만든 작품이라도 세상 사람들이 모르면 없는 것과 다름없습니다. 그래서 창업 전에는 마케팅 준비가 필수예요. 기관, 지자체, 기업 등 다양한 곳에서 '아, 이런 회사가 있구나!' 하고 인식하게 되면, 자연스럽게 의뢰로 이어지거든요. 마케팅은 광고만 하는 일이 아닙니다. 내가 어떤 사람이고, 어떤 디자인을 하는지, 어떤 가치를 전달하는지 알리는 과정입니다. 로고, 홈페이지, SNS, 포트폴리오, 심지어 명함 하나까지도 모두 나를 보여주는 마케팅의 일부입니다.

Q. 마케팅이 막막해요. 무엇부터 해야 하나요?

어렵게 생각하지 마세요. 마케팅의 시작은 내 회사 혹은 내 브랜드를 필요한 사람에게 잘 보이도록 만드는 일이에요. 아직 디자인 회사 이름이 없고 사업자등록도 하지 않았다고요? 2장에서 다룰 정식 회사 설립과 운영 절차를 참고하면 훨씬 수월하게 움직일 수 있습니다. 사업자등록이 완료되면 이제 본격적으로 시작입니다. SNS 계정을 만들고 작업물과 사진을 꾸준히 올려보세요. 초기에는 예상보다 반응이 적을 수 있으나 지속적인 노출과 일관된 메시지 전달이 브랜드 인지도를 높이는 밑거름이됩니다. 자, 그럼 보여지는 것들이 필요하겠죠? 마케팅을 위한 시각적 산출물로는 로고, 명함, 포트폴리오가 기본이며, 초반에는 SNS 커버 이미지 정도는 준비해야 합니다. 또한, 회사 철학과 소개에 대한 글을 정리하고 회사 이미지와 어울리는 사진과 함께 업로드하면 더욱 효과적입니다. 더불어, 마케팅 전략의 핵심인 '타겟 시장'을 명확하게 설정하는 것이 중요합니다. 즉, 우리 서비스나 제품이 누구에게 가장 큰 가치를 제공하는지 구체적으로 정의하고 그 고객층에 맞는 시각적 요소, 언어 표현, 콘텐츠 스타일을 체계적으로 설계하여 일관된 '톤앤매너'를 유지하는 것이 효과적인 브랜드 구축과 커뮤니케이션의 기본입니다.

Q. 회사를 창업할 때 홈페이지가 꼭 필요할까요? 블로그나 SNS 운영은 어떤가요?

네, 회사 홈페이지는 꼭 필요합니다. SNS가 소통의 채널이라면 홈페이지는 신뢰를 구축하는 공간이에요. SNS만으로는 브랜드 이미지와 서비스 정보를 체계적으로 전달하기 어렵습니다. 홈페이지는 디자인 회사가 어떤 철학을 가지고 어떤 일을 해왔는지를 전문적이고 일관되게 보여주는 공식 창구입니다. 특히 포트폴리오를 구조화해 보여주고 클라이언트가 문의하거나 의뢰 결정을 할 수 있는 신뢰 기반이 되죠. 검색 엔진 최적화SEO도 역시 홈페이지 기반에서 효과적으로 이루어지기 때문에, 잠재 고객 유입에도 큰 영향을 미칩니다. 블로그는 홈페이지와 함께 운영하면 좋아요. 디자인 팁, 프로젝트 후기, 작업 과정 등 유용한 콘텐츠를 꾸준히 쌓으면 전문성과 친근함을 동시에 전달할 수 있습니다. SNS는 홍보 채널의 역할로는 적합하지만, 회사를 대표하는 공간은 아니라는 점을 꼭 기억하세요.

□ 포트폴리오나 샘플 작업물을 언제든 보여줄 수 있도록 준비했는가?

□ 로고, 명함, 홈페이지, SNS 등 브랜드를 알릴 기본 채널과 이미지를 확보했는가?

□ 타겟 고객은 누구인지 구체적으로 설정했는가?

#내회사홍보 #고객공략 #성공을위한비밀무기

07

하지만 디자인적 사고는 있어야 해

클라이언트의 요구사항을 잘 이해하려면 디자인적 마인드 장착하기

디자인 회사는 디자인만 잘하는 게 아니라
클라이언트의 문제를 같이 공감하고
해결해 줘야 합니다.
디자인으로 말하고, 공감으로 행동하는 것이
진짜 가치입니다.

디자인적 사고는 마치 문제를 보는 특별한 안경과도 같아요. 단순히 '고쳐야 할 문제'를 보는 데 그치지 않고, 사람들의 일상 속 깊이 숨어 있는 진짜 필요를 발견하게 해주는 통찰력 있는 시선이죠. 학문적으로는 디자인적 사고Design Thinking를 이렇게 정의합니다. 사용자의 마음에 공감하고 창의적인 아이디어를 찾아 실험과 개선을 반복하며 문제를 해결하는 '인간 중심 사고방식'이라고요. 그런데 왜 창업에서 이 사고방식이 필요할까요? 창업의 길은 늘 안개 속을 걷는 느낌과 비슷합니다. 정답은 보이지 않고 시장은 예측할 수 없으며, 사람들의 마음은 하루가 다르게 변하니까요. 이 불확실성 속에서 분석이나 계산만으로는 길을 찾기 어렵습니다. 바로 이때, 디자인적 사고가 나침반 역할을 해줍니다. 사람들의 삶을 깊이 들여다보고 작은 실험을 거듭하며 문제를 새로운 시각으로 바라보게 해주니까요. 그래서 디자인 창업은 '무엇을 만들까?'라는 질문에 머무르지 않습니다. '왜 만들고, 누구를 위해 만들 것인가?'라는 더 근본적인 물음을 던지게 되지요. 결국 디자인 창업이란 사람의 마음에 닿는 무언가를 만들어내는 여정이자, 공감을 바탕으로 세상에 새로운 이야기를 더하는 과정입니다.

Q. 디자인을 잘 모르는 사람도 디자인 회사 창업 가능한가요?

디자인을 잘 모른다고 해서 디자인 회사 창업이 불가능한 건 절대 아니에요. 물론 디자인 전공자이거나 실무 경험이 있다면 분명 유리한 점이 많겠지만, 창업의 성공은 결국 비즈니스 전체를 관리하고 이끄는 능력이 더 중요합니다. 다만, 디자인에 대해 기본적 이해가 없다면 실무자와의 소통에서 간극이 생길 수 있어요. 예를 들어 실무 디자이너들이 많이 쓰는 톤앤매너Tone & Manner, 룩앤필Look & Feel, 오버프린팅Overprinting, 별색, CMYK 같은 키워드를 충분히 익힌다면 실무를 직접 하지 않더라도 디자이너들과 원활하게 소통할 수 있고, 클라이언트의 요구사항을 정확히 파악해 이를 디자이너에게 전달하는 데 큰 도움이 됩니다. 여기에 디자인적 사고Design Thinking가 더해지면, 단순히 기술적 지식을 아는 것에서 한 걸음 더 나아가 문제를 인간 중심으로 바라보고 창의적인 해결책을 모색하며 반복적으로 개선하는 과정이 가능합니다. 여기서 잠깐! 디자인적 사고를 더 깊이 알고 싶다면 관련 책을 한두 권 읽어보는 것도 큰 도움이 됩니다. 예를 들어 팀 브라운의 『디자인에 집중하라』[1], 로저 마틴의 『디자인 씽킹 바이블』[2]은 디자인적 사고를 실무와 조직에 적용하는 방법을 잘 소개하고 있어 참고하면 유익할 거예요.

　　하지만 깊이 있는 기술적 지식이 없어도 괜찮아요. 창업 초기에는 업무를 천천히 배워가며 익숙해질 수 있으니까요. 중요한 건 고객에게 어떤 가치를 제공할지를 명확히 정의하고, 그 가치를 실현할 수 있는 방법을 찾는 거예요. 디자인 회사라고 해서 디자인만 잘한다고 성공하는 건 아니니까요. 클라이언트가 가진 문제점을 정확히 파악하고, 이를 해

1　팀 브라운,《디자인에 집중하라》, 김영사, 2019.
2　로저 마틴,《디자인 씽킹 바이블》, 유엑스리뷰, 2021.

결해 그들이 원하는 결과를 만들어주는 능력이 핵심이죠.

혹시 앞서 나온 용어들을 하나도 모르고 두려움이 앞선다면 실력 있는 디자이너와 함께 창업 초기 파트너쉽을 맺는 것도 훌륭한 대안이 에요. 디자이너의 감성을 살려 회사의 컨셉을 함께 구축해 나갈 수 있고, 일을 함께하며 자연스럽게 디자인 감각과 실무 지식을 체화해 갈 수 있으니까요. 서로의 강점을 살려 협업하다 보면, 점차 자신만의 리더십과 스타일이 자리 잡게 될 거예요. 오픈 마인드와 의지를 장착하세요!

Q. 감각이 없는데 어쩌죠?

학생들에게 가장 많이 듣는 고민 중 하나입니다. "교수님, 저는 정말 감각이 없는 것 같아요." 정말 이해됩니다. 이 고민은 초보 디자이너 뿐 아니라 경력 디자이너에게도 찾아오는 고민이랍니다. 그런데 감각이란 건 타고나기도 하지만 키워지기도 하는 능력입니다. 옷 입는 것으로 예를 들어 볼게요. 타고난 패셔니스타들은 상의, 하의, 액세사리, 색상, 본인 체형 등 모든 걸 조화롭게 잘 선택하여 입겠지만, 패션테러리스트들은 어떻게 해야 할까요? 매일 아침 거울 앞에서 이 셔츠랑 바지는 어울릴까? 그럼 액세서리는? 메이크업은? 수도 없이 이런 고민을 하며 시행착오를 겪는 게 보통이에요. 패션 잡지나 인스타그램, 유튜브에서 '20대 대학생 패션 코디', '30대 직장인 데일리 패션' 이런 콘텐츠를 찾아보고, 그중 마음에 드는 스타일을 따라 입어보며 실험해 보는 것도 큰 도움이 되겠죠?

그렇게 처음에는 비슷하게 따라 입다가 점차적으로 나에게 어울리는 옷, 가장 긍정적인 피드백을 들었던 패션템 등을 종합하여 '내 스타일'이 자연스럽게 형성됩니다. 따라서 디자인 감각도 마찬가지로 먼저 눈으로 익히는 연습부터 시작하세요. 실질적인 디자인 감각을 키울 수 있는 사이트는 부록에 정리한 레퍼런스 사이트를 참고하세요. 디자이너들도 매일 레퍼런스를 검색하고 새로운 디자인 작업물을 보면서 감각을 키운답니다. 하지만 여기서 그냥 '이거 예쁘구나' 넘기기보다는 '이 컬러 조합은 보색 대비를 주니까 임팩트가 있고, 이런 타이포를 사용하니 가독성이 좋구나' 식으로 좀 더 자세히 분석과 평가를 해보세요. 그럼 커뮤니케이션 스킬도 함께 업그레이드될 거예요. 그리고 좋은 디자인은 눈으로만 보기보다 핀으로 저장해놓고, 가능하다면 따라 만들어보는 연습까지 해보세요. 단, 이 과정은 감각을 익히기 위한 개인 연습용일 뿐, 다른 작업에 그대로 사용하거나 카피하는 용도로는 활용하지 마세요. 이후 챕터에서 좀 더 자세한 노하우를 알려드릴게요!

□ 클라이언트와 사용자 입장에서 공감하며 소통할 준비가 되어있는가?

□ 매일 30분 이상 디자인 레퍼런스 사이트를 탐색하며 분석해 보았는가?

□ 업무를 진행하면서 부족한 부분을 계속해서 배우고 체화할 의지가 있는가?

#디자인잘알못 #디자인은공감이다 #문제해결능력

08

그래서 컨셉이 뭔데?

**컨셉은 디자인이 건네는 첫인사이자,
이야기를 시작하는 열쇠입니다**

컨셉 없는 디자인은 길을 잃은 배와 같아요.
방향을 잡아주고, 사람의 마음을 끄는 힘이 바로 여기서
나옵니다. 단순한 장식이 아니라, '이건 왜 특별한지'
말해주는 디자인의 심장, 그것이 컨셉입니다.

디자인 창업의 모든 것

디자인 회사에게 컨셉은 곧 아이덴티티입니다. 이 아이덴티티는 홈페이지, 블로그, SNS 등 모든 채널에 일관되게 녹여내야 하죠. 컨셉은 브랜드나 포트폴리오가 그냥 '작업물 모음집'이 아니라 하나의 통합된 이야기로 보이게 하는 중요한 요소예요. 잘 만든 컨셉은 내가 어떤 분야에 전문성을 갖췄는지, 또 어떤 가치와 철학을 추구하는지를 명확히 드러내 주는 역할을 하죠. 이게 바로 경쟁이 치열한 디자인 시장에서 나를 차별화하고 돋보이게 만드는 가장 강력한 무기랍니다.

Q 포트폴리오가 다양해도 회사 정체성을 보여주려면?

'1-04. 창업, 어디서부터 시작해야 할까?' 챕터에서 첫걸음은 바로 나만의 디자인 철학을 세우는 일이라고 언급한 것 기억하시나요? 나만의 디자인 철학을 세웠다면, 이제 그것을 회사와 브랜드의 컨셉으로 구체화할 차례입니다. 철학이 조금 추상적인 면이 있다면, 컨셉은 실제로 클라이언트와 세상에 보여줄 실체라 할 수 있습니다. 그래서 컨셉은 결국 시각디자인과 직결됩니다. 예를 들어, '작은 변화로 큰 감동을 만드는 디자인'을 철학으로 세웠다면, 회사의 이름, 로고, 홈페이지, SNS, 포트폴리오 모든 곳에서 그 철학이 느껴져야 합니다. 톤, 색감, 이미지, 콘텐츠 방식까지 일관성이 유지되어야 하고, 그래야 사람들이 단번에 '이 회사는 이런 가치를 가진 곳이구나'라고 인식하게 됩니다. 작업물의 색은 프로젝트마다 달라질 수 있지만, 그 뒤에 흐르는 톤과 철학은 일관되어야 합니다. 즉, 각각의 작업물은 개별적으로 다른 느낌을 줄 수 있지만, 전체 포트폴리오를 관통하는 디자인 철학과 가치, 스타일이 드러나야 사람들이 '이 사람, 이 회사의 디자인'이라는 정체성을 느낄 수 있습니다. 예를 들어 색감은 다르지만 홈페이지 상에서 보여주는 레이아웃 방식, 사진 처리, 글의 톤, 프로젝트를 설명하는 방식 등에서 통일된 인상을 주면 비슷한 색이나 형식이 아니더라도 전체적으로 하나의 브랜드 스토리로 연결됩니다.

Q 컨셉이 잘 드러나는 디자인 회사 사례가 있을까요?

플러스엑스는 브랜드의 철학을 시각적으로 멋지게 풀어내는 디자인 회사예요. 시스템과 정체성을 중심으로, 클라이언트 브랜드의 이야기와 전략을 한눈에 보여주는 데 탁월하죠. 또한 슬로워크는 지속가능성과 사회적 가치를 중요하게 여기며 공공성을 담은 디자인으로 메시지를 쏙쏙 전달하는 회사랍니다. 이처럼 컨셉이 명확한 디자인 회사들은 자신만의 철학을 시각적으로 일관되게 표현하면서도, 클라이언트의 브랜드 가치와 메시지를 조화롭게 엮어냅니다. 이에 각 회사마다 자신들의 디자인 컨셉을 뚜렷하게 표현하면서 브랜드와 작업물이 통합된 내러티브를 형성합니다.

기업	핵심 컨셉
플러스 엑스 (plusX)	**브랜드 전략과 시각 언어의 통합** 표현 방식: 시스템 구축 메타 디스크립션(Meta Description): Plus X Creative Partner
슬로워크 (Slowalk)	**지속가능성과 사회적 메시지** 표현 방식: 스토리 중심 콘텐츠 메타 디스크립션(Meta Description): We are creators for movement

컨셉은 회사가 어디로 나아갈지 방향을 확실히 정해줘서, 고객과 소통할 때 훨씬 효과적이에요. 컨셉이 분명하면 브랜드 아이덴티티도 더 쉽게 만들 수 있고, 마케팅 메시지나 고객과의 대화에서도 일관된 이미지를 전달할 수 있죠. 반대로 컨셉이 없으면 산만하고 정체성이 부족하다는 인상을 줄 수 있어요. 그러면 고객들도 쉽게 기억하지 못할 수 있죠. 그래서 컨셉은 '멋있어 보이기 위한 장식'이 아니라, 브랜드와 포트폴리오에 생명을 불어넣는 핵심 기반이라고 할 수 있어요.

□ 나만의 디자인 회사 컨셉을 한 문장으로 요약할 수 있는가?

□ 나와 비슷한 컨셉을 가진 다른 브랜드나 작품을 조사해 보았는가?

□ 시간이 지나도 나의 브랜드 컨셉을 일관되게 유지할 자신이 있는가?

#핵심메시지 #컨셉끝판왕 #아이덴티티

2장

사업 기반을 세우는

준비 단계

01 나만의 사업 모델 구체화하기

**모호한 꿈을, 명확한 구조로!
구체적일수록 리스크는 줄고,
기회는 커진다**

"비즈니스 모델이란, 하나의 조직이 어떻게 가치를
창조하고 전파하며 포착해 내는지를 합리적이고
체계적으로 묘사해 낸 것이다."

– 이브 피그뉴어Yves Pigneur

'비즈니스 모델'이라는 말, 듣자마자 살짝 부담스럽고 어렵게 느껴지셨나요? 어쩐지 지루하고 나하고는 먼 얘기처럼 들릴 수도 있어요. 하지만 걱정하지 마세요. 이건 딱딱한 이론이나 전문가만의 영역이 아니라 '내 아이디어가 어떻게 돈이 될까?', '내 회사를 어떻게 설계해서 성공으로 이끌까?'를 구체적으로 그려보는 아주 실용적인 도구랍니다. 디자인 창업을 결심했다면 이제부터는 '잘 만드는 사람'에서 한 단계 더 나아가 '잘 굴러가게 만드는 사람'이 되어야 합니다. 지금부터 내 아이디어에 '사업의 뼈대'를 세우는 방법을 함께 살펴볼게요.

Q. 기본적인 비즈니스 거래 방식, 알고 계신가요?

비즈니스 모델을 이해하기 전에, 먼저 사업의 거래 방식부터 살펴보면 좋아요. 가장 기본이 되는 구조는 바로 '누구와 거래하는가'에 따라 나뉩니다. 흔히 B2B, B2C 같은 말, 들어보신 적 있나요? 처음 들으면 복잡해 보이지만 알고 보면 아주 간단합니다.

왜 이런 개념을 꼭 알아야 할까요? 간단히 말하면 거래 대상에 따라 일하는 방식이 완전히 달라지기 때문입니다. 예를 들어 기업 간 거래(B2B)라면 긴밀한 협의와 꼼꼼한 계약 관리가 중요하고, 소비자 대상 거래(B2C)라면 소비자의 취향을 반영한 디자인과 마케팅 전략이 핵심이 됩니다. 또한 정부 기관과 거래하는 경우(B2G)는 복잡한 절차와 까다로운 규제를 준수해야 하므로, 이에 대한 이해가 필수입니다. 뿐만 아니라

구성	내용	예시	풀이
B2B Business to Business	기업과 기업 간의 거래	디자인 에이전시가 기업의 브랜딩, 패키지, 광고 디자인을 수주하여 제공하는 경우	"나는 디자인 회사인데, 삼성 같은 기업이 우리 클라이언트야!"
B2C Business to Consumer	기업이 소비자에게 직접 판매	디자인 에이전시가 자체 브랜드 굿즈를 제작하여 일반 소비자에게 직접 판매하는 경우	"나는 디자인 회사인데, 소비자인 영희한테 직접 굿즈를 팔아!"
B2G Business to Government	기업과 정부 · 공공기관 간 거래	디자인 에이전시가 지자체 관광 홍보물, 캠페인, 공공 디자인 프로젝트를 수주하는 경우	"나는 디자인 회사인데, 한국○○공사 기관이 우리 클라이언트야!"
C2C Consumer to Consumer	개인과 개인 간의 거래	개인이 중고 거래 플랫폼(당근마켓, 중고나라 등)을 통해 상품을 거래하는 경우	"나 사업자등록증이 없는 개인 디자이너인데, 소비자인 영희한테 직접 물건을 팔아!"
B2B2C Business to Business to Consumer	기업이 다른 기업을 통해 소비자에게 접근	배달의민족, 쿠팡, 마켓컬리 등 플랫폼에 입점한 브랜드가 소비자에게 판매되는 구조	"나는 디자인 회사인데, 쇼핑몰 회사랑 거래해서, 그 회사가 영희 같은 소비자한테 우리 제품을 팔아!"

거래 상대에 따라 가격 정책도 달라지고, 소통하는 방법과 계약 관련 법률도 각기 다르게 준비해야 합니다. '제품만 만들고 팔면 된다'거나 '디자인 대충 해서 돈 벌면 된다'라는 생각만으로 시작하면 예상치 못한 난관에 부딪힐 수 있습니다. 따라서 거래 유형에 대한 기본적인 이해가 있다면 '지금 누구와 거래하는 것인가?', '어떤 방식으로 일을 진행해야 성공 가능성을 높일 수 있을까?', '어떤 점들을 조심해야 할까?' 이런 부분들을 미리 파악할 수 있어 훨씬 원활하게 업무를 수행할 수 있습니다.

거래 상대방이 기업인지, 개인인지에 따라 견적서 작성 방식도 달라져요. B2B는 항목별 상세 견적이 필요하지만, B2C는 '총액' 위주로 간단히 쓰는 편이 오히려 효과적이에요.

Q. OEM, ODM? 뭐가 다른 거죠? 디자인 회사랑도 관련 있나요?

OEM과 ODM은 내 디자인이 어디까지 실제 상품에 영향을 줄 수 있는지를 보여주는 기준이기도 해요. OEM은 디자인 주도권이 나에게 있지만, ODM은 제조사의 기존 디자인을 활용하는 구조입니다. 디자인 회사라면 "우리가 기획한 창의적인 아이디어가 제품에 얼마나 반영될 수 있나?"를 판단하기 위해 이 구분을 알아야 해요.

구분	OEM(Original Equipment Manufacturer)
내용	고객사가 제품의 설계와 디자인을 직접 하고, 제조사는 그에 따라 제품을 생산하는 방식
예시	→ 내가 기획, 디자인하고 설계도 준비해요. → 대신 공장(제조사)에게 "이대로 만들어 주세요"라고 맡겨요. → 제품에는 내 브랜드 이름이 붙어요.
풀이	"나는 텀블러 브랜드를 운영해요. 디자인은 내가 직접 했고, 제작은 공장에 맡겼죠. 완성된 제품엔 내 브랜드 로고가 들어가요."

구분	ODM (Original Design Manufacturer)
내용	제조사가 제품의 설계부터 디자인까지 직접 하고, 고객사는 그 제품을 받아 판매하는 방식
예시	→ 공장(제조사)에서 제품 기획부터 디자인도 하고, 제작과 만들기까지 전부 해요. → 나는 그 제품에 내 브랜드 이름만 붙여서 판매해요.
풀이	"나는 텀블러를 팔고 싶은데, 디자인부터 생산까지 다 맡겼어요. 제조사가 다 만들어 놓은 제품에 내 로고만 붙였죠."

상품을 직접 만들지 않는 디자인 회사라도 OEM, ODM은 알아두면 좋아요. 왜냐면 클라이언트가 어떤 방식으로 생산하느냐에 따라 우리가 해줄 디자인의 범위와 단가가 달라지거든요. 예를 들어 OEM이면 "우리 브랜드만의 개성 있는 디자인을 원해요!"처럼 독창성과 차별성을 강조하는 요청이 많고, ODM이면 이미 틀이나 상품 구조는 준비되어 있으므로 "패키지나 라벨 디자인만 간단히 수정해 주세요"처럼 부분적인 디자인 작업이 주를 이룹니다. 이 차이만 알아도 미팅할 때 "아, 이건 OEM이네요. 디자인 비중이 크겠어요" 같은 멘트를 툭 던질 수 있고, 그 순간 클라이언트는 '와, 이 회사는 업계 좀 아네?' 하고 신뢰가 쌓이는 겁니다.

Q. 비즈니스 모델 캔버스란 무엇인가요?

비즈니스 모델 캔버스Business Model Canvas는 사업 아이디어나 비즈니스 운영에 꼭 필요한 9가지 핵심 요소를 한눈에 보기 쉽게 정리한 도구예요. 쉽게 말해 사업을 시작하거나 운영할 때 '내가 누구에게 어떤 가치를 제공하고, 어떻게 수익을 올릴까?'를 직관적으로 설계할 수 있는 청사진과 같죠. 이 도구는 스위스 로잔대학교University of Lausanne의 알렉산더 오스터왈더Alexander Osterwalder와 이브 피그뉴어Yves Pigneur가 개발했습니다. 지금은 전 세계의 창업자부터 대기업까지 많은 사람들이 혁신적인 비즈니스 모델을 만들고 설계하는 데 즐겨 쓰고 있어요.

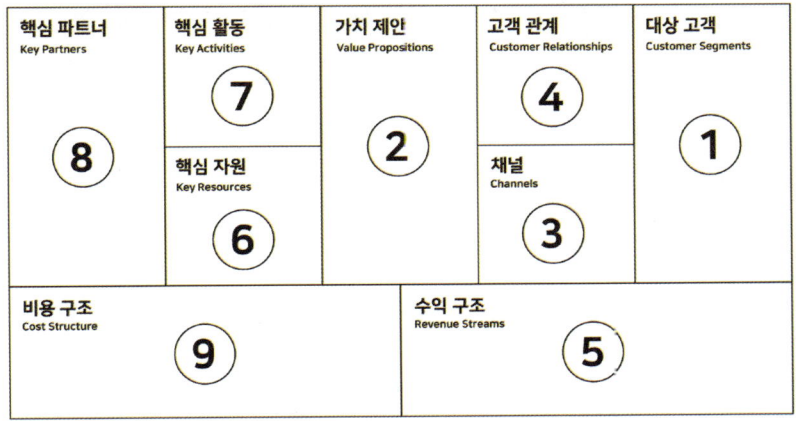

비즈니스 모델 캔버스

1. **대상 고객**Customer Segments – 누가 내 서비스를 이용할 사람일까요?

2. **가치 제안**Value Propositions – 내 회사만의 강점은 뭐예요? 고객이 왜 우리를 선택할까요?

3. **채널**Channels – 어떻게 고객에게 다가갈까요?

4. **고객 관계**Customer Relationships – 고객과 어떤 관계를 유지할까요?

5. **수익 구조**Revenue Streams – 돈은 어떻게 벌까요?

6. **핵심 자원**Key Resources – 서비스를 제공하기 위해 필요한 것들은?

7. **핵심 활동**Key Activities – 주요 활동은 무엇일까요?

8. **핵심 파트너**Key Partners – 협력해야 하는 사람 / 기관은?

9. **비용 구조**Cost Structure – 돈이 주로 어디에 들어갈까요?

그럼 공공기관을 주요 고객으로 삼아 시각디자인 회사를 창업한다고 가정하면, 비즈니스 모델 9가지 항목을 어떻게 구체화할 수 있을까요?

요소		내용
1	대상 고객Customer Segments	공공기관, 지자체, 정부 부처 등
2	가치 제안Value Propositions	정확하고 신뢰감 있는 시각 자료 제공, 전문성 기반 맞춤형 솔루션 제공, 효율적인 프로젝트 관리(입찰부터 납품까지)
3	채널Channels	공식 웹사이트, 포트폴리오, 관련 공공기관 네트워크 및 입찰 시스템
4	고객 관계Customer Relationships	성공 사례 공유를 통한 신뢰 형성, 제출 자료의 정확성에 따른 신뢰 기반 관계 구축
5	수익 구조Revenue Streams	프로젝트 단위 수주, 장기 계약에 따른 정기 수익
6	핵심 자원Key Resources	전문 디자인 인력, 고성능 컴퓨터와 소프트웨어, 공공 디자인 관련 자료
7	핵심 활동Key Activities	브랜딩 및 홍보물 제작, 공공 캠페인, 정책 안내물 영상물 제작, 인포그래픽 제작
8	핵심 파트너Key Partners	인쇄업체, 사진 / 영상 제작사, 정책 자문 전문가, 변리사
9	비용 구조Cost Structure	인건비, 장비·소프트웨어 비용, 외주 제작비, 마케팅 및 입찰 관련 비용

먼저 위 사례를 보면 고객은 공공기관, 지자체, 정부 부처 등이 될 수 있겠죠. 이들에게 제공하는 가치는 공공 캠페인, 홍보물, 정책 안내 디자인, 영상 등 신뢰감 있고 정확한 시각 자료를 제공하는 거예요. 수익은 프로젝트 단위 수주나 장기 계약을 통한 정기 수익으로 발생합니다. 고객과의 관계는 입찰 참여, 공식 회의, 피드백 과정을 통해 신뢰 기반으로 유지되고요. 채널은 공식 웹사이트, 포트폴리오, 관련 공공기관 네트

워크와 입찰 시스템이 주력입니다. 핵심 자원은 전문 디자인 인력, 고성능 컴퓨터와 소프트웨어, 공공 디자인 관련 자료가 필요하고, 핵심 활동은 정책에 필요한 인포그래픽 등 디자인 제작과 아이디어 회의로 구성돼요. 핵심 파트너는 인쇄업체, 사진·영상 제작사, 정책 자문 전문가와 같은 협력사들이고요. 마지막으로 비용 구조는 인건비, 장비·소프트웨어 비용, 외주 제작비, 마케팅 및 입찰 관련 비용으로 구성됩니다. 이렇게 9가지 요소를 한 번에 그려보면, '우리 회사가 누구에게, 무엇을, 어떻게' 제공해야 하는지가 훨씬 선명하게 보이기 시작해요.

지금 디자인 창업을 고민하고 있다면 나만의 비즈니스 모델 캔버스를 만들어보는 건 어떨까요?

□ 비즈니스 모델 캔버스를 활용해 내 회사의 비전과 방향을 설계해 보았는가?

□ 전체 9가지 요소를 한눈에 보고 서로 연결성을 점검했는가?

□ 사업 시작 전에 B2B, B2C 등 거래 방식을 충분히 이해했는가?

□ 잠재적 거래 상대(협력사, 공급자, 파트너)를 탐색해 보았는가?

□ 목표 시장과 고객군을 충분히 조사했는가?

□ 고객과의 관계를 어떤 방식으로 유지할지 구체적으로 계획했는가?

#전략적사고 #사업은분석이지 #핵심을찾자

적을 알면 나를 알 수 있다

**경쟁사를 찾는다는 것!
적을 알고 나를 알면 백 번 싸워도
위태롭지 않다는 뜻**

내가 세우고자 하는 회사를 잘 지키기 위해서는
경쟁사를 반드시 알아야 합니다.
나의 회사의·객관적 이해 및 강점 찾기를 위해서는
필수적이라고 생각하시고 즐겁게 조사하세요.

사업을 시작하는 건 마치 새로운 도시로 여행을 떠나는 것과 비슷합니다. 낯선 거리를 걸으며 이곳저곳을 둘러보면, 이미 그 길을 걷고 있는 사람들이 눈에 띄죠. 그들이 바로 '경쟁사'입니다. 내가 어디로 가야할지, 어떤 길이 막혀 있는지, 혹은 어떤 길이 아직 아무도 가지 않았는지를 알기 위해서는 먼저 그들을 관찰해야 합니다. 이 여행에서 경쟁사를 아는 건 길을 찾는 내비게이션과 같아요. 그들의 움직임을 살피면 어떤 시장이 포화 상태인지, 어떤 틈새가 열려 있는지 알 수 있어요. 이 낯선 도시에서 길을 잃지 않고, 오히려 새로운 기회를 발견하는데 이 챕터가 큰 힘이 될 거예요.

Q. 경쟁사를 어떻게 찾아야 할까요?

경쟁사를 찾는 방법은 생각보다 어렵지 않아요. 지역 / 동종 업계 / 인접 업계 / 온라인 / 규모별 경쟁사. 이렇게 5가지 축으로 나누면 체계적으로 경쟁사를 찾을 수 있어요.

경쟁사를 생각할 때 보통 '같은 업종 회사'만 떠올리기 쉽죠. 하지만 이렇게만 보면 중요한 부분을 놓칠 수 있습니다. 업계는 서로 얽혀있고, 고객 입장에서는 생각보다 더 다양한 선택지를 두고 고민하게 되니까요. 그래서 경쟁사를 5가지 축으로 나누어 분석하는 게 효과적인 방법이에요. 지역 경쟁사는 같은 생활권 안에서 고객을 직접 두고 다투는 회사들이고 동종 업계 경쟁사는 나와 비슷한 서비스를 제공하는 가

지역	**같은 도시, 같은 상권, 같은 생활권 안에서 활동하는 업체들**
	: 내가 세종에서 디자인 회사를 차린다면, 세종시에 있는 디자인 스튜디오
	"나 세종에 디자인 스튜디오 열었는데, 근처 디자인 회사들도 다 경쟁자야."
동종 업계	**디자인 기획 및 제작, 프로젝트 제안, 마케팅 활동**
	: 시각디자인 분야 회사를 차린다면, 그래픽 디자인, 브랜딩, 광고, 영상 디자인 회사
	"나처럼 브랜딩이나 마케팅하는 회사들도 경쟁자야."
인접 업계	**완전히 같은 분야는 아니지만, 고객 입장에서 대체 가능한 업체들**
	: 내가 브랜드 디자인을 한다면, 광고 대행사나 프리랜서 디자이너도 경쟁자가 될 수 있음
	"나는 브랜드 디자인하지만, OO광고대행사도 내 경쟁자가 될 수 있지."
온라인 경쟁사	**지역과 상관없이 인터넷·플랫폼 기반으로 고객을 빼앗을 수 있는 업체들**
	: 크몽, 탈잉, 해외 프리랜서 플랫폼(Fiverr, Upwork)
	"나는 동네에서 하는데, 요즘은 온라인 플랫폼에서도 고객을 뺏기더라."
규모별 경쟁사	**대기업·중견기업: 업계 흐름을 주도하는 강자**
	: 규모의 힘, 네트워크, 자본으로 시장을 리드하는 기업
	스타트업·소규모: 빠른 대응과 유연성으로 시장을 파고드는 경쟁자
	: 속도, 전문성, 틈새시장으로 존재감을 키우는 스타트업
	"큰 회사는 자본으로 밀어붙이고, 스타트업은 속도전으로 따라붙어."

장 직접적인 상대입니다. 인접 업계를 보면 고객이 나 대신 선택할 수 있는 다른 옵션을 알 수 있어 리스크를 줄일 수 있고 온라인 경쟁사는 지역을 뛰어넘어 언제든 내 고객을 가져갈 수 있는 상대죠. 마지막으로 규모별 경쟁사는 대기업처럼 큰 흐름을 만드는 강자와 스타트업처럼 빠르게 움직이는 유연한 회사를 동시에 고려할 수 있어요.

이렇게 5가지 축으로 나눠서 보면 놓치기 쉬운 사각지대를 줄이고 시장을 더 입체적으로 이해할 수 있습니다. 이 과정은 내 사업의 강점을 발견하고 차별화 전략을 세우는 데 꼭 필요한 출발점이 되는 거죠.

자, 경쟁사를 이해하는 이유와 5가지 축을 살펴봤다면, 이제 실제로 경쟁사를 찾아볼 차례입니다. 어렵지 않아요. 먼저 가장 쉽고 간단한 방법은 인터넷 검색입니다. 여러분이 속한 산업이나 제공하는 서비스와 관련된 모든 키워드를 다 검색해 보세요. 예를 들어, '로고 디자인 스튜디오', 'UI/UX 디자인 회사' 같은 키워드로 구글과 네이버를 뒤져보세요. 그러면 유사 업체들이 쭉 나올 거예요. 이렇게 검색해서 나온 회사들이 여러분의 경쟁사일 가능성이 높습니다. 검색 결과를 엑셀로 정리하면 더 체계적으로 관리할 수 있어요.

그다음 SNS도 적극적으로 검색해 보세요. 요즘은 포털 사이트보다 인스타그램, 스레드, 페이스북 등의 플랫폼에서 사업을 구축하고 홍보하는 경우가 많거든요. 이 계정의 팔로워 수나 게시물에 달린 좋아요나 댓글 반응을 보면 그 회사가 얼마나 활발히 활동하고 있는지, 고객이 어떻게 반응하는지도 알 수 있죠. 그 외 오프라인으로 찾는 방법은 관련 커뮤니티나 포럼을 활용하면 좋아요! 관련 산업군에 종사하는 분들의 모임을 찾아서 네트워킹을 하다 보면 업계 파악도 쉬울 거예요. 예를 들어, 디자인 관련 세미나나 오프라인 워크숍에 참여하면서 자연스럽게 경쟁사 정보를 얻을 수 있어요.

마지막으로 관련 업계 보고서나 시장조사 자료를 참고하는 방법도 있어요. 디자인 업계를 예로 들면 한국디자인진흥원KIDP에서 발행되는 보고서, 디자인 정책, 트렌드 리포트 등이 있겠네요.

실전 TIP

경쟁사 분석을 위해 인터넷 검색, SNS 분석, 오프라인 네트워킹, 보고서 참고를 병행하고, 롤모델 기업(예: 포트폴리오, 디자인 전략, 브랜드 철학, 마케팅 사례)을 지속 분석해 나만의 전략과 회사 역량을 강화하세요!

Q. 경쟁사 분석이 필요한가요?

네. 경쟁사 분석은 꼭 필요해요. 경쟁사를 제대로 분석하지 않으면, 여러분의 비즈니스가 시장에서 어떤 위치에 있는지 어떤 차별화를 해야 하는지 알기 어려워지거든요. 올림픽 경기에 출전한다고 생각해 보세요. 상대가 어떤 능력을 갖추고 있고, 어떤 강점과 약점을 가지고 있는지를 알아야 내가 어떤 전략을 세워야 할지 준비할 수 있겠죠.

또한 경쟁사를 보면, 어떤 제품이나 서비스가 잘 팔리고 있는지, 고객들이 어떤 서비스를 선호하는지 미리 파악할 수 있습니다. 이런 정보 덕분에 막연히 시장에 뛰어드는 것이 아니라, 사전에 강점을 파악하고 차별화 전략을 구체적으로 세울 수 있는 거예요.

경쟁사 분석은 시장 트렌드 분석과 병행하면 리스크도 파악할 수 있습니다.

경쟁사는 트렌드를 어떻게 반영하여 어떤 전략을 쓰고 있는지 알게 되면 불필요한 시행착오를 줄일 수 있겠죠. 무엇보다 이 과정을 통해 새로운 기회도 발견할 수 있어요. First Mover[1]가 놓친 부분을 벤치마킹하고 약점을 잘 보완해서 Fast Follower[2]가 될 수도 있으니까요. 애플의 아이폰이 First Mover였다면, 삼성의 갤럭시는 이를 보완한 Fast Follower라고 할 수 있겠네요. 결국 경쟁사들이 놓치고 있는 빈틈을 찾는다면 그 틈새를 공략하여 시장에서 더 큰 성공을 이끌어낼 수 있습니다.

Q. 경쟁사 분석을 어떻게 해야 할까요?

SWOT 분석, 한 번쯤 들어 보셨나요?

가장 널리 사용되면서도 접근하기 쉬운 마케팅 분석 도구 중 하나입니다.

SWOT은 강점Strengths, 약점Weaknesses, 기회Opportunities, 위협Threats의 네 가지 요소를 분석하여 현재 비즈니스의 내부 요인과 외부 환경을 종합적으로 파악할 수 있게 도와줍니다.

---

1 새로운 분야를 개척하는 창의적 선도자, 선도기업
2 선도기업의 제품이나 기술을 빠르게 따라가는 전략 혹은 기업

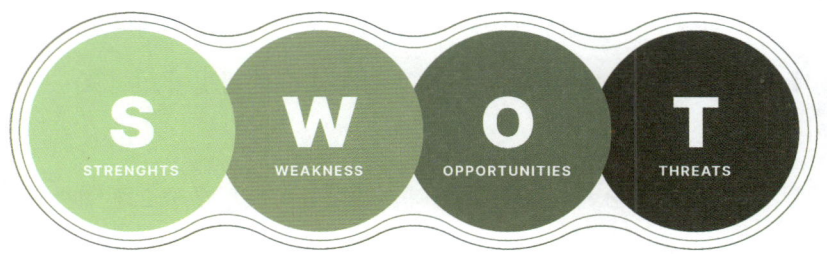

이 네 가지 요소를 섞어서 SO, ST, WO, WT 전략들을 묶어서 세울 수도 있습니다.

구분	전략	내용	풀이
SO	강점-기회 전략	내가 가진 강점을 활용해 외부의 기회를 극대화하는 전략	"난 캐릭터를 잘 그리니까 요즘 뜨는 시장에 맞춰 캐릭터 굿즈 전문 스튜디오로 브랜딩할 거야."
ST	강점-위협 전략	강점을 바탕으로 외부 위협을 최소화하는 전략	"난 컨셉 아트에 강하니까, 트렌디한 AI툴들이 쏟아져도 감성 표현은 내가 더 자신 있어."
WO	약점-기회 전략	약점을 보완하거나 극복하면서 새로운 기회를 잡는 전략	"난 아직 포트폴리오가 적지만, 실무 프로젝트를 하면서 차차 회사 이름을 알려야지."
WT	약점-위협 전략	약점과 위협이 만나 큰 리스크가 생기지 않도록 방어적으로 접근하는 전략	"아직 자본도 부족하고 경험도 없으니까, 대기업 납품보단 소상공인 브랜딩부터 시작해 보자."

그 밖에도 포지셔닝 맵Positioning Map 분석, 4P /7P 마케팅 믹스 분석, 소셜 리스닝Social Listening 등 다양한 경쟁사 분석 방법이 있어요.

트렌드가 중요하다는 건 누구나 알잖아요. 그럼, 왜 중요한 걸까요?

트렌드 분석은 시장의 흐름을 이해하고, 변화하는 소비자 니즈를 예측하여 장기적인 관점에서 전략을 세우기 위한 도구입니다. 특히 빠르게 변하는 시대에는 트렌드에 민감하게 반응하는 능력이 곧 경쟁력이죠. 한때 전 세계를 주름잡던 노키아, 기억하시죠? 2000년대 초반 가장 잘 나가는 글로벌 휴대폰 제조 기업이었고, 막강한 시장 점유율을 확보하고 있었죠. 그러나 지금은 어떤가요?

여러분에게 낯선 브랜드가 되었네요. 비슷한 사례로 코닥도 있습니다. 필름 카메라 시절의 제왕 브랜드였지만, 디지털 카메라로 전환되는 시장의 흐름을 읽지 못해 나머지 경쟁사들에게 밀려나기 시작했어요. 이처럼 기술 변화와 트렌드를 놓치면 아무리 큰 기업도 사라질 수 있다는 것을 여실히 보여주는 사례들입니다.

지금은 이전보다 더 빠르게 트렌드가 변하고 있어요. 따라서 트렌드 분석은 창업 초기뿐 아니라 사업을 운영하면서도 지속적으로 해야 하는 작업입니다. 시장 변화에 둔감하거나, 새롭게 등장하는 경쟁자에 제대로 대응하지 못한다면 성장의 기회를 놓치기 쉽습니다.

경쟁사 분석과 함께 트렌드를 이해한다면 시장의 지도를 좀 더 명확히 그려볼 수 있을 거예요.

시장과 소비자가 변하는 시간보다 더 빠르게 무브, 무브!

Q. 트렌드 분석에 유용한 툴이 있나요?

가장 대중적인 툴은 구글트렌드입니다.

구글트렌드 사이트(https://trends.google.co.kr/trends)에 가서 '영상 편집', '쇼츠', '릴스'와 같은 키워드를 직접 검색해 보세요. 아래 이미지를 보면 지난 5년간 대한민국에서의 검색 추이를 보면, '쇼츠'라는 키워드는 2019년에는 거의 검색되지 않다가 지금은 급부상한 것을 분명히 확인할 수 있어요. 여러분도 쇼츠 많이 보시죠? 대중들이 많이 하는 것, 흐름. 이것이 트렌드입니다. 그럼 이걸 비즈니스에 적용해 본다면? 대중들의 관심사를 예측해볼 수 있겠네요.

네이버 데이터랩[3] 에서도 트렌드 분석을 효과적으로 할 수 있어요. 검색어를 입력해서 관심 키워드들의 변화 추이를 비교 분석할 수 있고, 실시간 인기 검색어, 분야별 인기 콘텐츠, 지역별 통계까지 다양한 데이터를 확인할 수 있어요.

이런 트렌드 툴을 잘 활용하면 "지금 뭐가 유행이지?"를 넘어서 "내가 기획하고 있는 비즈니스가 시대 흐름과 잘 맞는 걸까?", "지금 시도하면 블루오션인가?"와 같은 중요한 판단을 하는 데 도움이 됩니다. 시장보다 한발 앞서 나가고 싶다면, 트렌드 분석은 선택이 아니라 필수겠네요.

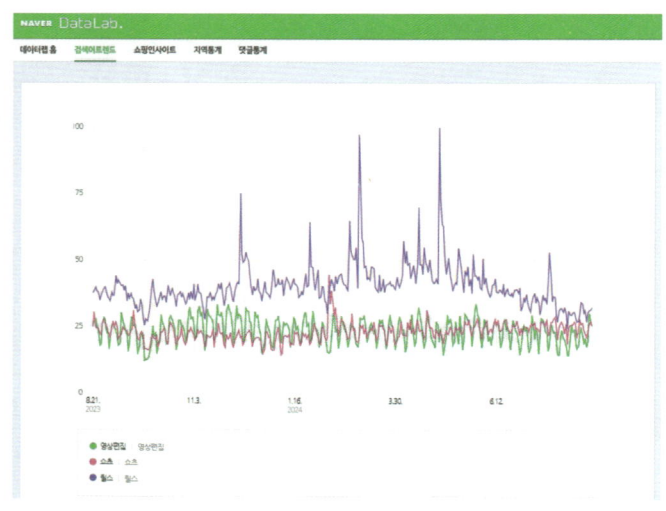

3   https://datalab.naver.com

여러분이 생각한 그 창업 아이템! 지금 바로 트렌드 검색을 해 보세요. 더불어 디자인 스타일 트렌드 분석은 부록에 기재한 참고 사이트를 확인하세요! 글로벌 디자인 트렌드, 색채 시각 트렌드, 산업 패키지 트렌드 등 참고할 만한 사이트를 분야별로 정리하였어요.

□ 내가 속한 산업군을 명확히 정의했는가?

□ 경쟁사가 제공하는 서비스, 가격, 포트폴리오를 확인했는가?

□ 경쟁사 분석을 통해 내 회사의 차별화 포인트를 도출했는가?

□ 롤모델 기업의 디자인, 브랜드 철학, 마케팅 전략을 꾸준히 모니터링하고 있는가?

□ 시장과 트렌드를 분석하여 현재 산업 흐름을 파악했는가?

#트렌드읽기 #SWOT탐험 #기술분석

회사에도 이름이 필요해

창업의 핵심,
회사 네이밍부터 시작하자!

회사의 이름은 브랜드의 첫 번째 얼굴입니다.
네이밍은 단순한 이름을 넘어서,
기업의 아이덴티티, 가치, 목표를 함축하는
중요한 요소입니다.

디자인 창업의 모든 것

자, 이제부터는 본격적으로 내 회사를 만든다고 생각해 볼게요. 어디서부터 시작할까요? 바로 '이름 짓기'입니다. 회사라는 브랜드의 첫인상을 만드는 일이죠. 창업을 준비할 때 가장 설레는 순간 중 하나가 바로 '회사 이름'을 정하는 일이 아닐까요? 그 안에 나의 가치, 방향성, 그리고 앞으로 펼쳐질 이야기를 담아야 하니까요. 하지만 이미 많은 이름들이 사용되고 있어, 상표권 문제없이 법적 안전을 고려하는 것이 중요해요. 회사만의 개성과 정체성을 담아, 듣기만 해도 긍정적인 에너지가 전해지는 멋진 이름을 고민해 보세요!

디자인 회사의 네이밍은 이름 그 이상입니다. 브랜드의 첫인상이자, 사람들이 기억하게 될 강력한 정체성이기 때문입니다. 잘 지어진 이름 하나가 수많은 경쟁자 사이에서 돋보이게 만들고 브랜드의 철학과 방향성을 단번에 전달할 수도 있습니다. 그렇다면 성공적인 디자인 회사의 네이밍은 어떻게 만들어야 할까요?

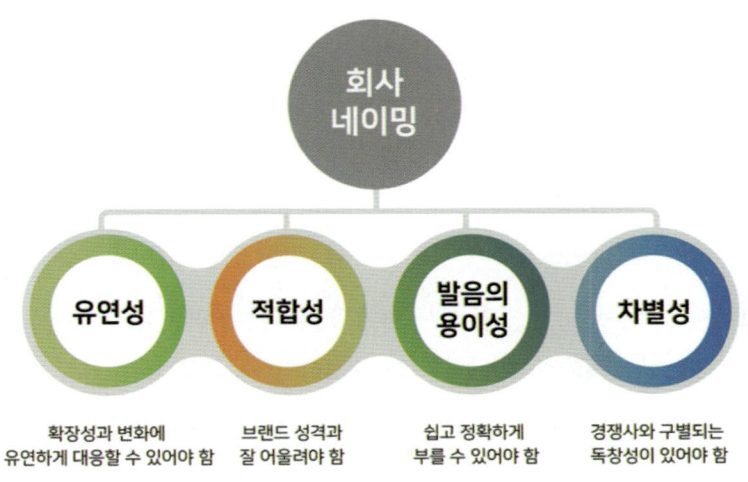

네이밍을 할 때는 몇 가지 중요한 요소를 고려해야 합니다. 먼저, 유연성입니다. 이름은 다양한 서비스와 변화하는 시장 환경 속에서도 자연스럽게 어울려야 하며 쉽게 적용될 수 있어야 합니다. 다음으로, 적합성이 중요한데요. 회사의 정체성과 잘 맞아야 하며 목표 고객에게 신뢰와 공감을 줄 수 있어야 합니다. 또한, 발음 용이성도 빼놓을 수 없습니다. 쉽고 명확하게 발음할 수 있어야 기억에 오래 남고, 자연스럽게 입소문도 퍼질 수 있기 때문입니다. 마지막으로, 차별성이 필요합니다. 경쟁사와 확실히 구별될 수 있도록 독창적이며 눈에 띄는 브랜드 이미지를 만들어야 합니다.

이 네 가지 요소를 잘 갖춘 네이밍은 브랜드의 성공적인 출발점이 되어 줍니다.

실전 TIP

회사 이름은 짧고 기억하기 쉬운 게 좋아요. 동시에 구글 검색, 도메인 가능 여부, 상표권 등록 가능성까지 미리 체크하면 나중에 법적·마케팅 문제를 예방할 수 있습니다.

그럼 다음으로 디자인 회사 네이밍 사례를 살펴볼까요?

미국 IDEO(아이데오)의 케이스입니다. IDEO는 1991년, 3개의 디자인 회사(David Kelley Design, ID Two, Matrix Product Design)가 합병되면서 만

들어졌으며, 그 과정에서 새롭고 미래지향적인 이름이 필요해 이 네이밍이 탄생하게 되었습니다. IDEO라는 이름은 'Idea(아이디어)'와 'Innovation(혁신)'을 결합한 의미 있는 조어로, 이들의 철학과 창의적인 사고방식을 담고 있습니다. 짧고 발음하기 쉬우며, 독창적이고 기억에 잘 남는 이름이라는 점에서 IDEO는 성공적인 네이밍 사례로 자주 인용됩니다.

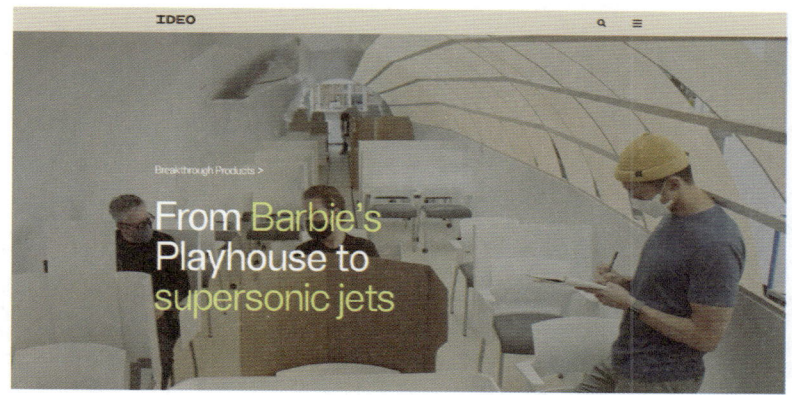

www.ideo.com

maumstudio.co.kr

또 다른 사례는 한국 디자인 회사인 '마음 스튜디오'입니다. 상호명만 들어도 따뜻하고 감성적인 느낌이 전해집니다. '마음(Maum)'은 한국어 고유어로, 공감, 진심, 사람 중심 같은 긍정적인 이미지를 떠올리게 하죠. 여기에 '스튜디오'를 더하면, '정성을 담아 디자인하는 공간' 혹은 '사람의 마음을 담는 작업실'이라는 의미로 자연스럽게 연결됩니다. 또한 한국어 사용자에게는 발음이 매우 익숙하고 쉽고, 영문 표기인 'Maum'도 비교적 읽기 쉬워 글로벌 확장 가능성도 충분히 가지고 있어요.

나만의 디자인 회사 이름을 고민 중이라면, 강력하고 기억에 남는 네이밍 전략을 확인해 보세요.

1. 창업자의 이름을 활용한 네이밍

창업자의 이름을 사용하면 개성 있는 브랜드를 만들 수 있어요. 이 방식은 창립자의 퍼스널 브랜딩이 강한 경우 효과적이지만, 추후 회사를 확장하거나 매각할 경우 브랜드가 창립자에 의존하게 되는 단점이 있습니다.

ex) Paula Scher Studio: 디자이너 폴라 셰어의 이름을 활용한 사례

ex) 이선 디자인랩: 창업자의 성(이)과 '선(Line)'을 결합하여 조형적 의미 강조

2. 단순한 키워드 조합 방식

디자인과 관련된 단어를 결합하여 의미를 강조하는 방식입니다. 의미가 직관적으로 전달되면서도 감성적인 요소를 담는 것이 중요해요!

ex) 결디자인: '결(무늬, 흐름)'을 강조해 디자인 철학 표현

ex) 이음스튜디오: '이음(연결, 조화)'을 활용하여 디자인의 조화로움 강조

3. 의미 있는 한 단어 활용하기

한 단어만으로 강렬한 인상을 남기는 방식입니다. 짧고 강렬한 단어를 활용하면 브랜드 정체성을 확실히 전달할 수 있어요!

ex) 모노: '단색', '단순함'을 의미, 미니멀한 디자인 느낌

ex) 온: '온전한', '따뜻한'의 의미를 담아 감성적인 브랜드 이미지

ex) 무늬: 패턴과 디자인을 직관적으로 떠올리게 하는 네이밍

4. 디자인 개념을 함축한 네이밍

디자인과 관련된 철학적 개념을 담아 브랜드 정체성을 강조할 수 있습니다.

ex) 비움과채움: 디자인의 균형과 조화를 표현

ex) 조형랩: 조형적 요소를 연구하는 디자인 스튜디오 느낌

5. 한국어 + 외국어 조합 방식

한글과 외국어를 결합하여 세련되고 글로벌한 느낌을 주는 방식이에요. 한국적 아이덴티티를 유지하면서도 글로벌 확장성을 고려할 때 유용합니다.

ex) 한스튜디오(Han Studio): 한(韓, 큰, 하나)을 활용한 브랜드 네임

ex) 선랩(Seon Lab): 선(Line, Virtue)과 연구소(Lab)의 결합

ex) 무늬크래프트(Moonee Craft): 무늬와 Craft(공예, 창작)의 조합

6. 감성적인 표현 방식

브랜드의 분위기를 감각적으로 전달하는 네이밍 방식으로, 감성적인 키워드는 브랜드가 전달하고자 하는 분위기를 한층 강화해 줍니다.

ex) 사뿐 디자인: 부드럽고 가벼운 디자인 느낌을 표현

ex) 별빛스튜디오: 감성적이고 몽환적인 분위기의 브랜드 네이밍

천천히 떠오르는 단어들을 하나씩 조합해 보면서, 자신만의 브랜드를 차근차근 만들어 보세요.

실전 TIP

일반적으로 디자인 회사 상호명 뒤에 많이 붙는 표현들은 스튜디오Studio, 그룹Group, 어소시에이츠Associates, 랩Lab, 크리에이티브Creative 등이 있습니다.

Q. 교수님! 지금 생각나는 네이밍이 없는데 처음에 대충 상호명을 짓고 나중에 바꿔도 되나요?

처음에는 '지금 당장 좋은 이름이 안 떠오르니까 일단 대충 짓고 나중에 바꾸자'라고 생각할 수도 있어요. 하지만 상호명은 창업 과정에서

가장 먼저 그리고 신중하게 결정해야 하는 부분입니다. 왜냐하면 상호명이 있어야 사업자등록을 할 수 있고, 이를 기준으로 모든 행정 절차가 시작되기 때문이에요. 물론 나중에 바꾸는 것도 가능하지만, 이미 등록된 상호를 변경하려면 사업자등록증은 물론, 각종 서류나 온라인 채널, 명함, 계약서 등 여러 가지를 다 수정해야 하는 번거로움이 생깁니다. 특히 기존에 거래하던 업체나 고객에게 이미 알려진 이름을 변경하게 되면 브랜드 인식이 혼란스러워질 수 있고, 신뢰도가 떨어질 위험도 있습니다. '왜 갑자기 바꼈지?'라는 의구심을 불러일으킬 수 있거든요. 그래서 처음부터 신중하게 네이밍을 고민하고, 한 번 정한 이름은 자신 있게 밀고 나가는 것이 장기적으로도 훨씬 유리합니다.

실전 TIP

내 디자인 회사의 이름을 독점하고 싶다면 상표등록을 하세요! 디자인 회사는 회사 이름 + 로고를 함께 상표등록하는 경우가 많아요. 이름만 등록하면 로고 보호는 안 되는 경우가 많습니다. 특허법률사무소에 의뢰하여 변리사와 상담하여야 합니다.

---

* 상표 출원 비용: 특허청 전자출원 수수료 약 52,000원 + 변리사 수임료
* 상표 등록 비용: 특허청 등록료(1개류 기준, 약 201,000원) + 변리사 수임료

변리사 수수료, 검색비용, 대리비용 등은 포함되지 않은 관납료(공식 수수료) 기준입니다.

여기서 변리사 수임료의 가격이 관건이겠죠? 변리사 수임료는 법인과 난이도, 서비스 범위에 따라 달라지므로 2~3곳 정도 문의해서 비교하는 것이 안전합니다. 직접 출원하면 변리사 수임료를 절약할 수 있지만, 서류 작성과 심사 대응 등에서 실수가 발생할 가능성이 있어 주의가 필요합니다.

같은 이름을 가진 회사가 있는 건 피하고 싶죠.

생각해 둔 네이밍은 먼저 구글로 검색하며 동종 업계에 이미 존재하는지 확인하고, 특허정보검색서비스(KIPRIS)에서도 한 번 더 살펴보세요. 또 홈페이지를 만들 계획이라면, 메인 도메인인 .com이나 .co.kr로 연결할 수 있는지도 함께 고려하면 좋습니다.

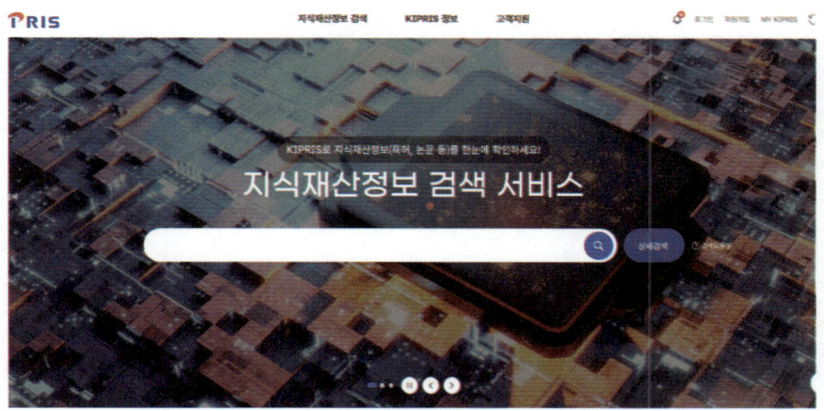

특허정보검색서비스(KIPRIS) 사이트

□ 내 회사의 이름을 정했는가?

□ 기억하기 쉽고, 특별하게 만들기 위해 충분히 고민했는가?

□ 회사의 핵심 가치와 철학을 담을 수 있는 이름인가?

□ 특허정보검색서비스(KIPRIS)에서 내가 쓰고 싶은 상호명을 검색해 보았는가?

□ 법적 문제(상표권, 유사 상호) 위험이 없는가?

□ 온라인 검색과 도메인 확보에 적절한가?

#내회사이름정하기 #네이밍영향력 #심플함과강렬함

재택이냐 사무실이냐

효율성이냐 전문성이냐
그것이 고민이다

업무 효율, 비용 절감, 미팅,
집중도 등 고려 항목을 적은 후
우선순위를 적어보세요.
회사 운영은 리스크 관리가 핵심입니다.

디자인 창업을 시작하기 전에 가장 먼저 맞닥뜨리는 고민 중 하나가 바로 '공간'입니다. 매일 아침 알람과의 전쟁, 출근길 지옥철까지. 과연 우리에게 필요한 건 '사무실'일까요, 아니면 '재택'일까요? 재택근무는 분명 자유롭고 편안하지만, 바로 옆에 있는 침대와 소파는 어느새 우리의 집중력을 살짝 흔들죠. 반대로 사무실은 집중하기엔 좋지만, 매달 나가는 임대료와 관리의 부담이 따라옵니다. 우리가 꿈꾸는 디자인 일상, 그 시작을 함께할 '공간'은 어떤 모습이 좋을까요?

일과 쉼이 조화로운 최적의 장소는 어디일지 우리 함께 고민해 볼까요?

Q. 첫 창업인데 재택이 좋을까요? 사무실을 구하는 게 좋을까요?

정말 고민되는 부분이죠. 첫 창업에서는 재택과 사무실 두 가지 다 장단점이 있어요. 어떤 선택이 더 나을지는 여러분의 상황에 따라 달라질 수 있습니다.

재택근무는 비용 절감 측면에서는 최고의 선택이에요. 사무실 임대료, 교통비, 식비 같은 고정 비용을 줄일 뿐 아니라 출퇴근에 드는 시간도 나만의 시간으로 활용할 수 있다는 큰 장점이 있어요. 시간 관리에 유연성이 있어서, 자신만의 리듬에 맞춰 일할 수 있다는 점도 꽤 매력적이죠. 하지만 재택의 단점은 집중력이 떨어질 수 있다는 거예요. 쉬는 공간과 일하는 공간이 명확하게 분리되어 있지 않다면 일에 집중하기 힘들어질 수 있어요. 한번 떠올려 보세요. 거실에 있는 소파가 보이는데 과

연 안 눕고 버틸 수 있을까요? 이런 유혹을 이겨낼 수 있다면 재택은 충분히 매력적인 선택입니다.

반면에 사무실을 구하면 일과 생활의 분리가 명확해지기 때문에 업무에 몰입하기에 더 좋은 환경이 될 수 있어요. 특히 직원이 생기거나 클라이언트와의 미팅이 잦다면 사무실이 있는 게 더 신뢰감 있고 전문적인 이미지를 줄 수 있죠. 하지만 사무실의 단점은 고정 비용입니다. 매달 나가는 임대료, 관리비 등 초기 자금에 대한 부담은 꼭 고려해야 해요.

참고로 저희는 한 명은 사무실, 한 명은 공유 오피스를 선택했어요. 사무실을 선택한 이유는 프로젝트에 집중할 수 있는 고정된 작업 환경과 장기적인 업무 운영에 유리했기 때문이에요. 반면 공유 오피스를 선택한 이유는 팀원들과 함께 아이디어를 바로 공유하고, 창의적인 에너지를 한 공간에서 모으는 경험이 중요하다고 생각했기 때문이죠. 임대와 관리에 부담은 있었지만 프로젝트가 있을 때마다 팀워크와 창의성을 높이는 데 확실히 도움이 되었어요. 여러분은 어떤 공간이 더 잘 맞을 것 같나요?

실전 TIP

재택근무 시에는 업무 공간과 휴식 공간을 명확히 분리해 집중력을 유지하세요. 사무실을 선택한다면 계약 전, 관리비·공용시설 비용·보증금 등 숨은 비용까지 체크하세요.

	재택	사무실
장점	**1. 비용 절감** ('사무실 임대료 안 내도 되니까, 그 돈 아껴서 좋은 컴퓨터 사야겠다.')	**1. 업무 집중도 향상** ('역시 집보다 사무실이 집중이 잘 되긴 해.')
	2. 유연한 근무 시간 ('일 좀 하다가 커피 한 잔, 점심도 느긋하게, 이게 워라벨 아니겠어?')	**2. 전문적인 이미지 구축** ('클라이언트가 직접 오면 아무래도 더 신뢰를 주겠지.')
	3. 출퇴근 시간 절약 ('지옥철 안 타는 것만으로도 이미 이득!')	**3. 팀 협업 용이** ('팀원끼리 바로 회의를 할 수 있으니까 속도가 달라.')
단점	**1. 집중력 저하** ('소파에서 잠시 쉬려고 했는데 자꾸 눕고 싶어지네….')	**1. 고정 비용 발생** ('임대료랑 관리비만 해도 매달 부담이 장난이 아니네.')
	2. 업무와 생활의 경계 불분명 ('일을 끝냈는데도 계속 일을 하게 되네.')	**2. 통근 시간 발생** ('왕복 2시간이면 하루 업무 2시간 손해 보는 건데.')
	3. 외부 이미지 ('프리랜서처럼 보일까 봐 걱정되긴 해.')	**3. 운영 관리의 번거로움** ('청소도 해야 하는데… 언제 하지?')

Q. 재택과 사무실의 중간 선택지는 없을까요?

그래서 나온 서비스가 공유 오피스예요. 요즘 공유 오피스가 정말 많아졌고, 창업자들 사이에서 매우 인기 있는 선택지로 자리 잡고 있어요. 저희 중 한 명도 공유 오피스를 선택했는데요. 그 이유는 바로 사무실처럼 집중할 수 있으면서도 관리 면에서는 부담은 덜한 공간이 필요했기 때문이죠. 공유 오피스는 말 그대로 여러 사람이 함께 사용하는 사무실 공간으로, 각자의 독립된 자리가 있으면서도 회의실이나 라운지 같은 공간은 모두 함께 공유해요. 이런 구조 덕분에 업무 집중도와 전문적인 오피스 환경은 확보하면서도 일반 사무실보다 비용과 관리 부담은 훨씬 줄일 수 있다는 게 큰 장점이죠.

특히 공유 오피스는 네트워킹의 기회가 많아요. 같은 공간에서 일하는 다른 창업자나 프리랜서들과 자유롭게 교류할 수 있어서 새로운 아이디어를 얻거나 협업할 기회를 찾기도 쉽거든요. 대부분의 공유 오피스는 회의실, 미팅룸, 세미나실, 카페테리아 같은 편의시설을 잘 갖추고 있어서 클라이언트와의 미팅도 무리 없이 진행할 수 있어요. 또한 건물 임대에 대한 유연성도 큰 장점이라고 할 수 있어요. 필요한 기간만큼만 계약해서 사용할 수 있고, 또 여러 지역에 지점을 가진 공유 오피스를 이용하면 지역 이동 시 이용할 수 있는 장점도 있어요. 창업 초기에는 재택과 사무실을 적절히 결합한 선택지라고 할 수 있어요. 공유 오피스에서 비즈니스를 시작하고, 이후 확장이 되면 그때 사무실을 구해도 늦지 않아요. 프리랜서나 스타트업에게는 매우 매력적인 옵션이니 한번 고려해 보세요.

공유 오피스를 선택할 때는 입지, 가격, 계약 유연성, 회의실 등 편의시설을
꼼꼼히 비교하세요.

Q. 어떤 공유 오피스들이 있나요?

위워크(https://www.wework.com)

뉴욕, 런던, 도쿄, 한국의 도시 전역 수백 개의 지점을 갖춘 글로벌 공유 오피스 브랜드.
프라이빗 오피스, 월간 멤버십, 전용 데스크, 시간 단위, 일 단위 예약 가능.

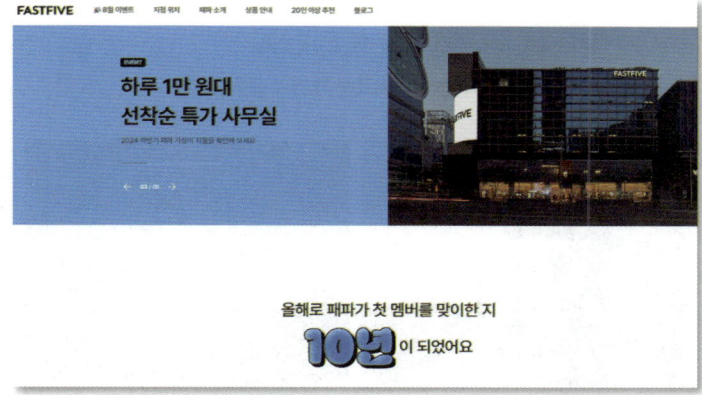

패스트파이브(https://fastfive.co.kr)

국내에서 가장 빠르게 성장하고 있는 공유 오피스 브랜드, 국내 지점 수 44개, 강남, 서초, 을지로 등 오피스 밀집지 집중, 합리적 가격, 유연한 계약 조건.

스파크플러스(https://sparkplus.kr)

합리적인 가격과 최적의 입지를 자랑하는 공유 오피스 브랜드.
강남, 을지로, 선릉, 분당, 홍대 등 서울 주요 비즈니스 지역에 위치, 깔끔한 인테리어, 다양한 규모의 사무실 옵션, 유연한 계약 조건.

롯데가 제안하는 새로운 개념의 공유오피스

워크플렉스(https://www.theworkflex.com)

롯데에서 운영하는 공유 오피스. 역삼, 롯데월드타워 등 우수한 입지.
최상의 입지에서 일할 수 있는 장점, 고객의 니즈에 맞춘 다양한 크기의 오피스,
감각적인 워크라운지

드림플러스(https://www.dreamplus.asia/dreamplus)

한화생명의 오픈 이노베이션 브랜드. 강남, 후쿠오카, 샌프란시스코, 베이징 등 위치.
공간과 커뮤니티를 기반으로 다양한 지원 프로그램 제공.
IT 및 기술 기반 스타트업에 최적화된 공간

스페이시즈(https://www.spacesworks.com/kr)

리저스(Regus)에서 운영하는 글로벌 공유오피스 브랜드.
서울, 북미, 라틴, 남아메리카, 아시아 등 3500개 지점.
멤버십 운영, 라운지, 코워킹, 오피스 등 다양합 옵션.

네이버D2스타트업팩토리(http://d2startup.com)

네이버에서 운영하는 스타트업 지원형 공유 오피스.
AI 등 기술 기반 스타트업을 대상으로 한 다양한 프로그램 지원.
네이버와의 협업 가능성.

공유 오피스는 이 외에도 종류도 많고 각기 장단점이 다르기 때문에, 먼저 회사의 거점 지역을 정한 뒤, 우리 팀의 업무 스타일과 잘 맞는 공간을 비교해 보고 결정하는 것이 좋습니다.

□ 나는 지금, 내 상황에 맞는 근무 형태를 명확히 결정했는가?

□ 내 현재 상황에서 가장 유연하고 효율적인 선택을 했는가?

□ 내가 선택한 환경에서 업무 집중도가 높아질 것 같은가?

#재택근무 #사무실근무 #공유오피스

05

내 사업의 시작, 사업자등록

당신의 사업을 위한
첫 번째 공식 절차

사업이 공식적으로 시작되었음을 알려볼까요?
사업자등록은 그 신호탄과도 같습니다.
절차를 넘어, 신뢰와 책임을 함께하기 위한
중요한 단계입니다.

햇살이 따스하게 내리쬐는 날, 드디어 내 손으로 내 사업의 시작을 알리는 순간이 왔어요. 마음속 설렘과 기대가 가득한 채, 나는 앞으로 펼쳐질 새로운 여정의 문을 살짝 열어봅니다. 사업자등록증 신고는 그 문을 열기 위한 열쇠이자 내가 꿈꾸던 일을 현실로 만드는 첫걸음이랍니다. 이제 함께 그 시작의 순간을 천천히, 그리고 확실하게 밟아 나가 볼까요?

Q. 사업자등록증이 뭐예요?

사업자등록증은 사업자에 대한 정보를 세무관서에 신고한 후 등록하여 발급받는 문서를 의미합니다. 사업을 시작한 후 발생하는 소득에 대한 납세의 의무를 지녀야 하기 때문에 사업자에 대한 정보를 세무관서의 대장에 수록하는 절차입니다. 사업자등록은 모든 사업장마다 하여야 합니다. 사업 개시 전 또는 사업을 시작한 날로부터 20일 이내에 구비서류를 갖추어 관할 세무서 또는 가까운 세무서 민원봉사실에서 신청 가능합니다.

실전 TIP

잠깐, 회사 상호명이 정해져야 사업자등록증을 신고할 수 있습니다.
아직 정하지 않았다면, 정식 신고 전에 멋진 이름부터 확정하세요.
또한 임대차계약서상의 사업장 주소를 반드시 준비하세요.
주소가 정확해야 세무서 등록이 가능합니다.

디자인 창업의 모든 것

Q. 사업자등록증은 어떻게 준비해야 하나요?

사업자등록을 하기 전에 몇 가지 준비물이 필요합니다.

① 필요서류: 사업자등록신청서, 신분증, 임대차 계약서

② 사업장 주소: 실제 사업장이 위치한 곳의 주소

　　　　　　　　(임대차 계약서 상 주소)

③ 대표자 정보: 사업을 대표할 사람의 개인정보

　　　　　　　　(대표자의 주민등록번호 등)

④ 사업자 업종 코드: 국세청에서 제공하는 업종 코드에 따라 본인의

　　　　　　　　업종 선택

아마 여기서 사업자 업종 코드가 무엇인지 생소할 것 같아요. 업종 코드란, 간단히 말하면 내 회사가 어떤 업종에 속하는지 식별해주는 고유 번호예요. 세무서나 정부기관에서 회사의 업종을 분류하고 관리할 때 사용하죠. 예를 들어 디자인 회사라면 '디자인 서비스업'에 해당하는 코드가 있고, 카페를 운영한다면 '음식점업'에 해당하는 코드가 따로 있어요.

이 서류들을 다 준비했다면 이제 사업자등록증 안에 기재될 업태와 종목을 정리해 볼 차례입니다. 사업자등록증에는 업태와 종목을 반드시 기재해야 하니까, 아직 세무서로 달려가면 안 돼요! 준비를 마치고 정확하게 입력할 수 있도록 차근차근 확인하세요.

사업자등록증의 업태와 종목

업태란?

업태는 사업을 영위하는 것 중 판매 형태를 말합니다. 보통 시각디자인업은 서비스로 넣지만 추후 사업확장을 위해 제조업, 소매업도 함께 넣는 것이 좋습니다.

종목이란?

종목은 여러 가지 사업 세부 종류라고 생각하면 됩니다. 무엇을 거래하고 판매할지에 따라 분류할 수 있습니다. 보통 시각디자인업은 산업, 시각, 패키지, 출판, 영상의 서비스 주 종목을 넣고 기타 광고대행, 생활용품, 판촉물을 넣을 수 있습니다.

ex) 101쪽에 첨부된 사업자등록증 예시를 참고하세요!

창업할 디자인 회사가 시각디자인 전문회사라고 하였을 시, 업태는 보통 '서비스업' 또는 '전문서비스업'으로 선택합니다. 그럼 종목은? 다양한 세부 종목을 적으면 더 완벽해집니다. 왜냐고요? 종목은 우리 회사가 '무엇을 얼마나 잘하는지'를 알리는 명함 같은 존재거든요. 세무서도, 거래처도, 심지어 우편배달부도 이 명함을 보고 "아, 이 회사는 이런 일을 하는구나!" 하고 한눈에 알아챌 수 있답니다. 종목을 구체적으로 적으면, 내 사업의 강점을 더 확실히 보여줄 수 있고, 허가나 신고가 필요한 경우에도 문제없이 통과할 수 있는 '통행증' 역할을 하니까요. 그러니 종목 적을 때는 "내 회사, 이 분야도 잘해요!" 하고 당당히 외칠 수 있게, 다양하고 꼼꼼하게 써주는 게 센스입니다!

실전 TIP

디자인 회사에서 보통 사업자등록 시 쓰는 종목은 다음과 같습니다.
그래픽 디자인업, 광고 디자인업, 산업 디자인업, 캐릭터 디자인업, 영상 제작업, 패키지 디자인업, 웹 디자인업, 인테리어 디자인업(공간 디자인 포함 시), 멀티미디어 콘텐츠 제작업 등

2장 사업 기반을 세우는 준비 단계

Q. 등록 신청은 어디서 어떻게 작성하나요?

모든 준비가 끝났다면, 이제 사업자등록 신청서를 작성할 차례입니다. 신청서 작성 시 주의할 점은 정확하고 빠짐없이 기재하는 것입니다. 특히 업종과 업태는 앞서 살펴본 대로 내 사업 분야에 맞게 꼼꼼히 선택해야 하며 잘못 기재하면 추후 수정이 번거로울 수 있으니 신중해야 합니다. 사업자등록은 국세청 관할 세무서로 가서 등록을 진행합니다. 관할 세무서는 회사 주소지 기준으로 지정되니, 등록 전에 미리 내 관할 세무서가 어디인지 확인하세요. 요즘은 국세청 홈택스(www.hometax.go.kr)를 통해 온라인으로도 신청이 가능해 더욱 편리해졌습니다. 하지만 한 번쯤은 세무서를 직접 가서 서류 진행을 경험해 보는 것도 나쁘지 않아요. 창업의 실감이 더 나고, '진짜 시작하는구나!' 하는 작은 전율도 느껴질지 모릅니다!

실전 TIP

사업자등록은 온라인으로 혼자 하는 것보다 직접 세무서를 방문해 처리하는 것을 추천합니다. 담당자에게 궁금한 점을 바로 질문할 수 있고 기재 오류나 누락을 현장에서 바로 잡을 수 있어요.

등록조건: 개인사업자등록은 실제로 사업을 운영하는 사람이 등록하는 것이 원칙입니다. 사업자 본인이 자필로 서명하여야 합니다.

사업 유형 결정: 개인사업자, 법인사업자 중 선택해야 합니다. 대부분의 창업자는 개인사업자로 시작하는 경우가 많습니다.

개인사업자	법인사업자
사업체에 대한 이익, 손실 개인 부담	출자한 자본금 내에서 유한 책임
발생 수익 개인 소유로 자유롭게 인출 가능	배당에 의해 이익을 분배받기 때문에 개인 용도로 자금 인출 불가
소득세율 6-24% 지불 물건 등을 구입하면서 받은 매입세금계산서 상의 세익을 전액 공제받을 수 있음	소득세율 10-25% 지불 소득이 많은 법인의 경우 세금 절감

* 간이과세자라는 것도 있어요! 참고로 간이과세자는 연간 매출액 8천만 원에 미달할 것 같다 싶은 소규모사업자가 등록하면 유리한데 1.5%-4%의 낮은 세율이 적용되기 때문이에요. 하지만 시각디자인업은 간이과세자 등록자체가 불가능하답니다.

디자인 업종에 있어 전문적 디자인 서비스(브랜딩, 기획, 기업 대상 B2B 용역 등)로 신고하면 간이과세가 불가능할 확률이 높지만 '단순 디자인 상품 판매'나 '소규모 개인 의뢰 디자인' 위주일 경우는 가능성이 있습니다. 세무서에서 업종 코드와 사업 성격을 기준으로 판단하기 때문에 담당자에게 정확히 확인받는 것이 가장 안전합니다.

이렇게 사업자등록신청서와 관련 서류를 준비했다면, 이제 가까운 관할 세무서 민원봉사실에 방문해 제출합니다. "서류만 내면 끝인가요?" 완전히 끝은 아닙니다. 하지만 거의 다 왔습니다! 담당자가 서류를 확인하고 이상이 없으면 바로 접수하고 등록 처리를 진행합니다.

일반적으로는 접수 후 당일 또는 1~3일 안에 사업자등록증이 발급되며, 간단한 경우는 현장에서 바로 출력해주는 세무서도 많습니다. 다만 업종에 따라 추가 서류 요청이나 보완이 필요한 경우도 있으니 여유 있는 마음으로 가는 걸 추천드려요.

신청이 완료되면 사업자등록증이 발급됩니다.

Q. 저는 온라인으로 신청해도 될까요?

좋습니다. 그럼 온라인으로 신청을 해봅시다. 먼저 홈택스 사이트에 접속하세요!

STEP 1. [홈택스(www.hometax.go.kr) 접속]
공동인증서(구 공인인증서) 또는 간편인증(네이버, PASS 등)으로 로그인

STEP 2. 신청 메뉴로 이동
상단 메뉴에서 [민원] → [사업자등록 신청] → [사업자등록 신청(개인)] 클릭

STEP 3. 신청서 작성

STEP 4. 첨부서류 업로드

STEP 5. 제출 및 접수 확인

보통 영업일 기준 2~3일 이내에 처리됩니다.

결과 통지

홈택스 → 나의세무 → 민원처리결과조회 또는 문자 / 이메일로 알림을 받아요.
신청 완료 후에는 [마이홈택스 → 민원처리 결과조회] 에서 진행상태를 확인할 수
있습니다. 처리가 완료된 후 PDF로 사업자등록증 발급 가능합니다.

Q. 오늘 사업자등록증을 냈는데 주소를 옮겨서 급하게 바꿔야 할 것 같아요. 어떻게 해야 하나요?

사업자등록증 주소를 자택으로 하다가 오피스로 옮기는 경우가 많
습니다. 등록증 주소는 홈택스 사이트에서 변경할 수 있습니다. 혹은 관
할세무서로 찾아가서 변경신청을 하면 됩니다.

온라인 홈택스 주소변경 방법

홈택스 접속 〉 신청 / 제출 〉 사업자등록 신청 / 정정 〉 사업자등록정정(개인) 〉 등

록번호 선택하여 조회 〉 사업장 소재지 정정 〉 정정 클릭 〉 사업장 주소 검색 〉 주소 입력 〉 저장 〉 서류 첨부 〉 완료 순서로 진행됩니다.

Q. 짜잔! 드디어 사업자등록증이 내 손에! 이제 뭘 해야 할까요?

사업자등록증 발급, 첫 사업 시작을 축하합니다!

이제 발급한 사업자등록증과 신분증을 지참하여 은행으로 달려가세요! 주거래은행을 정하여 사업자 통장을 만들어야 합니다. 세금신고, 각종 사업용 결제 및 비용처리를 위해 사업용 자금과 개인 자금을 확실히 구분하는 것도 잊지 마세요!

실전 TIP

사업자등록증이 나오면 출력하여 액자에 걸어두거나, 반드시 서류철에 정리해 안전하게 보관하세요. 또한 스캔해서 디지털 파일로 저장하고 핸드폰에도 넣어두면 언제 어디서든 바로 확인할 수 있어 편리합니다.

□ 사업장 소재지 주소를 확정했는가?

□ 사업자등록 신청에 필요한 서류를 모두 준비했는가?

□ 관할 세무서 또는 온라인 홈택스를 통해 사업자등록증 신청을 완료했는가?

□ 발급 후 주거래은행을 정하고 사업자 통장을 만들었는가?

□ 사업용 자금과 개인 자금은 확실히 구분하여 사용할 것인가?

#첫걸음시작은사업등록 #신청어렵지않아요 #나만의사업ID

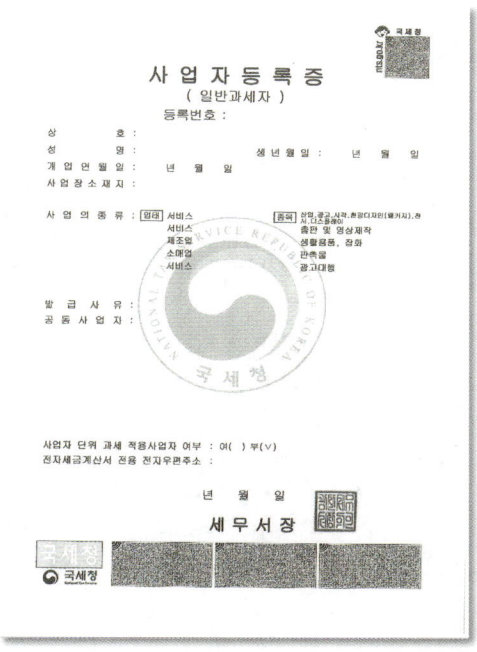

시각디자인업 참고 사업자등록증

06

나의 회사 로고 디자인하기

로고 디자인은 회사 브랜드의 첫인상

로고, 심볼디자인은 단순한 시각적 요소를 넘어
브랜드의 정체성과 가치를 효과적으로 전달하는
도구로써 고객에게 전문성과 신뢰감을 줍니다.
처음부터 완벽할 필요 없으니 겁먹지 말고 시작하세요.

드디어 나만의 회사가 생겼습니다. 이름도 생겼고, 설렘이 가득하죠. 그런데 여기서 끝이 아니에요. 이제 내 회사를 세상에 소개할 '얼굴', 바로 로고가 필요합니다. 로고는 단순한 그림이 아니에요. 내 브랜드를 처음 만났을 때 사람들이 가장 먼저 보게 되는 인상이자, 함께 성장해 나갈 동반자 같은 존재죠. 사람들은 로고를 보고 우리 브랜드를 떠올리고 기억하고 신뢰하기도 합니다. 즉, 로고란 회사의 첫인상과 마지막 인상까지 책임지는 친구 같은 존재라고 보면 돼요. 자, 이제 내 회사를 대표할 단 하나뿐인 로고를 만들어볼까요?

Q. 회사 로고 디자인이 꼭 필요할까요?

로고 디자인, 사실 처음엔 꼭 필요한지 고민이 될 수 있어요. 지금 당장 창업하고 일 시작하기도 바쁜데 로고까지 만들어야 할까? 싶은 마음도 이해돼요. 하지만 로고는 브랜드를 가장 먼저 떠올리게 만드는 시각적 언어죠. 스타벅스의 세이렌처럼요. 업무 미팅에서 명함을 주고받을 때, 로고가 새겨져 있는 명함을 받는다면 우리 회사의 정체성을 보여주는 것이기에 한 번에 각인될 수 있고, 훨씬 더 기억에 남는 인상을 줄 수 있죠.

그래서 우리는 로고를 단순한 디자인이 아니라 우리 브랜드의 얼굴로 생각하고 제작해 두는 걸 추천해요. 처음부터 잘 만들 필요는 없어요. 스타벅스의 세이렌도 조금씩 바뀐 거, 눈치채셨나요?

처음엔 거칠고 정제되지 않을지 몰라도 그 로고는 브랜드와 함께 성장하면서 조금씩 다듬어지고 단단해질 거예요.

Q. 로고 디자인은 어떻게 하나요?

디자인 창업이라면, 로고 정도는 내 손으로 만들어볼 수 있겠죠? 그래야 나중에 다른 회사들의 CI, BI, 엠블럼 같은 큰 그림도 제대로 그릴 수 있어요. 내 회사 로고를 디자인하면서 배우는 경험이 바로 실전 감각이 되거든요. 너무 완벽하게 하려고 애쓸 필요는 없어요. 중요한 건 내 브랜드의 얼굴을 직접 고민하고 표현해 보는 경험이에요. 자, 그럼 아래 단계별로 하나씩 차근차근 함께 접근해 볼까요?

첫째, 브랜드 컨셉 파악하기

우리 회사, 우리 브랜드가 고객에게 어떤 느낌을 줄지 정해야 합니다. 어떤 가치를 담고 싶은지, 어떤 비전이 있는지, 어떤 아이템인지 등 전달하고자 하는 핵심 키워드를 우선 정리해 보세요. 단, 너무 많은 의미와 이념을 전부 넣으려고 하면 요즘 말로 TMI가 됩니다. 꼭! 우선순위를 정하세요.

둘째, 로고 스타일 정하기

로고 디자인은 여러 스타일이 있습니다. 구글, 네이버와 같이 글자로만 이루어진 스타일이 있고, 애플, 나이키와 같이 심볼형도 있습니다. 우리는 한 입 베어 먹은 사과 이미지를 상상하면 애플이라는 브랜드가 떠오르곤 해요. 또 그림과 글자를 함께 사용하는 조합형도 있습니다. 삼성 로고를 생각해 보세요. 파란 타원 안에 'SAMSUNG'이라는 글자가 함께 있죠? 이처럼 어떤 스타일이 나의 회사에 잘 어울릴지 고민해 보세요.

셋째, 컬러와 폰트 정하기

첫 번째에서 정했던 컨셉과 맞는 컬러를 선택하는 단계입니다. 마켓컬리의 보라색이 주는 느낌, 카카오의 노란색이 주는 느낌을 생각해 보면 컬러가 주는 임팩트는 매우 큽니다. 컬러와 톤별로 주는 이미지스케일을 파악하여 선정해 보세요.

컬러를 선정했다면 폰트를 정해야 합니다. 고급스럽고 모던한 느낌을 주는 세리프Serif형, 가독성이 좋고 정갈한 느낌을 주는 산 세리프Sans-serif형, 개성 있고 캐주얼한 느낌을 주는 캘리그라피Calligraphy형 등이 있으니 브랜드 이미지와 맞는 폰트로 선택하세요. 로고에 사용될 폰트는 가독성과 판독성을 고려하여 선정하는 게 좋겠죠.

넷째, 시뮬레이션 해보기

위 3가지를 고려하여 나의 회사 로고 디자인을 제작했다면 실제 브랜드에서 어떻게 보이는지 테스트해 보는 것이 좋아요. 여러 시안들을 웹사이트나 명함, 간판, 굿즈 등에 배치해 보고 최종안을 선택하면 됩니다. 다양한 목업 사이트들을 활용하여 실제처럼 확인할 수 있으니 참고하세요.

로고는 보통 일러스트레이터(Adobe Illustrator)로 제작하는 게 좋아요. 완성되면 벡터 파일(AI), 이미지 파일(JPG), 투명 배경(PNG) 파일까지 꼭 각각 만들어 두세요.

로고는 단순한 그림 혹은 글자의 조합이 아닙니다. 로고를 나의 브랜드를 직접 표현하는 얼굴이라고 생각해 보세요. 내 얼굴에 메이크업을 할 때 내가 가진 외모의 특성, 장점, 그리고 약점을 고려하여 맞춤형 메이크업을 하지 않나요? 브랜드도 그에 맞는 가치를 파악해야 맞춤형 메이크업을 할 수 있습니다. 브랜드가 어떤 가치를 가지고 있는지, 어떤 핵심 특장점을 표현하고 싶은지 정의하고 그 메시지를 로고에 담아내는 것이 중요합니다.

많은 초보 창업자들이 로고 디자인을 할 때 너무 많은 의미와 요소를 넣으려는 경향이 있습니다. 하지만 복잡한 디자인은 오히려 소비자에게 기억에 남지 않거나 혼동만 줄 수 있다는 사실을 기억하세요.

지금 여러분의 머릿속에 떠오르는 로고를 생각해 보세요. 좋은 로고는 심플하면서도 강렬한 인상을 주는 것입니다. 핵심 가치를 넣은 간결한 디자인을 만드는 게 중요합니다. 만약 너무 어렵다면 전문 디자이너의 도움을 받는 등 다양한 의견을 수렴하고 피드백을 적극 반영하는 것도 좋겠죠.

앞서 살펴본 바와 같이, 컬러를 선택할 때는 컬러가 그저 미적인 요소가 아니라 감정과 무드를 전달하는 중요한 요소임을 이해하셔야 합니다. 전달하고자 하는 메시지와 조화를 이루도록 신중하게 선택하되, 너무 많은 색상을 사용하지 않도록 주의하는 게 좋습니다. 스타벅스의 그린 컬러도 전체 컬러에서 5%를 넘지 않는 비율로 사용됩니다. 메인컬러, 서브컬러, 포인트컬러를 명확히 설정하고 이를 어플리케이션에서 활용할 수 있도록 매뉴얼화 하는 것도 필수적인 과정입니다. 이렇게 완성된 로고 디자인은 다양한 환경에서 소비자에게 어떻게 보일지 반드시 테스트해 보는 것이 중요해요. 웹사이트, 명함, 소셜미디어, 인쇄물, 옥외광고물 등 다양한 매체에 시뮬레이션하며 그 결과물을 면밀히 점검한 후 최종 결정을 내리세요. 자, 이제 여러분의 로고 디자인이 탄생했고, 창업의 기본 과정이 세팅되었습니다. 그럼 다음 과정으로 자연스럽게 넘어갈 준비가 되셨나요?

Q. AI의 도움을 받고 싶어요. AI로 제작할 수 있는 방법도 있나요?

AI가 대중화되면서 로고 디자인을 무료 혹은 유료로 제작해 주는 플랫폼이 많아 이를 활용하는 것도 좋습니다. 혹은 AI와 함께 아이디어 브레인스토밍을 한 후, 그 아이디어를 바탕으로 직접 제작해 보는 방법도 있겠죠. 그러나 AI로 자동 생성된 로고를 그대로 쓰는 것보다는 디자인 회사의 정체성과 차별성을 살릴 수 있도록 직접 손으로 다듬고 결정하는 과정이 필요합니다.

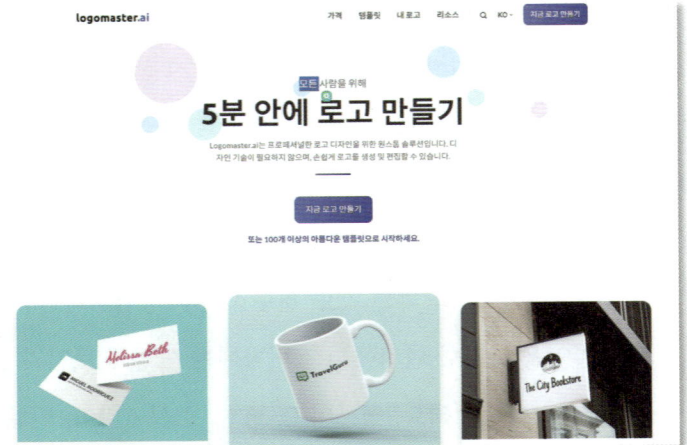

로고마스터(https://logomaster.ai)

개인브랜딩, 제품 브랜드 및 신생 기업, 사업 등의 카테고리를 선택한 후 샘플 중 원하는 스타일을 선택하고 원하는 컬러를 선택하면 그에 맞는 AI 맞춤형 로고를 제작해 주는 사이트

캔바(https://www.canva.com/ko_kr/logos)

기존 템플릿에서 선택한 후 수정하거나 스타일에서 컬러팔레트, 폰트, 조합형을 선택한 후 제작

AI가 생성한 로고라도 상업적 사용 가능 여부를 반드시 확인하세요. 일부 플랫폼은 상업 사용이 제한될 수 있습니다.

로고가 완성됐다면, 이제 나만의 회사 명함을 만들어보세요.
디자인 회사라면 평범하게 넘기지 말고, 명함에 후가공을 살짝 넣어 특별하게 만드는 걸 추천합니다.

□ 내 회사 로고 디자인을 완료하였는가?

□ 로고가 회사의 핵심 가치와 아이덴티티를 담고 있는가?

□ 로고의 이미지 파일, 일러스트 파일, PNG 파일을 각각 가지고 있는가?

□ 로고 파일을 백업해 안전하게 보관하고 있는가?

□ 로고가 포함된 내 회사 명함을 제작해 보았는가?

#로고디자인 #AI손빌리기 #회사아이덴티티장착

07

초기 자본 마련하기

자본 없이는 시작할 수 없다, 창업 자금 마련하기

걱정 마세요! 필요한 것만, 딱 준비하면 시작 OK!
초기 자금? 정부지원으로 스마트하게!
알고 준비하면 '돈 때문에 못 한다'는 말은
이제 옛말이에요.

디자인 창업이 꿈인데 돈이 현실을 발목 잡고 있나요? 초기 투자, 운영비, 마케팅 비용까지 생각하면 '이 돈 다 어디서 나지?' 싶은 게 솔직한 마음일 거예요. 맞아요, 창업 초기에는 돈이 발목을 잡는 순간이 많습니다. 장비, 소프트웨어, 사무실 임대, 상표 등록, 마케팅까지 한꺼번에 고려하면 막막할 수밖에 없죠. 하지만 너무 걱정 마세요. 모든 돈을 한꺼번에 준비할 필요는 없어요. 필수 비용과 선택 비용을 구분하고, 먼저 꼭 필요한 것부터 챙기세요. 1인 기업으로 디자인 창업을 막 시작할 때를 고려해 실용적 가이드를 정리해 두었으니, 이걸 참고하며 부담을 줄여 보세요.

필수 비용

– 임대료: 보증금과 월세
– 관리비: 공과금, 청소, 인터넷 등 기본 운영 비용
– 컴퓨터·모니터: 디자인용 고성능 장비 구매
– 프린터: 출력용 장비 구매
– 소프트웨어 라이선스: 한 달 결제 및 소스 활용 비용
– 홈페이지 제작: 도메인, 호스팅, 디자인·개발 비용
– 명함 및 회사 소개서 제작
– 사업자등록 및 세무 관련 비용
– 컴퓨터 책상, 의자 비용

처음 디자인 창업을 시작할 때 드는 비용입니다. 임대료와 관리비, 컴퓨터·모니터, 프린터, 소프트웨어 라이선스, 홈페이지 제작, 명함 및 회사 소개서, 사업자등록과 세무 관련 비용, 그리고 기본 책상과 의자까지 준비하면 사업을 시작하는 데 최소한 필요한 기반은 갖춘 셈이에요.

변동 운영비용

– 현금흐름 확보를 위한 예비비: 프로젝트 지연이나 고객 결제 지연 등 예기치 못한 상황 대비
– 교통비·기름값: 클라이언트 미팅, 출장, 재료 구매 등 이동 비용
– 식비: 외부 미팅이나 장시간 업무 시 식사 비용
– 간단한 회의비: 팀 회의나 클라이언트 미팅 시 발생

처음에는 교통비나 식비, 회의비 같은 작은 비용이 별거 아닌 것처럼 느껴질 수 있습니다. 하지만 이런 비용들도 반복되면 한 달, 한 해 단위로 꽤 큰 금액이 됩니다. 그래서 초기 창업 단계에서도 운영비용 계획에 반드시 포함하고 예상치 못한 지출까지 감안해 현금 흐름을 미리 체크해 두는 것이 좋아요.

선택 비용

사무실 관련 인테리어, 회의용 프로젝터, 영상회의 장비, SNS 유료 광고, 고급 폰트, 플러그인 등 추가 소프트웨어, 업무 효율을 위한 유료 서비스 등

사업을 점차 확장한 후에는 선택 비용을 늘려 전문성과 효율을 높이는 것이 좋습니다.

시각디자인업은 생각보다 단출합니다. 컴퓨터 + 프린터기 = 기본 장비 세트 끝! 처음 시작에 있어 큰 공장도, 창고도 필요 없어요. 그래서 생각보다 적은 자본으로도 충분히 시작할 수 있다는 장점이 있죠. 영상 디자인을 함께 할 생각이라면 컴퓨터 스펙이 조금 더 높습니다. 영상 편집과 모션그래픽 작업을 위해선 고사양 그래픽카드와 충분한 저장 공간이 필요하죠. 그래도 걱정할 필요는 없어요. 초기 자본이 부담된다면 정부나 지자체의 정부지원 프로그램들도 있어요. 창업 및 초기자본 관련하여 전문가와 참고하면, 고민이 훨씬 가벼워지며 든든한 지원군을 만날 수 있습니다.

실전 TIP

정부 지원 창업자금은 보통 창업 예정자 또는 창업 후 7년 이내의 중소기업을 대상으로 합니다.

Q. 교수님! 디자인 창업을 위한 자금 마련 도움을 받은 적이 있나요?

네, 저도 처음 디자인 창업을 시작했을 시, 기술보증기금에서 청년 창업자금을 받았는데요. 처음에는 서류 준비와 절차가 복잡하게 느껴졌지만 담당자의 세심하고 친절한 안내 덕분에 순조롭게 진행할 수 있었습니다. 창업을 준비하는 과정에서 이러한 정부 지원 프로그램을 적극적으로 활용하는 것은 자금 마련에 큰 도움이 되며, 보다 안정적인 시작을 가능하게 합니다.

참고로, 정부지원 창업자금에서의 청년 대상은 만 17세부터 39세까지 신청 가능하고 사업자등록증, 임대차계약서('진짜 사무실 있나요?' 심사!), 사업계획서는 꼭 준비해야 해요. 그리고 2차 방문 심사까지 거쳐 최종 승인이 이루어지므로 충분한 준비가 필요합니다. 다만 기술보증기금에서는 창업 후 5년이 지난 기업은 해당 대상에서 제외되니 참고하시기 바랍니다.

기관명	대표 전화번호	비고
중소벤처기업진흥공단	국번 없이 1357	정책자금 콜센터
서울신용보증재단	1577-6119	서울권 기준 대표번호
기술보증기금	1544-1120	부산 본점 포함 전국 공통
저축은행 대출 상담 (예: SBI, 우리 등)	해당 저축은행 고객센터 예: 우리저축은행 1599-0038	기관별로 상담번호가 다름

Q. 아악! 사업계획서… 이건 뭔가요? 번거롭고 어려운데 어떻게 써야 하는 건가요?

사업계획서는 정부 지원이나 대출을 받을 때 꼭 필요한 문서예요. 투자자나 정부가 '이 회사에 돈을 투자하거나 지원해도 되겠다'하고 판단할 수 있도록 근거를 보여주는 것이죠. 창업자의 아이디어와 회사가 가진 시장성, 성장 가능성을 보여주는 역할이에요. 사업계획서는 기술보증기금 홈페이지에서 제공하는 양식인 기술사업계획서 문서로 필수 작성해야 합니다. 기업의 기술성, 시장성, 성장 가능성 등을 종합적으로 써야 하는데, 디자인 창업이기 때문에 편차가 있지만 디자인 상품 등을 개발·판매·확장하는 등의 사업을 중심으로 작성하는 게 유리할 것으로 보입니다. 팬시 문구류, 브랜드 아이덴티티 상품 등과 같은 자체 제작 제품을 판매하거나 브랜드 굿즈를 만드는 전략을 사업계획서에 넣으면 좋아요. 기업 소개, 아이디어 제품, 경영진 구성(대표 자기소개서), 제품 가치 제안, 마케팅, 예상매출, 경제적·사회적 기대효과 등이 사업계획서 내용 안에 포함되어야 합니다. 기술보증기금 홈페이지에서 제공하는 기술사업계획서 양식이나 대출 관련 포털의 샘플을 참고해서, 내 사업 모델과 목표에 맞게 구체적으로 작성하면 됩니다.

Q. 조금 더 일하면서 자금을 모은 후에 창업하는 게 좋을까요?

회사를 다니면서 돈을 모으고 경력을 쌓은 후에 사업을 시작하는 것은 매우 실용적인 접근 방법입니다. 디자인 창업은 프로젝트를 진행

기술보증기금 홈페이지(https://www.kibo.or.kr/index.do)

하면서 선투자가 필요한 경우가 많아요. 내 회사 자금이 충분하지 않으면 진행 자체가 막힐 수 있어요. 예를 들어 인쇄물을 제작하거나 시제품을 먼저 준비해야 하는데, 이 비용을 내 회사가 미리 부담해야 하는 경우가 대다수예요. 프로젝트 완료 후 대금을 받기까지 시간이 걸리는 경우가 많아, 운영자금 부족으로 연결될 수 있습니다. 사업을 시작할 때는 최소한의 초기 자본을 확보하는 것이 안전합니다. 하지만 너무 미루다 보면 타이밍을 놓칠 수 있으니, '언제 시작할지'보다도 '어떻게 준비할지'에 더 초점을 맞춰 계획해 보세요. 그래서 정부 지원금이나 대출 등 다양한 창업 지원책을 활용하는 것을 추천드리며, 준비하는 동안 관련 정보를 꾸준히 확인해 보시길 바라요.

□ 내 창업에 필요한 초기 자본을 계산했는가?

□ 운영비, 마케팅 비용, 인쇄비 등 사업에 필요한 비용을 모두 고려했는가?

□ 필요시 대출을 받을 수 있는 기관과 상담할 준비가 되었는가?

□ 사업 준비와 자금 계획을 균형 있게 세워 창업 타이밍을 결정했는가?

#스타트업새싹돈필요 #초기자본은있어야해 #자산계획수립

08

업무 효율을 높이는 장비 세팅

장비 세팅 하나로,
나만의 업무 최적화 스튜디오

창업 초기에 선택하는 장비는 소비인 것만은 아니에요.
비즈니스를 성장시키기 위한 중요한 투자입니다.
업무에 맞는 성능과 예산, 확장 가능성을 고려해
신중히 선택하세요.

하루 종일 컴퓨터 앞에 앉아 일하면서 "왜 이렇게 버벅대지… 렉 걸렸나?" 하고 한숨 쉬었던 경험, 한 번쯤 있죠? 그럴 땐 정말 작은 장비 하나, 설정 하나가 하루의 흐름을 좌우하더라고요.

듀얼 모니터, 빠르게 반응하는 노트북, 손에 익은 키보드와 마우스, 그리고 프린터까지 제대로 갖춰진 환경에서의 몰입 속도는 굉장히 빨라집니다. 특히 디자이너한테 장비 세팅은 창작의 리듬을 만드는 친구이자 수익 흐름을 열어주는 시작점이거든요. 작업 흐름이 끊기지 않고 아이디어가 생각나는 순간 바로 시각화할 수 있는 환경, 그건 단지 효율을 넘어서 나의 창작 시간을 존중하는 매커니즘이기도 합니다. 자! 이제 나만의 '창작 스튜디오'를 꾸며 볼 시간입니다.

Q. 데스크톱 VS 노트북

사무실이 정해졌다면, 안에 들어갈 장비에 대한 선택 요소가 남았네요. 초기 선택에서 많은 고민이 필요한 부분이 바로 컴퓨터이고 디자인 작업의 특성상 고성능 컴퓨터는 필수적입니다. 특히 Adobe 프로그램을 포함하여 다양한 디자인 툴을 원활하게 사용하기 위해서는 RAM과 그래픽 카드의 성능도 좋아야 하겠죠. 초기에는 장비에 대한 지식이 부족해 '어느 정도면 되겠지' 하고 저사양 제품을 선택하기도 하는데, 시간이 지날수록 한계를 느끼게 됩니다.

이런 측면에서 데스크톱은 가격 대비 성능이 뛰어나 업무 효율성과 디자인 작업에서 유리하지만 이동이 안 된다는 단점이 있습니다.

그러나 저는 데스크톱은 필수적으로 있어야 한다고 추천해요. 노트북만으로도 어느 정도 작업은 가능하지만 장시간 작업과 고사양 프로그램 사용에는 한계가 있거든요. 데스크톱은 처리 속도가 빠르고, 그래픽 작업, 영상 편집, 3D 모델링 등 디자인 업무에 필요한 무거운 프로그램도 원활하게 돌릴 수 있어요. 또한 노트북에 비해 모니터 화면이 크고 작업 영역을 넓게 확장하여 사용할 수 있기 때문에, 레이아웃의 세밀한 조정이 중요한 디자이너에게는 훨씬 유리한 환경이 됩니다. 초기 투자로 데스크톱을 갖추면 시간 절약, 집중력 유지, 품질 높은 결과물까지 한 번에 잡을 수 있어요. 디자인 창업자의 필수 장비라고 생각하면 이해가 쉬워요.

따라서 초기 창업자라면 메인 작업용으로 고성능 데스크톱을 갖추고, 여유가 된다면 노트북을 보조 기기로 활용하는 것이 좋습니다. 이렇게 하면 안정적인 작업 환경과 이동의 유연성, 두 가지를 모두 확보할 수 있습니다.

실전 TIP

디자인 프로그램은 메모리와 CPU 성능에 따라 작업 속도가 크게 달라집니다. 특히 영상, 모션, 3D 프로그램은 더 고성능, 고사양의 컴퓨터가 필요합니다. 부록에 기재된 데스크톱·노트북 최소 사양을 확인하세요! 최소 CPU, RAM, 그래픽 카드 등의 정보를 확인할 수 있어요!

디자인 작업에서 모니터는 아이디어와 색감, 디테일을 정확하게 확인할 수 있는 '작업의 눈'입니다. 아무리 좋은 컴퓨터와 그래픽 툴을 갖췄더라도, 화면이 제대로 보여주지 않으면 작업 품질이 떨어질 수밖에 없죠. 특히 색감과 명암, 해상도가 중요한 디자인 창업자라면 모니터 선택은 절대 소홀히 할 수 없는 부분입니다. 모니터는 24~27인치를 추천하며 FHD 이상, 색재현율 sRGB 99% 이상을 권장해요.

Q. 듀얼모니터?

모니터가 두 개! 화면이 두 배! 디자이너에게 듀얼모니터는 선택이 아닌 필수적인 작업환경이라고 할 수 있습니다. 단순히 멋져 보이기 위해서가 아니라, 실제로 듀얼모니터는 디자이너의 작업 효율성과 창의성을 크게 향상시키는 데 핵심적인 역할을 하죠. 먼저 작업 공간이 넓어지면서 여러 창을 동시에 열어놓고 작업할 수 있습니다.

예를 들어, 한 화면에서는 디자인 작업을 진행하고 다른 화면에서는 참고 자료나 클라이언트의 요구사항을 확인할 수 있습니다. 이는 창 전환의 번거로움을 줄이고 작업 흐름을 원활하게 만듭니다.

또한 듀얼모니터는 디자인 프로그램 사용 시, 한 모니터에서 작업 파일을 열고 다른 모니터에서 실시간으로 결과를 확인하거나 자료를 비교할 수 있어 전체적인 레이아웃과 디테일을 동시에 파악하는 데 도움이 됩니다. 또한 색상 보정이나 이미지 편집 시 원본과 수정본을 나란히 비교할 수 있어 정확한 작업이 가능합니다.

특히 영상 작업에서는 그 효과가 더 큽니다. 다빈치 리졸브DaVinci Resolve 같은 영상 편집 프로그램에서는 한 화면에 작업창을, 다른 화면에 타임라인이나 레이어를 확장해서 바로바로 보면서 편집할 수 있어서 복잡한 편집 작업을 빠르게 처리할 수 있는 멀티태스킹 환경이 조성됩니다.

따라서 디자인 창업을 준비하는 분들은 듀얼모니터 시스템 구축을 진지하게 고려해 보면 좋을 것 같습니다.

Q. 중고 장비나 렌탈을 활용하는 것은 어떨까요?

초기 창업에는 생각보다 예산이 많이 소모돼요. 그중에서도 가장 중요한 장비 중 하나가 컴퓨터입니다. 디자인 업무는 대부분 컴퓨터 기반으로 이루어지기 때문에 성능이 곧 업무의 속도와 결과물의 품질과 직결되거든요. 장비 구입에 앞서, 예산이 빠듯한 경우라면 중고 제품도 하나의 방법이 될 수 있어요. 사양과 부품을 어느 정도 알고 있다면 중고 시장에서 합리적 가격에 꽤 괜찮은 제품을 구할 수 있습니다. 요즘은 당근마켓에서도 개인 간 거래가 많이 이루어지니까요. 다만 중고 거래는 리스크도 있기 때문에 꼭 구매 전에 스펙을 꼼꼼하게 확인하고 실사용 점검을 해본 후 구매하는 것이 좋아요.

렌탈의 경우 단기 또는 장기로 계약할 수 있어, 초기 비용을 줄이는 데 도움이 됩니다. 특히 일정 기간만 사용하는 경우나 창업 테스트 단계일 경우도 그렇고요. 그러나 이 방법도 월 렌탈료가 누적되면 장기적으로는 소유하는 것보다 비효율적일 수 있겠죠.

그래서 저는 가능한 한 직접 구입해서 내 작업 스타일에 맞는 프로그램과 폰트, 컬러 설정 등을 세팅해 두고 장기적으로 사용하는 걸 추천합니다.

Q. 프린터도 있어야 하나요?

프린터, 생각보다 디자인 창업자에게 꽤 중요한 친구예요. 화면에서 보는 것과 실제 인쇄물은 색감, 명암, 질감 등에서 차이가 나기 때문에 시안, 포트폴리오, 견적서, 계약서 등을 직접 출력해 볼 수 있는 환경이 있으면 훨씬 효율적입니다. 패키지디자인, 브랜드디자인, 브로슈어 편집디자인 등 인쇄 기반의 디자인을 할 경우에는 인쇄 테스트를 주기적으로 하기 때문에 프린터 사용할 일이 많습니다. 반면, 영상, 모션 등 디지털 디자인의 경우에는 인쇄를 하는 분야가 아니기에 프린터가 필수까지는 아닐 수 있습니다. 요즘은 무한잉크 방식의 프린터도 많이 출시되어서 많이 출력하는 경우라면 잉크 비용을 크게 줄일 수 있어요. 만약 프린터까지 구매할 예산이 안 된다면 킨코스(Kinko's)나 근처 인쇄소에서 건 바이 건으로 고품질 인쇄를 의뢰하는 방식도 좋은 선택입니다. 중요한 건 내가 가진 예산 안에서 얼마나 유연하게 작업 환경을 만들어 갈 수 있느냐예요.

□ 메인 컴퓨터를 세팅했는가?

□ 디자인 프로그램(Adobe, 영상/모션/3D 등)을 원활히 실행할 수 있는 사양인가?

□ 듀얼모니터 또는 멀티모니터 환경을 구축했는가?

□ 프린터 필요 여부를 업무 유형에 맞게 결정했는가?

#데스크톱 #노트북 #듀얼모니터

09   내 회사 홈페이지 개설

**회사 홈페이지는 단순 홍보를 넘어,
고객과의 '인사'이자 '소개팅' 같은 곳!**

홈페이지는 나의 회사, 나만의 디자인 세계를 담은 작은
세상! 클릭 한 번으로 세상과 연결되고, 우리 디자인을
마음껏 보여줄 수 있는 공간이죠
창의적이고 직관적인 디자인으로 고객 마음을 단번에
사로잡아야겠죠?

사업자등록증도 완료! 멋진 나의 회사 로고디자인도 완성!

초기 자본 준비까지 마쳤고 컴퓨터에 듀얼 모니터, 프린터까지 갖췄다면 이제 다음 단계는 바로 홈페이지 개설입니다. 이제 세상과 만나러 가볼 시간입니다. 홈페이지를 만들 때 가장 먼저 결정할 것? 바로 화면 톤! 화이트 계열(라이트 모드)로 밝고 깔끔하게 갈지, 블랙 계열(다크 모드)로 세련되고 강렬하게 갈지 정하는 것이 중요합니다. 회사 브랜드의 톤과 무드, 그리고 사용자 경험(UX)에 직결되는 선택이니, 우리 회사가 전달하고 싶은 가치와 맞춰 똑똑하게 결정하세요.

화이트 계열	**느낌**: 깔끔함, 신뢰감, 개방적, 밝고 경쾌한 이미지 **어울리는 디자인 분야**: 라이프스타일, 프리미엄 브랜드, 디자인 스튜디오 등 **장점**: 정보 전달이 명확하고 가독성이 좋음 **주의할 점**: 너무 단조하면 밋밋해 보일 수 있으니 포인트 컬러를 잘 활용해야 함
블랙 계열	**느낌**: 세련됨, 고급스러움, 집중도 높음 **어울리는 분야**: 하이테크 제품, 공연 음악, 프리미엄 IT 서비스 등 **장점**: 이미지나 제품이 돋보임. 감성적 인상 강함 **주의할 점**: 글자 가독성에 유의해야 하며, 밝은 포인트 색을 적절히 배치해야 함

https://muz.li

www.andplandesign.com

대부분의 디자인 회사나 초기 창업자들은 전문 홈페이지 제작 업체에 의뢰해서 만듭니다. 하지만 그냥 "맡기면 되지!" 하고 끝나는 건 아니에요. 어떤 준비를 하느냐에 따라 홈페이지의 완성도는 크게 달라집니다. 홈페이지에 담을 회사 소개와 핵심 메시지, 브랜드 컬러, 로고, 서비스 소개, 주요 이미지와 콘텐츠를 미리 정리해 두세요. 이런 준비 없이 업체에게 맡기기만 한다면, 정체성이 흐릿한 홈페이지가 나올 수도 있어요. 또 한 가지 중요한 점은, 방문자가 홈페이지를 통해 어떤 인상을 받고, 어떤 행동을 하길 바라는지도 명확히 해야 합니다. 준비가 철저할수록 제작 과정이 수월하고 결과물도 훨씬 전문적이고 만족스러워집니다.

Q. 홈페이지 제작을 의뢰하려고 하는데, 어떤 준비를 해야 하나요?
바로 이겁니다.

1. 원하는 스타일 자료 준비
미리 참고할 만한 이미지나 레이아웃 스타일이 있다면 준비해 두세요. 말보다 이미지가 훨씬 빠르고 정확한 소통 수단이 됩니다.

2. 벤치마킹하고 싶은 사이트 선정
마음에 드는 홈페이지 링크 2~3곳을 공유하세요. 디자이너가 원하는 방향을 빠르게 이해할 수 있습니다.

홈페이지를 준비할 때는 벤치마킹이 필수! 최신 국내 해외 웹사이트 디자인
과 인터랙션을 참고하면 큰 도움이 됩니다.

지디웹: www.gdweb.co.kr (국내) | 어워즈: www.awwwards.com (국외)

3. 컬러톤, 폰트, 무드 등 디자인 방향 제시

"이런 느낌이 좋아요", "깔끔하고 모던하게" 같은 구체적인 피드백
이 초기 기획에 유용합니다. 시각적 레퍼런스와 함께 전달하면 더 좋습
니다.

4. 기본 콘텐츠 정리

홈페이지에 들어갈 내용은 미리 준비해 두면 좋습니다.

① 회사 소개 글 / 핵심 슬로건 / 인트로 문장

② 비주얼 이미지 or 브랜드 영상

③ 회사 연혁 or 핵심 히스토리

④ 비전 / 미션 / 가치(Vision, Mission, Values)

⑤ 고객사 및 협업사 로고(선택), 대표 인사말(선택), 팀원 구성(선택)

⑥ 포트폴리오

⑦ 연락처(문의폼, 이메일, SNS 등)

5. 제작 후 수정 가능 여부 확인

완성된 홈페이지를 나중에 직접 수정할 수 있는 관리자 기능이 제공되는지 꼭 확인하세요. 텍스트나 이미지를 바꾸는 일이 생기기 마련입니다.

6. 비용, 제작 기간, 커뮤니케이션 방식 체크

총 견적과 소요 기간, 그리고 진행 중 소통 방식(메일, 메신저, 미팅 등)도 사전에 조율해 두면 홈페이지 제작이 훨씬 매끄럽게 흘러갑니다.

Q. 교수님, 랜딩 페이지가 중요한 거죠? 포트폴리오 페이지는 어떻게 준비하나요?

랜딩 페이지는 홈페이지 구성에서 매우 중요한 역할을 하지만, 단독으로 존재하는 것만으로는 충분하지 않아요. 홈페이지는 방문자가 브랜드와 서비스에 대해 처음 접하고 신뢰를 쌓는 대표 창구이기 때문에, 랜딩 페이지뿐만 아니라 회사 소개 페이지, 포트폴리오 페이지 등 다양한 구성 요소가 함께 어우러져야 합니다. 랜딩 페이지는 주로 방문자의 관심을 즉각적으로 끌고, 특정 목표(예: 문의, 구매, 가입 등)를 유도하는 역할을 하지만, 회사 소개 페이지는 브랜드의 철학과 역사, 핵심 가치를 깊이 있게 전달하여 신뢰를 구축하는 데 필수적입니다. 또한 포트폴리오 페이지는 실제 작업 사례와 성과를 체계적으로 보여주어 잠재 고객이 회사의 역량을 명확히 파악할 수 있도록 돕습니다. 이처럼 각각의

페이지가 각기 다른 목적과 기능을 가지면서도 일관된 톤과 디자인으로 연결될 때, 홈페이지는 정보 제공뿐만 아니라 효과적인 마케팅과 고객 경험을 창출하는 중요한 플랫폼으로 자리매김할 수 있어요!

- 핵심 메시지를 한눈에 전달:

이 회사가 무슨 일을 하는지가 한눈에 알 수 있도록!

- 비주얼이 중요:

이미지나 영상, 타이포그래피를 활용해 시선을 끌 수 있어야 해요.

- 명확한 동선 유도:

서비스 소개·포트폴리오·문의로 자연스럽게 연결되도록 배치!

– CTA(Call To Action) 버튼:

"문의하기", "상담신청" 같은 행동 유도 버튼을 눈에 띄게 배치!

포트폴리오 페이지는 말 그대로 '디자인 회사의 실력을 보여주는 얼굴이자 신뢰를 만드는 핵심 요소'입니다. 홈페이지에서 방문자의 시선이 오래 머무는 영역이며, 클라이언트가 의뢰를 결정짓는 중요한 판단 근거가 되죠. 디자인 시안만 나열하기보다 실제로 적용된 결과물, 예를 들어 출시된 제품이나 운영 중인 웹사이트를 함께 보여주는 것이 훨씬 더 효과적입니다. 클라이언트는 이를 통해 디자인이 실제 환경에서 어떻게 구현되고 작동하는지, 실제 사용자의 반응이나 브랜드와의 조화를 직접 확인하며 신뢰를 쌓게 됩니다.

실전 TIP

퀄리티 높은 대표 작업물은 최소 10개 이상 준비하세요. 풍부하고 완성도 있는 포트폴리오는 고객과 파트너에게 신뢰를 주고, 내 회사의 실력을 확실히 보여줍니다.

Q. 교수님! 웹디자인 회사에 맡긴다면 대략적으로 얼마의 비용이 드나요?

홈페이지를 웹디자인 회사에 의뢰하면 제작비 외에도 도메인, SSL, 호스팅 등의 유지비가 별도로 발생합니다. 대략적인 비용은 다음과 같습니다. 템플릿으로 만드는 기본형 홈페이지는 약 100만 원에서 200만 원 정도지만 맞춤형 디자인 개발 홈페이지는 300만 원 이상이 들 수 있어요. 또한 연간 약 40만 원 정도의 유지비가 들어갑니다. 또한 연간 유지비가 약 40만 원 정도 발생하는데, 도메인 등록에 약 5만 원, 웹호스팅에 약 25만 원, SSL 보안 인증서에 약 10만 원 정도가 소요됩니다. 현재 안내한 금액은 최소 비용 기준입니다. 웹디자인 회사마다 견적이 달라질 수 있으니, 여러 곳에서 상담을 받아보고 비교하는 것이 좋습니다.

Q. 초년생이라… 너무 비싼 것 같아요. 어떡하죠?

노코드 플랫폼을 활용해 직접 홈페이지를 만들 수 있습니다. 대표적으로 카페24, 아임웹, 윅스Wix, 크리에이터링크 등이 있으며, 별도의 개발 지식 없이도 손쉽게 디자인하고 운영할 수 있다는 점이 큰 장점입니다. 무료 템플릿이 있지만 월 결제를 하여 개별 도메인을 받아 사용한다면 기능이 늘어납니다. 만약 가입이나 주문 등 개인정보를 취급하는 홈페이지를 개설하려면 SSL적용은 의무입니다. 참고로 SSL은 http 암호화 프로토콜을 통해 안전하게 전송되도록 해주는 것입니다.

노코드 홈페이지를 만들 때는 반응형 디자인(모바일·태블릿·PC) 확인과 수
정·관리 가능한 CMS 기능이 있는지 반드시 점검하세요.

직접 노코드 홈페이지를 제작해 보면 클라이언트의 요구를 더 빠르
고 유연하게 반영할 수 있고, 작은 수정도 즉각 처리할 수 있어 업무 효율

카페24	아임웹
윅스(Wix)	크리에이터링크

이 크게 높아집니다. 개발자와의 협업 부담도 줄어들기 때문에, 시간과 비용 측면에서도 유리하죠. 디자인 실무를 하는 여러분이라면 노코드 툴을 한 번쯤 경험해 보는 것을 강력히 추천합니다. 창업 초기부터 이런 실무 역량을 갖추면 차별화된 서비스로 고객 만족도를 높이는 데 큰 도움이 될 거예요.

☐ 홈페이지 톤(화이트 / 라이트 vs 블랙 / 다크)을 브랜드 이미지와 가치에 맞게 결정했는가?

☐ 대표 작업물 10개 이상, 퀄리티 높은 작품을 준비했는가?

☐ 회사 소개에 대한 글, 카피를 점검했는가?

☐ 제작 후 텍스트·이미지를 직접 수정·관리할 수 있는 관리자 기능을 확인했는가?

☐ 직접 제작(노코드 툴)과 웹디자인 의뢰의 장단점을 비교했는가?

☐ 의뢰 시, 제작 비용, 유지비(도메인, 호스팅, SSL 등)를 사전에 점검했는가?

#디자인무대 #첫인상중요해 #창의적홈페이지

회계, 어디서부터 시작해야 할까?

성공은 자본의 크기가 아니라, 예산을 다루는 방식에서 결정됩니다

재무 관리가 탄탄하면 작은 자본으로도 충분히
시작할 수 있어요. 회계 컨설팅은 사업을
오래 안정적으로 이어가기 위한 현명한 전략입니다.

창업을 처음 시작할 때 가장 어렵고 중요한 부분이 회계입니다. 사업의 성패를 좌우하는 요소이죠. 하지만 처음부터 겁먹을 필요는 없습니다. 복잡해 보이는 재무관리도 기본 개념만 이해하면 충분히 관리할 수 있습니다. 무엇보다 중요한 것은 돈의 흐름을 기록하는 습관입니다. 사무실 임대료, 전기·인터넷·통신비, 디자인 프로그램 구독료, 재료비, 인쇄비, 출장비, 클라이언트와 커피 마신 비용까지! 작은 지출도 빠짐없이 기록하고 영수증을 챙기며 카드 사용 내역을 정리해야 합니다. 나중에 세금 신고할 때 정말 큰 도움이 됩니다. 초기에는 전담 회계 직원을 두기 어렵기 때문에 대표가 직접 회계를 관리하는 경우가 많습니다. 그러나 대표 본인이 기본적인 회계 지식을 충분히 이해하고 있어야 회사 규모가 커져 직원이 들어오더라도 전체적인 관리가 수월합니다.

또 하나 중요한 점은 사업용 계좌를 별도로 만들어 모든 사업 관련 거래를 사업 계좌로만 사용하시고, 이 계좌와 연동되는 카드를 발급받아 사용해야 한다는 것이에요. 이렇게 하면 재무 상태를 명확히 파악할 수 있게 세금 신고도 훨씬 쉬워집니다. 세금 신고의 경우 보통 가까운 세무서에 의뢰를 하면 편합니다. 사업의 거래 비용이 크지 않다면 세무서에 지불하는 금액도 크지 않으니 부담 가지지 마시고 세무서에 의뢰해 보는 것도 좋아요. 또한 부가가치세, 소득세 등 기본적인 개념을 이해한 후 신고 시기를 저장해두면 예기치 못한 리스크를 줄일 수 있습니다. 정리하면, 창업 초기 회계 관리의 핵심은 기록·구분·이해입니다. 초기에는 이 모든 내용들이 복잡할 수 있지만 국세청 홈페이지나 세금 관련 인터넷 강의, 관련 세미나를 통해 정보를 얻을 수 있습니다.

Q. 부가가치세는 무엇인가요?

세금에 대한 기본 이해도 꼭 필요합니다. 그중 가장 자주 접하게 되는 단어가 부가가치세입니다. 부가가치세는 물건을 팔거나 서비스를 제공할 때 붙는 일종의 '소비세'라고 생각하면 돼요. 쉽게 말해, 내가 물건을 팔면 그 금액에 일정 비율(보통 10%)을 더해서 세금으로 내는 거예요. 보통은 1년에 두 번 정기적으로 신고해야 해요. (1월 6월 매출 → 7월 신고, 7월 12월 매출 → 다음 해 1월 신고)

Q. 종합소득세는 무엇인가요?

1년 동안 벌어들인 모든 소득에 대해 내는 세금이에요. 프리랜서, 사업자, 월급쟁이 모두 해당되죠. 쉽게 말하면, '올해 내가 벌어들인 돈에 대해 내는 세금'이에요. 매년 5월 1일 ~ 5월 31일 사이에 신고하고 납부합니다. 이 세금은 소득이 많을수록 더 많이 부과되며, 세율은 누진세 구조를 따릅니다. 종합소득세는 '누진세 구조'라서 소득 구간별로 세율이 달라져요. 예를 들어 소득 구간이 4,600만 원 초과 ~ 8,800만 원 이하면 세율은 15%예요. 그러나 8,800만 원 초과 ~ 1억 5천만 원 이하는 35%, 3억 원 초과 ~ 5억 원 이하는 40% 등으로 구간별로 나눠서 세율이 적용된다는 것을 기억해야 합니다. 그러나 [과세표준 = 총소득 - 필요경비 - 각종 공제]이기 때문에 경비와 공제를 얼마나 잘 챙기느냐에 따라 내는 세금이 크게 달라집니다. 즉, '번 돈 전부'에 바로 세율을 곱하는 건 아니니 경비와 공제를 꼼꼼히 챙기는 게 곧 절세라 할 수 있겠어요! 정리하자면, 소득이 증가할수록 높은 세율이 적용된다고 보면 됩니다.

실전 TIP

종합소득세 신고할 땐 혼자 끙끙대지 말고, 이때는 세무사와 꼭 함께 진행하세요! 혼자 신고하면 자칫 누락이나 계산실수로 세금을 더 내게 됩니다.

Q. 원천징수는 무엇인가요?

원천징수는 소득을 지급하는 사람이 세금을 미리 떼서 국가에 납부하는 것을 말해요. 내가 돈을 받기 전에 이미 세금을 내는 구조죠. 주로 프리랜서, 개인사업자, 아르바이트 등에게 적용돼요. 세금이 미리 떼이므로 세금 신고 부담을 줄이는 효과가 있어요. 참고로 원천징수영수증은 세금을 미리 냈다는 증명서입니다. 내가 돈을 받기 전에 세금이 얼마나 떼졌는지를 보여주는 문서죠.

예시   디자인 프리랜서 A씨가 기업 B사로부터 프로젝트 의뢰를
받아 100만 원을 받기로 했다. 근데 실제로 A씨 통장에 들어
온 돈은 97만 원 뿐이었다. 왜냐면 기업 B사가 100만 원 중 3
만 3천 원(3.3%)을 세금으로 먼저 떼서 국가에 납부했기 때
문이다. 이걸 원천징수라고 한다.

그럼 A씨가 손해 본 걸까? A씨는 1년 소득을 기준으로 종
합소득세 신고를 하게 된다. 이때 이미 원천징수로 낸 세금
과 실제 내야 하는 세금을 비교해서 더 낸 게 있으면 돌려받
고 부족하면 더 내게 된다.

디자인 회사를 운영하다 보면, 보통 거래하는 세무사가 있어서 매
달 일정 금액을 내고 세무 관리를 맡기곤 합니다. 이렇게 하면 매달 수
입과 지출을 정리하면서 누락된 비용이나 세금 문제도 바로 체크할 수
있으니 마음이 한결 편하죠. 하지만 창업 초기나 프리랜서, 소규모 사업
자의 경우에는 이 고정 비용이 부담되기 때문에 보통 세무사와 1년에
한 번 정도만 거래하는 경우가 많아요. 바로 위에서 이야기한 종합소득
세 신고 시기, 즉 매년 5월, 전년도 소득 기준으로 신고할 때죠. 결국 사
업 규모와 상황에 맞춰 선택하면 돼요. 초기 창업자나 소규모 프리랜서

는 1년에 한 번 거래하는 것이 부담이 적기 때문에, 사업이 확장되거나 안정화되면 매달 거래 방식으로 바꾸는 것도 좋은 전략입니다.

그리고 절세 꿀팁도 알아두세요. 소규모 사업자라면 소득세 감면 이나 공제 혜택을 받을 수 있어요. 정부 지원금, 청년 창업 지원금, 중소기업 보조금 등도 절세에 도움 되는 경우가 많으니 꼼꼼히 확인하세요. 장비나 사무용품도 단순히 쓰는 걸로 끝내지 마세요. 컴퓨터, 카메라, 프린터 등 사업에 필요한 장비는 감가상각 비용으로 처리하면 세금을 줄일 수 있어요. 단, 개인용과 섞이면 안 되니까 구분은 확실히! 기록 아시죠? 사업 관련 비용 처리 가능한 항목은 사무용품, 장비, 소모품 구입, 사무실 임대료, 관리비, 광고, 마케팅, 디자인 제작비, 출장비, 교통비, 회의비 등이 있어요. 거래 내역, 영수증, 카드 내역은 엑셀이나 회계 앱에 월별·항목별로 정리해 두면, 나중에 세금 신고할 때 스트레스 제로! 혼자 하기 어렵거나 처음이라면 초기 1 ~ 2회 정도 회계사나 세무사 컨설팅을 받아두는 것도 현명한 방법이에요.

Q. 그렇다면 초기 자본금이 많지 않은 상황에서는 회계 컨설팅 꼭 필요한가요?

창업 초기에는 머리 아픈 일들이 한가득이죠. 거래처 관리, 견적서 작성, 디자인 작업까지 챙기다 보면 회계까지 완벽하게 하기는 쉽지 않습니다. 이럴 때는 처음부터 전문가에게 가볍게 상담을 받는 게 오히려 더 현명합니다. 초기에는 컨설팅 비용이 부담될 수 있지만 세무사나 회계사의 조언은 장기적인 관점에서 보면 큰 이익입니다. 이를테면 세금 신고를 기한 내에 정확히 하지 못하면 벌금을 부과받는 등 불이익을 당할 수 있고, 자금 흐름을 제대로 파악하고 있지 못할 경우 현금이 부족하거나 과도한 지출로 인해 경영이 어려워질 수도 있어요. 따라서 재무제표 보는 방법, 손익계산서 등 사업의 재정 상태를 사전에 파악하여 성장할 수 있는 기초를 마련할 수 있습니다. 세무사나 회계사의 조언 하나로 "이 비용은 신고 안 해도 되는 거였네?", "이 지출은 절세 포인트였구나" 같은 작은 실수를 줄일 수 있고, 급할 때 현금 흐름 문제로 발등에 불 떨어지는 일도 미리 막을 수 있으니까요. 특히 창업 초기에는 작은 실수 하나가 큰 손실로 이어질 수 있으므로, 전문가의 눈으로 미리 점검받는 경험은 비용 이상의 가치를 줍니다.

Q. 컨설팅 전문가는 어디서 찾나요?

회계 컨설팅을 받기로 결정했다면, 전문가를 찾아야겠네요. 회사 위치와 가장 가까운 곳 혹은 지인에게 추천받아 회계사 사무소, 세무서를 찾아가서 자문을 구하는 방법도 있습니다. 창업자와 중소기업을 위한 맞춤형 회계 컨설팅 서비스를 제공하기 때문에 사업의 성격에 맞는 전략을 세우고, 세금 절감 방법이나 부가가치세 신고를 도와줄 수 있습니다. 직접 가기 어렵다면 온라인 플랫폼을 통해 컨설팅을 제공하는 서비스들을 이용해 보는 것도 좋습니다. 예를 들어 화상 상담이나 문서 제출을 통한 원격 상담 등이 있겠네요. 이처럼 효율적인 회계 시스템을 컨설팅을 통해 설계할 수 있습니다.

실전 TIP

컨설팅 전문가는 주변 창업자 커뮤니티, 주변 사업하는 사람들에게 추천받는 것도 좋아요. 실제 거래 경험이 있는 후기를 참고하면 신뢰할 수 있는 전문가를 빠르게 찾을 수 있어요.

Q. 컨설팅 비용은 어느 정도인가요?

컨설팅 비용은 보통 시간당 요금이나 패키지 요금으로 제공되는데, 비용은 전문가의 경험과 사업의 스케일, 서비스 범위에 따라 달라지기 때문에 컨설팅 받기 전에 반드시 견적을 확인하고 시작하는 것이 안전합니다. 컨설팅을 받기 전 자신에게 필요한 서비스를 먼저 정리해 보는 것도 좋겠네요. 세무 신고만 필요한지 혹은 자금 흐름 분석이나 회계 시스템 구축까지 필요한지에 따라 서비스 범위가 달라집니다. 창업 초기부터 철저한 회계 관리를 실천한다면, 이는 곧 미래 사업 성장을 위한 든든한 기초가 됩니다.

Q. 초보자를 위한 꼭 알아야 할 회계 상식이 있나요?

초보일수록 더 중요합니다. 관심을 놓치면 '세금 폭탄'으로 돌아오니까요. 아래처럼 핵심만 꾸려볼게요!

초보 창업자를 위한 체크리스트

☑ 재무제표 기본

재무제표의 기본은 대차대조표와 손익계산서입니다.

예를 들어 컴퓨터를 200만 원으로 샀을 때 자산, 초기 창업비용이 모자라서 대출을 받았다면 부채, 이렇게 사업의 자산과 부채를 비교하는 것을 '대차대조표'라고 합니다. 또한 디자인 시안 제작으로 300만 원 수익, 인쇄 비용으로 50만 원 비용, 총 250만 원 이익, 돈이 들어오고 나간 수치를 기록하는 것을 '손익계산서'라고 합니다.

☑ 세금 신고

부가세, 소득세 등 기본 개념은 반드시 숙지하고 국세청 홈택스에서 세금계산서 작성법도 익혀두세요. 신고 마감일은 미리 캘린더에 저장해 두고요.

☑ 영수증·증빙 관리

회사 비용으로 처리한 모든 영수증은 전부 보관하세요. 식비, 교통비, 커피값까지 빠짐없이 보관하고, 혹시 모르니 스캔해서 전자보관도 습관화하세요.

☑ 현금흐름 관리

돈이 들어오는 매출과 돈이 나가는 지출을 월별로 관리하세요.

최소 3개월 치에 대한 고정비 대비 현금 버퍼를 유지하고, 직원이 있다면 매월 인건비 항목을 반드시 반영하세요.

☑ 정부지원금·보조금

5인 미만 사업자의 경우 정부에서 지원하는 금액이 다양하게 있으니 이를 꼭 활용하세요. 청년창업 지원금, 중소기업청 보조금 등 그 해 정보를 놓치지 마세요.

☑ 전문가 활용

물론 혼자 다 하면서 비용을 절감할 수 있다면 좋지만, 초기 1~2회 정도 회계 컨설팅을 받고 사업을 시작하는 것도 미래를 위한 투자입니다. 사업 구조, 세금 구조, 절세 전략 등 온라인 회계 플랫폼이 많으니 활용해 보세요.

창업 초기에는 기록하고, 구분하고, 예측하며, 전문가에게 점검 받기. 이 4가지를 습관화하면 웬만한 세금 회계 리스트는 충분히 줄일 수 있을 거예요.

□ 초기 자본금과 예상 지출 내역을 기록할 수 있겠는가?

□ 사업용 계좌와 연동 카드로 모든 거래를 구분했는가?

□ 부가세, 종합소득세 등 세금 신고에 대해 숙지하고 신고 준비를 할 수 있는가?

□ 장기적인 관점에서 세무사와의 협업 계획을 세워두었는가?

□ 영수증과 거래 기록을 엑셀 또는 회계 앱으로 체계적으로 보관할 수 있겠는가?

#회계왕초보탈출 #현명한재무관리 #세금신고

3장

단계별
디자인

수익화
과정

01 로고

**클라이언트의 목표와 비전을 읽고,
한눈에 꽂히는 로고로 변신!**

프로세스만 알면, 누구든 만들 수 있어요.
감각은 마지막에 등장하는 보너스!
로고는 전략에서 시작됩니다.

띠리링~! "안녕하세요! 저희 브랜드 로고를 새로 만들고 싶어서 요. 혹시 로고 디자인도 하시나요?"

드디어 그날이 왔습니다. 우리에게 첫 로고 디자인 의뢰가 들어온 거예요. 설레죠? 그런데 동시에 생각이 많아집니다. "어떤 스타일을 원하지?", "가격은 얼마로 말해야 하지?", "어떻게 시작해야 하지?" 걱정마세요. 지금부터 로고 디자인 의뢰가 들어온 순간부터, 납품할 때까지의 전 과정을 실전적으로 안내해 드릴게요.

Step 1 첫 문의 대응하기

클라이언트와의 첫 대화는 신뢰를 쌓는 관문입니다. 보통 클라이언트는 "로고 만드는데 얼마예요? 얼마나 걸려요?" 이렇게 질문합니다. 중요한 질문이지만 이에 바로 답변하기보다는 다음과 같은 정보를 먼저 되묻는 것이 좋습니다. "혹시 언제까지 필요하세요? 얼마의 견적으로 예상하고 있나요? 회사 규모와 사용 범위는 어디까지 생각하고 계시나요?" 이렇게 간단한 확인을 거친 뒤 "요청하신 내용을 바탕으로 정리된 견적서와 작업 계획서를 메일 또는 문자로 전달드리겠습니다"라고 안내해드리면 더욱 신뢰감을 줄 수 있습니다.

로고 디자인은 회사 규모, 스타일 선호도, 사용 범위, 납품 시점 등 여러 요소에 따라 작업 기간과 비용이 확연하게 달라집니다. 무턱대고 처음부터 단가를 제시하면 클라이언트의 니즈나 프로젝트의 범위를 제대로 반영하지 못한 부정확한 견적이 될 수 있습니다. 따라서 첫 대화에서는 가격 책정보다는 요구사항을 면밀하게 살피는 것이 더 중요합니다. 견적을 바로 제시하기보다는 예산과 일정을 함께 확인해야 합니다.

실전 TIP

첫 문의에는 즉답보다 핵심 정보를 확인하고 정리된 견적서와 작업 계획서를 전달해 신뢰를 확보하세요.

Step 2 로고 디자인 프로세스

로고 제작은 단순히 그림을 그리는 일이 아니라 브랜드를 세상에 보여주는 비즈니스 여정입니다. 로고는 브랜드의 성격과 시장에서의 위치를 한눈에 담아내야 하기 때문이죠. 감각만 믿고 개발하다 보면 클라이언트가 원하는 방향이나 실제 사용 환경을 놓칠 수 있어요. 그래서 로고를 만들 때는 처음 미팅에서 자료 조사, 시안 제작, 피드백, 최종 납품까지 모든 단계를 차근차근 이해하고 있어야 합니다. 이 흐름을 알면 클라이언트와의 대화도 훨씬 편해지고, 불필요한 수정이나 오해도 줄일 수 있죠. 이제 로고 디자인이 처음 만남에서 최종 납품까지 어떻게 이어지는지 한 걸음씩 따라가 볼까요?

퀵 미팅
Quick Meeting
소요기간 1일

– 회사 / 브랜드 소개, 타겟, 경쟁사 등 기본 정보 확인

– 스타일, 사용 범위, 일정, 예산 조율

견적서 발송
소요기간 1일

– 브랜딩 방향, 작업 범위, 일정, 수정 횟수 등 확정

– 견적서 발송

자료조사 및 컨셉 도출
소요기간 5일

– 경쟁사, 업계 디자인 트렌드 분석

– 브랜드 키워드, 컬러 톤, 이미지 방향성 정리

– 무드보드(Moodboard) 제작

시안 제작
소요기간 7일

– 3종 시안 구체화

– 클라이언트 전달용 제안서 공유

피드백&수정
소요기간 7일

– 클라이언트 의견 반영

– 선택 시안 중심으로 수정

최종 확정
소요기간 5일

– 로고 사용 매뉴얼 작성

– 필요시 기본 응용 디자인 포함

납품 & 가이드 제공
소요기간 1일

– 최종 로고 확정 및 파일 제공(AI, PNG, PDF 등)

전체 소요 기간은 클라이언트의 피드백 속도에 따라 달라질 수 있으며, 디자인의 난이도, 요청 범위, 수정 횟수, 자료 제공 시점, 내부 승인 절차 등 다양한 요소에 의해 유동적으로 변동될 수 있습니다.

여기까지 따라오셨다면 이제 로고 제작의 프로세스를 훌쩍 한 바퀴 돌아본 셈입니다. 겉으로 보면 단순히 로고를 만드는 과정처럼 보일 수 있지만 이 모든 단계는 단 하나의 목표를 위해 진행됩니다. 바로 한눈에 기억되는 브랜드의 첫인상을 만드는 것이죠. 디자인은 '내가 하고 싶은 것'보다 '상대가 좋아할 만한 것'이 훨씬 중요하다는 것, 잊지 마세요. 브랜드의 첫인상은 단번에 결정되며 그 중요한 순간을 책임지는 것이 바로 로고입니다.

Step 3 로고 유형 이해하기

클라이언트에게 맞춤형 로고를 제작하려면 로고의 유형과 특징을 이해하는 것이 먼저입니다. 워드마크형? 심볼형? 조합형? 처음 들으면 헷갈릴 수 있지만 복잡하게 외울 필요는 없어요. 중요한 건 각 유형이 가진 장점과 활용 포인트를 알고 클라이언트와의 대화에서 적절히 제안할 수 있는 능력입니다.

Q. 로고 유형에는 어떤 것이 있나요?

로고는 대표적으로 여섯 가지 유형이 있지만 만약 이 구분이 헷갈리신다면 가장 기본적인 '워드마크형'과 활용도가 높은 '조합형', 두 가지 방향만 기준으로 잡고 클라이언트와 협의해 나가셔도 충분히 시작할

1	**워드마크형** Wordmark	**텍스트 중심** – 글자 자체에 디자인 포인트를 주어 브랜드 정체성을 전달 – 명확하고 기억하기 쉬움	Google
2	**레터마크형** Lettermark	**이니셜이나 약자 중심** – 이름이 길거나 발음이 어려운 기업에 적합 – 간결하고 심플함	IBM
3	**심볼형** Symbol **아이콘형** Brandmark	**텍스트 없이 이미지나 아이콘 중심** – 브랜드가 이미 인지도가 높을 때 효과적 – 강한 시각적 인상 필요	
4	**엠블럼형** Emblem	**텍스트와 아이콘이 도장형 구조** – 클래식하고 전통적인 느낌 – 디테일이 많아 소형 적용엔 제한될 수 있음	
5	**조합형** Combination Mark	**텍스트와 아이콘이 혼합** – 활용도 높고 유연함 – 로고 인지도 성장에 효과적	airbnb
6	**마스코트형** Mascot Logo	**캐릭터 중심** – 친근함과 개성을 강조 – 제품이나 서비스 대상이 가족·아이일 때 활용도 높음	KFC

수 있습니다.

Step 4 **툴과 AI 활용**

　　로고는 명함, 간판, 웹사이트, SNS 등 다양한 곳에 사용되기 때문에 디지털화가 필수입니다. 그래서 디자인 툴을 활용해 컴퓨터로 작업하게 되죠. 확장성과 활용성을 고려해 다양한 포맷으로 만들 수 있어야해요.

일러스트레이터에서 디자인하고, 포토샵에서 감성을 더하고, 캔바로 깔끔하게 보여주자!

Ai	① 일러스트레이터 : 로고를 정교하게 제작
Ps	② 포토샵 : 목업 이미지 제작
Canva	③ 캔바 : 템플릿으로 제안서 제작

Q. 어떤 프로그램을 사용하나요?

디자인 창업을 고민 중이라면, 앞서 말한 세 가지 툴은 필수 생존 도구입니다. 일러스트레이터에서 정교하게 로고를 만들고 포토샵으로 목업 이미지를 제작해 실제 느낌을 보여주고, 캔바로 제안서를 깔끔하게 정리하면 클라이언트에게 한눈에 잘 전달됩니다.

기본기는 언제나 실력의 뿌리입니다. 물론 처음부터 모든 툴을 완벽하게 다루기는 어렵죠. 다행히 요즘은 AI 디자인 도구들이 디자이너의 작업을 도와주고 있어요. 텍스트 프롬프트만 입력해도 로고 시안을 자동으로 제안해 주는 AI 웹사이트, 브랜드 성격에 맞는 컬러 팔레트를 추천해주는 툴, 다양한 목업 이미지를 빠르게 만들어주는 플랫폼 등이

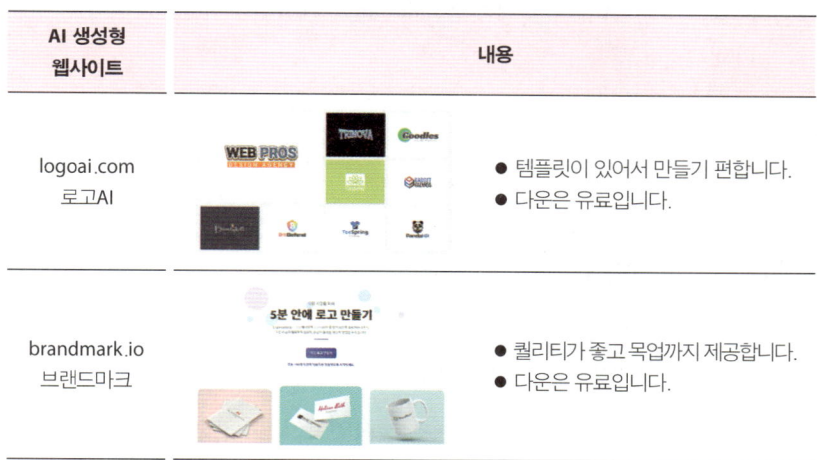

AI 생성형 웹사이트	내용
logoai.com 로고AI	● 템플릿이 있어서 만들기 편합니다. ● 다운은 유료입니다.
brandmark.io 브랜드마크	● 퀄리티가 좋고 목업까지 제공합니다. ● 다운은 유료입니다.

점점 보편화되고 있습니다.

그런데 AI가 만들어주는 로고는 초안일 뿐 완성본은 아닙니다. 실제로 클라이언트에게 제안할 수준으로 다듬으려면, 결국 전문 툴인 일러스트레이터Illustrator나 포토샵Photoshop에서 다시 작업해야 합니다. 벡터 변환, 세부 정렬, 컬러 조정, 파일 포맷 최적화, 목업 적용 등 실전 로고 작업에서 빠질 수 없는 요소들이기 때문입니다. 영감을 주는 조력자일 뿐, 브랜드의 철학과 감성을 담아 최종 결과물을 디자인하는 건 여전히 사람의 몫입니다.

실전 TIP

AI가 제안한 로고 시안은 참고용 초안으로 활용하고 최종 결정과 다듬기는 꼭 직접 해주세요. 다양한 배리에이션을 하려면 벡터 원본 파일이 꼭 필요합니다!

Step 5 클라이언트와 진짜 대화법

로고 디자인이 들어가기 전에 클라이언트는 이렇게 말합니다. "대충 심플하게요~"라고 말하거나, "감성적인 느낌이었으면 좋겠어요" 같은 말만 툭 던지죠. 이럴 때 디자이너는 받아적기만 하면 안 됩니다. 디자이너는 브리프를 받는 사람이 아니라 끌어내는 사람이 되어야 합니다. 마치 인터뷰어처럼 잘 묻고, 파고들고, 클라이언트도 몰랐던 브랜드의 핵심을 발견해내야 해요. 막연한 피드백이 나오면 반드시 구체적 예시를 요청하세요. "심플한 로고라고 생각하는 브랜드를 2~3개 보여주실 수 있을까요? 원하시는 샘플을 보면 작업이 더 빠를 것 같습니다." 이렇게 대화로 끌어낸 답변은 정리해서 한 장짜리 브리프로 만들 수 있습니다.

- 사용 주체: 간판, 분양 홍보물, 홍보영상, 웹사이트, 명함 등 오프라인 위주
- 타겟 고객: 20~40대, 신혼부부
- 경쟁사: 중소형 오피스텔 브랜드
- 원하는 스타일: 고급스러움, 장식적인, 클래식한
- 원하는 벤치마크 브랜드: 하버드 / 옥스퍼드 대학교 로고

CONCEPT KEY   귀족 / 가문 / 열쇠 / 문장 / 중세시대 / 울타리 / 지킴 / 방패

COLOR   C 98 M 92 Y 50 K 20   별색 GOLD   별색 SILVER

IMAGE

STORY   중세시대의 귀족은 가문의 규율을 중시하며 영광의 시대를 후세에 전달하고자
문장을 만들어 전통의 프리미엄 브랜드로 전달하고 있다.
성암토건의 '더베스트'는 품격높은 소비자를 겨냥한 고품격 브랜드이며
중세시대의 귀족가문의 문장과 같은 상징적인 디자인으로 표현하였다.

이미지출처: 핀터레스트(kr.pinterest.com)

- 방향성:　　　　　　　중세 귀족이 가문의 문장을 통해 품격과 명예를 후
　　　　　　　　　　　세에 전하듯, 브랜드 역시 고급 소비자를 겨냥하여
　　　　　　　　　　　문장(紋章)과 같은 상징적 디자인 가미

　　　　　　　　　　　- 금색, 은색, 딥 블루, 다크 그린 등 중세 귀족이 연
　　　　　　　　　　　　상되는 컬러 팔레트
　　　　　　　　　　　- 곡선과 장식이 많은 클래식한 분위기
　　　　　　　　　　　- 브랜드의 알파벳을 중세풍 장식 서체로 겹치거나
　　　　　　　　　　　　꼬아 만든 심볼

　　이렇게 방향성까지 한 장으로 정리해 두면 이제 다음 단계는 실무적인 약속을 정하는 거예요. 클라이언트와 함께 체크해야 할 항목들이 있죠. 로고 시안은 몇 가지가 나오는지, 수정은 몇 번까지 가능한지, 최종 파일은 어떤 형태로 전달되는지, 그리고 작업 기간은 얼마나 걸리는지 같은 것들입니다. 이걸 미리 정해두지 않으면 나중에 상황이 흘러갑니다. "한 번만 더 바꿔주세요"가 두 번이 되고, "이건 포함인 줄 알았는데요"라는 말이 튀어나오면… 어느 순간 디자이너가 디자인 머신이 되어있는 거죠. 그래서 선을 그어야 합니다.

- 프로젝트 범위: 로고만 진행하는지, 응용 디자인(명함·간판·SNS 등)
까지 포함하는지 명확히 합의
- 수정 횟수: 기본 2~3회 제공, 추가 수정은 별도 비용 발생
- 파일 납품 형식: AI, JPG, PDF 등 활용도 높은 포맷으로 전달
*필수 납품 → AI(원본), PDF, PNG, JPEG
*옵션 납품(별도 협의) → 3D 파일, 모션 로고, 애니
메이션 버전은 원본 미제공
- 저작권 귀속: 계약 시 반드시 소유권과 사용 권리를 명확히 표기
- 작업 일정: 시작일과 납품일을 확정하여 일정 관리

여기서 잠깐! 로고를 디자이너가 창작하면 저작권 자체는 자동으로 디자이너에게 귀속됩니다. 즉 '이 로고를 만든 사람은 나다'라는 권리가 생기는 거죠. 하지만 계약을 통해 저작권을 클라이언트에게 이전할 수 있습니다. 로고 작업이 끝난 뒤 대부분의 실무에서는 클라이언트가 저작권을 갖도록 계약서에 명시하고 파일을 전달합니다. 보통 디자이너는 포트폴리오용 사용 권리를 예외적으로 두는 경우가 많습니다. 그래서 계약 시 견적서 혹은 계약서에 저작권 귀속 관련 문구를 적어두어야 합니다.

계약서 / 견적서에 넣을 수 있는 문구

〈본 계약을 통해 제작된 최종 로고의 저작권은 클라이언트에게 귀속됩니다. 단, 디자이너는 해당 로고를 개인 포트폴리오 및 홍보 목적으로 활용할 수 있습니다.〉

Step 6 로고디자인 시작

계획도 세웠고, 클라이언트와의 대화도 마쳤고, 체크리스트도 완.벽.하.게 정리했다면 이제는 슬슬 손이 근질거리기 시작할 겁니다. 드디어 디자인을 펼칠 차례입니다! 로고 디자인이란 브랜드의 성격과 분위기, 핵심 키워드를 눈앞에 드러내는 작업이에요. 쉽게 말해 머릿속에 흐릿하게 맴돌던 상상을 구체적인 형태로 불러오는 과정이죠. 먼저 아이디어 스케치를 시작합니다. 연필이든, 아이패드든 상관없어요. 스케치가 충분히 쌓였다면 이제 그중에서 가장 가능성 있는 아이들을 골라 디자인 프로그램으로 옮기고 다듬어 시안으로 발전시킵니다. 너무 많이 보여주면 선택을 못 하고, 너무 적게 보여주면 비교를 못 하니 보통은 3가지 시안을 제시하는 게 가장 이상적입니다.

견적 규모에 따라 응용 디자인을 목업으로 함께 제공해 주세요. 응용 디자인이란 명함, 편지지, 봉투 등 문구류, 간판, 프로모션 굿즈를 포함하며, 디지털 환경에서 활용 가능한 간단한 애니메이션 로고 파일도 함께 제작해 주면 클라이언트 입장에서는 '이 로고가 실제 비즈니스에서 어떻게 쓰일지'를 눈으로 직접 확인할 수 있기 때문에 만족도가 훨씬 높아집니다.

특히 응용 디자인은 많으면 많을수록 좋습니다. 이렇게 하면 클라이언트가 실제 비즈니스에 로고를 어떻게 적용할지 구체적으로 상상할 수 있어, 디자인의 가치를 체감하고 신뢰가 깊어지기 때문입니다. 또한, 응용 디자인은 브랜드 아이덴티티를 확장하고 일관성 있게 관리할 수 있는 중요한 밑거름이 됩니다. 따라서 견적 단계부터 명확히 안내하고 포함시키면 클라이언트는 '이 회사라면 브랜드 전반을 맡길 수 있겠다'는 안도감을 가지게 되고, 장기적인 관계로 이어질 가능성도 커집니다.

응용디자인 예시

이미지 출처: 프리픽(https://www.freepik.com)

실전 TIP

목업 대상을 선정하여 인터넷에서 무료 혹은 유료 목업 템플릿을 다운로드
받으세요! AI, PSD 파일 형식이 많고, 주로 레이어가 분리되어 있어서 작업하
기 편리합니다.

목업 템플릿 구하기	무료 사이트	유료 사이트
	Freepik Pixeden GraphicBurger 등	Adobe Stock Envato Elements 등

클라이언트에게 정성껏 만든 시안 3개와 응용 디자인, 그리고 제안서를 보내놓고 답을 기다립니다. '어떤 걸 고르실까?' 기대되는 순간이죠. 그런데 돌아온 반응은 보통 이렇게 흘러갑니다. 3번 시안이 마음에 든다면서도 1번의 아이콘 느낌을 더해달라 하고, 2번의 색감도 반영해달라는 식이죠. 여기에 더해 '조금 더 심플하면서도 임팩트 있게 바꿔달라'는 요구가 추가되기도 합니다.

이때부터 본격적인 수정 요청의 시간이 시작됩니다. 중요한 것은, 이 과정이 무한정 반복되는 것이 아니라는 점을 반드시 상기시켜야 한다는 것입니다. 예를 들어, 무료 수정은 총 3회로 제한되어 있으며, 지금의 요청이 그중 첫 번째 수정으로 간주된다는 것을 클라이언트에게 명확히 안내해야 합니다.

Q. 처음 말했던 방향이랑 너무 달라졌어요. 어떡하죠?

처음 협의한 컨셉에서 벗어나지 않도록 브리프 문서나 제안서를 근거로 조율하세요. 초기 방향이 심플&모던이었는데, 갑자기 귀엽고 빈티지한 느낌으로 요청이 바뀌면 반영하기 어렵다는 것을 분명하게 해주세요. 하지만 너무 강하게 말하면 클라이언트가 부담스러워하고 너무 유하게 말하면 디자이너가 끝없이 끌려다니게 되므로 이 미묘한 균형에 필요한 것이 바로 '실무 스킬'입니다. 그래서 부드럽지만 분명하게, "새로운 스타일로 전환하려면 일부 작업이 새로 진행되어야 할 수 있습니다. 조금만 정리해서 어떤 방식이 가장 효율적인지 제안드릴게요!"라고 전달하는 게 좋겠죠? 수정은 감정이 아닌 전략입니다. 디자이너는 그려주는 사람이 아니라 설계하고 조율하는 전문가라는 사실, 기억하세요!

Step 7 최종 납품 & 가이드북

드디어 클라이언트가 만족하는 로고가 나왔습니다! "와… 너무 좋아요! 이걸 어떻게 받아볼 수 있을까요?" 이제부터가 진짜 프로와 아마추어를 나누는 순간입니다. AI 파일 하나만 툭 보내는 것보다는 로고 패키지와 사용 가이드까지 함께 전달하는 것이 훨씬 신뢰감을 주죠. 클라이언트는 디자인을 실제로 잘 활용할 수 있길 원합니다. 그래서 현재 개발한 이 로고를 어디에 쓸 수 있는지를 정리해 주고 파일을 활용하여 쓸 수 있도록 만든 후 납품해야 해요. 결국, 디자인 실력만큼 중요한 건 관계를 관리하는 태도예요. 진심이 담긴 납품은 클라이언트와 신뢰를 쌓는 가장 좋은 출발점입니다. 로고 납품은 언제, 누가 받았는지 기록에 남기 때문에 메일로 하는 게 가장 기본이자 무난한 방법입니다. 깔끔한 폴더 구조로 정리하여 전달하면 됩니다.

Q. 그럼 최종 로고를 납품할 때, 클라이언트에게 어떤 파일과 자료를 전달해야 할까요?

① 최종결과보고서

– 제안서 파일 말미에 최종 확정된 디자인 결과물 포함하여 정리

– PDF 또는 PPT 형식으로 제공

② 원본 벡터파일

– AI 파일로 제공(텍스트 아웃라인 처리 완료)

– 기본컬러 및 흑백 버전 별도 제공

③ 고해상도 JPEG 파일

– 흰 배경, 300dpi 해상도 제공

④ 고해상도 PNG 파일

– 투명 배경, 300dpi 해상도 제공

⑤ 사용 가이드북(필요한 경우에만 포함)

– PDF 파일

– 로고 사용 규정 및 색상 표준, 최소 여백 및 크기 규정. 서체 및 시각 요소 활용법 등

Q. 사용 가이드북은 무엇인가요?

브랜드가 성장하면 로고가 혼자 쓰이는 경우는 거의 없습니다. 홈페이지, 명함, 간판, 인쇄물, 유튜브 썸네일, 굿즈 등 다양한 곳에서 활용되죠. 이때 로고가 마음대로 사용되면 브랜드 이미지가 쉽게 흐트러집니다. 그래서 로고 사용 가이드북은 디자인을 잘 활용하기 위한 설명서이자, 브랜드를 지켜주는 기준선입니다. 또한 기존 로고 심볼을 단순화시켜 만든 그래픽 모티프나 이를 활용한 패턴 디자인까지 포함한다면, 포스터 배경, 패키지, 웹 배너 등 다양한 매체에 일관되게 활용할 수 있어 브랜드의 확장성과 활용도가 훨씬 높아집니다.

그럼 꼭 필요한 경우는 언제일까요? 중견기업, 대기업, 프랜차이즈 브랜드들은 여러 부서, 외부 디자이너, 협력업체 등과 일관된 사용이 중요하므로 무조건 가이드북이 필요합니다. 공공기관, 지자체, 공공 프로젝트도 매뉴얼 없이 활용 시 민원이 들어오고 오류 발생이 있을 수 있어서 만들어주어야 합니다. 지속적인 브랜딩이 필요한 스타트업은 투자 유치, 브랜드 확장 시 신뢰도를 확보하기 위한 가이드북이 꼭 필요합니다. 중소기업은 안 해도 되냐고요? 꼭 그렇지는 않아요. 로고 하나로 3년, 5년 이상 브랜드를 운영할 생각이라면, 기본 가이드북이라도 만들고 모티프·패턴 디자인을 함께 정의해 두는 것이 훨씬 유리합니다. 외주 디자이너가 바뀌어도 동일한 규칙으로 작업할 수 있기 때문이죠.

사용 가이드북에 포함되는 핵심 항목

1. 로고 기본 정보　　　　－ 최종 로고 파일과 컬러, 흑백 버전

2. 사용 규칙　　　　　　－ 최소 여백, 최소 크기, 절대 바꾸면 안 되는 부분

3. 글씨와 그래픽　　　　－ 브랜드 전용 글씨체와 아이콘, 패턴 활용 방법

4. 활용 예시　　　　　　－ 명함, 간판, 웹, 굿즈 등에 적용한 모습 보여주기

5. 정리 파일　　　　　　－ PDF나 PPT로 깔끔하게 만들어서 전달

Q. 교수님, 꼭 원본파일을 제공해야 하나요?

작업을 완료하면 클라이언트, 고객사에게 저작권이 귀속됩니다. 그래서 완성된 로고는 클라이언트의 자산이기 때문에 원본파일을 납품해야 합니다. 그런데 기본 납품 파일은 벡터 기반의 일러스트레이터 원본(AI), PDF, PNG, JPEG 정도예요. 로고는 확대·축소·인쇄·웹 등 다양한 상황에서 쓰이기 때문에 꼭 필요한 형식이죠. 하지만 요즘은 클라이언트가 3D파일(.obj, .fbx)이나 모션 작업 원본(AE, PR)까지 요구하는 경우가 있습니다. 이 원본은 클라이언트가 직접 수정할 수 있기 때문에 보통 제공하지 않고 완성본(mp4, gif) 형태로만 납품합니다.

계약할 때 기본으로 제공되는 납품 범위와 추가 비용이 필요한 3D나 모션 같은 확장 작업을 미리 구분해 두세요.

Step 8 상표권 등록

이 로고 상표등록도 해주실 수 있냐는 질문, 디자이너라면 한 번쯤 들어봤을 겁니다. 로고 하나 만들고 끝나는 줄 알았는데 어느새 법률 상담까지 요청받는 순간이 찾아옵니다. 브랜딩 시각 표현이 아니라 이름과 권리를 지키는 작은 전쟁이 시작되는 순간이기도 하죠. 저작권은 디자인이 완성되는 순간 디자이너에게 자동으로 생기지만 상표권은 특허청 심사를 거쳐야 법적으로 보호받을 수 있어요. 그래서 보통은 변리사에게 맡기는 게 안전하죠.

그런데 클라이언트에게 그냥 변리사 연락처만 건네주면 신뢰 형성에 어려움이 생길 수 있습니다. 제일 좋은 방법은 우리 회사에서 전체 과정을 어느 정도 관리하면서 필요한 부분만 변리사와 협업하는 거예요. 이렇게 하면 클라이언트는 "와, 여기서 모든 걸 챙겨주네"라는 신뢰를 얻게 되고, 브랜드 보호까지 한 번에 해결되는 느낌을 받을 수 있습니다.

상표권을 신청하고 최종 등록이 완료되면, 특허청에서 발급하는 '등록결정서'가 그림처럼 나오게 됩니다. 이 결정서가 발급되면, 상표법 제82조에 근거하여 상표권이 설정 등록되고 법적 효력이 발생하게 됩니다.

특 허 청
등록결정서

출 원 인 성 명
　　　　　　주　소

대 리 인 성 명
　　　　　　주　소

출 원 번 호
상 　 품 　 류 　제 42 류

이 출원에 대하여 상표법 제68조에 따라 상표등록을 결정합니다.
※ 상표권은 상표등록료를 납부하여 설정등록을 함으로써 발생합니다(상표법 제82조).

참고 : 상표견본이미지

(※ 본 통지서의 상표견본 이미지는 출원서에 첨부된 상표견본과 다소 상이할 수 있음을 참고하시기 바랍니다.)

실전 TIP

저작권과 상표권은 다릅니다. 저작권은 작품을 만들면 자동으로 생기지만, 상표권은 특허청 출원과 심사를 거쳐야 법적 효력이 생겨요. 상표권 등록 요청이 들어오면, 변리사와 협업할 준비가 되었는지 미리 체크하고, 클라이언트가 혼란스럽지 않도록 전체 진행 과정을 안내하세요.

□ 클라이언트가 원하는 스타일을 명확히 들었는가?

□ 작업 시작일과 납품일을 확정했는가?

□ 로고만 진행할지, 명함·간판·SNS 등 응용 디자인까지 포함할지 명확히 합의했

  는가?

□ 수정 요청과 횟수를 미리 정리했는가?

□ 파일 납품 형식(AI, PNG, JPG, PDF 등)을 정리했는가?

□ 저작권 귀속은 명확히 합의했는가?

□ 상표권 등록을 위해 변리사와 협업할 준비가 되었는가?

#눈에띄는아이덴티티 #수정요청주의 #로고맛집

02 일러스트 삽화

디자인의 감성을 더하는 힘 일러스트 삽화!

일러스트 삽화는 상징과 은유를 무기로,
이야기를 한눈에 쏙 들어오게 만드는
마법 같은 도구입니다.
특별한 기술보다 상상력과 메시지가 더 중요해요.

3장 단계별 디자인 수익화 과정

한 장의 그림이 천 마디 말보다 강력할 수 있다는 사실을 알고 계신가요? 말 한마디보다 그림 하나가 사람의 마음을 더 빠르고 깊게 움직일 때가 많습니다. 바로 그 힘을 발휘하는 것이 일러스트 삽화입니다. 일러스트 삽화는 콘텐츠와 비즈니스의 핵심 도구로 활용될 수 있습니다. 책 속의 삽화, 굿즈 상품, 유튜브 썸네일, SNS 게시물, 카드뉴스, 심지어는 반려동물 캐리커처까지, 다양한 매체와 플랫폼에서 일러스트 하나가 브랜드와 메시지를 직관적으로 전달하는 역할을 하죠. 이 책 역시 삽화와 함께 하니 글만으로는 전할 수 없는 감성이 한층 살아난 것 같지 않나요? 이번 장에서는 그림 한 장을 비즈니스로 만들고 확장하는 전략을 차근차근 살펴볼 예정입니다.

Q. 일러스트 삽화 디자인 작업 프로세스를 알려주세요!

퀵 미팅
Quick Meeting

소요기간 1일

– 웹용(SNS, 홈페이지, 웹)
– 오프라인용(포스터, 책표지, 출력물 등) 구별하여 확정

견적서 발송

소요기간 1일

– 디자인 스타일, 방향, 작업 범위, 일정, 수정 횟수 등

스타일 정리 및 확정

소요기간 5일

– 시장 및 경쟁 로고 리서치 진행
– 클라이언트가 원하는 스타일 조사
– 키워드 기반 아이디어 정리
– 명확한 컨셉 방향 한 가지 제시

초안 스케치

소요기간 7일

– 디자인 시안 제작
– 제안서 약 10페이지 분량 정리
– 시안과 함께 제안서 전달

스케치 수정 및 보안

소요기간 5일

– 스케치에 수정 요청 시 보완 작업 진행

컬러 작업	
소요기간 5일	- 스케치 확정 후 컬러 시안 작업 - 완성된 컬러 시안 클라이언트에게 전달
컬러 수정 및 보완	
소요기간 3~5일	- 컬러 시안에 수정 요청 시 보완 작업 진행
최종안 확정 및 납품	
소요기간 1일	- 최종 디자인 확정 - 결과물 파일 전달 - 원본 파일은 별도 전달하지 않음

전체 소요 기간은 클라이언트의 피드백 속도에 따라 달라질 수 있으며, 디자인의 난이도, 요청 범위, 수정 횟수, 자료 제공 시점, 내부 승인 절차 등 다양한 요소에 의해 유동적으로 변동될 수 있습니다.

Step 2 삽화 의뢰 전 필수 확인: 사용 용도 체크

삽화를 의뢰할 때 가장 먼저 확인해야 할 것은 '어디에 사용할 것인가'입니다. 의외로 많은 클라이언트가 사용 용도를 명확히 말하지 않아서 나중에 결과물이 맞지 않아 당황하는 경우가 생깁니다. 웹용인지, 인쇄용인지에 따라 그림의 파일 형식, 해상도, 색상 모드, 심지어 그림 스타일까지 달라지기 때문이죠.

예를 들어 웹용은 빠르게 로딩되고 선명해야 하니까 가벼운 RGB

컬러의 저용량 파일이 필요해요. SNS, 썸네일, 배너 등 대부분 여기에 해당되죠. 오프라인용은 인쇄 퀄리티가 중요해서 고해상도＋CMYK 컬러＋인쇄 최적화가 필수입니다. 굿즈, 책, 전단, 포스터 같은 것들이죠. 용도에 따라 '그림의 운명'이 달라진답니다! 클라이언트가 어디에 쓸지 명확히 말하지 않으면, 나중에 "왜 인쇄했더니 색이 이상하죠?" "픽셀 깨지는데요?"라고 하는 민망한 일이 생길 수 있어요. 첫 미팅에서는 삽화의 최종 사용 목적을 명확히 확인하는 것이 필수적입니다. 이를 통해 적절한 해상도, 색상 모드, 파일 형식을 사전에 결정하고, 작업 범위와 견적을 정확히 산정할 수 있습니다.

Q. 그럼 화면용과 인쇄용은 어떻게 구별해요?

구분	화면용(Web용)	인쇄용(Print용)
색상모드	RGB (Red, Green, Blue)	CMYK (Cyan, Magenta, Yellow, Black)
해상도	보통 72dpi (화면에서 가볍고 빠르게 보이기!)	최소 300dpi (인쇄는 쨍~하게 나와야 하니까!)
파일형식	PNG, JPG, SVG 등	AI, PDF, EPS, 고해상도 JPG 등
주의사항	인쇄용으로는 쓰기 어려움	파일 용량이 크고 웹에서 느릴 수 있음

클라이언트가 "온라인에도 쓰고, 명함에도 쓸 거예요!"라고 한다면? 각 사용 환경에 맞는 별도 파일을 제작해야 합니다. 이에 따라 작업

범위와 제작 비용 역시 적절히 조정하는 것이 필요합니다.

'삽화 계약서'는 선택이 아니라 생존입니다! 모든 디자인 작업에는 계약이 필요하지만 특히 일러스트 삽화에서는 더 중요합니다. 그 이유는 일러스트가 작가의 개성과 창작물이 그대로 드러나는 작품이기 때문이에요. 그림 한 장에는 저작권이 바로 적용되어, 사용 범위나 재사용 가능 여부, 상업적 활용 여부 등이 명확하지 않으면 나중에 분쟁이 생길 수 있습니다. 삽화는 창작물인 만큼 저작권 문제, 사용 범위, 수정 횟수, 납품 형태 등 다양한 권리와 의무가 얽혀 있습니다. 이를 명확히 기록하지 않으면 제작 후 클라이언트와 디자이너 간 분쟁이나 오해가 발생할 수 있으며, 최악의 경우 법적 문제로까지 이어질 수 있습니다.

기본규칙

- 배경 없는 PNG 파일은 필수!
- 원본파일 제공 없음
- 가로 / 세로 비율은 미리 조율(ex. 인스타 1:1 / 블로그용 4:3 등)

주의사항은 인쇄용이면 반드시 300dpi로 해야 한다는 점. 선이 얇은 일러스트는 너무 축소하면 디테일이 손실되기 때문에 주의하세요!

기본 기준

웹용:	2000x2000px / 72dpi / RGB / PNG(배경투명) 제작납품 기본
오프라인용 :	297x210mm / 300dpi / CMYK / PNG(배경투명) 제작납품 기본
썸네일용:	·유튜브 썸네일 사이즈(1280x720px)
	·블로그 / 웹 썸네일 사이즈(800x450px)
	·SNS(인스타그램, 페이스북 등) 사이즈
	(1080x1080px(정사각형), 1200x628px)
	72dpi / RGB / JPEG / PNG(배경투명) 제작납품 기본

저작권과 사용범위는 선 긋기 필수!

"한 번 그려준 건, 어디든 다 써도 되죠?" 그랬다간 다음 주에 티셔츠, 다다음 주엔 컵, 그 다음엔 웹툰 배경으로 돌아오는 그림 유령을 마주하게 됩니다. 사용처, 사용 기간, 수정 가능 여부를 확실하게 정해야 해요.

원본파일, 그냥 주면 안 돼요!

AI, PSD 같은 원본파일은 작가의 기술과 감성이 담긴 비장의 무기이기 때문에, 함부로 제공하면 수정, 도용, 2차 판매 위험까지 따라올 수 있어요. 반드시 제공 범위와 조건을 계약서에 명시하고, 안전하게 관리하세요.

Step 4 그림체 유형 살펴보기

그림체에도 성격이 있다! 바로 비트맵Bitmap과 벡터Vector 방식이라는 두 가지 스타일이죠. 비트맵과 벡터 방식은 저장 방식이나 파일 형식의 차이일 뿐 아니라, 스타일에도 뚜렷한 차이가 나타납니다. 그래서 디자이너나 클라이언트가 삽화 스타일을 고를 때, 두 방식의 시각적 특징을 알고 있는 것이 굉장히 중요합니다.

디지털 툴을 못 쓴다고 실망할 필요 없습니다. 요즘은 작가 스타일이 더 중요해졌기 때문에, "나는 손 그림 작가입니다"라고 브랜딩만 잘하면 충분히 경쟁력 있어요. 오히려 디지털 완성도보다 개성 있는 손 그림 스타일을 선호하는 수요도 꾸준히 있습니다. 독창적이고 따뜻한 질감을 원하는 브랜드나, 유니크한 감성을 강조하고 싶은 클라이언트는 손 그림을 적극적으로 찾기도 하죠. 따라서 자신의 스타일을 명확히 보여주는 것이 오히려 강점이 될 수 있습니다. 다만 클라이언트와 계약 시, 손 드로잉 특성상 수정에 한계가 있음을 미리 설명하고, 최종 원본파일

방식	내용
비트맵 방식 (bitmap)	– 이미지 보정을 주로 하는 프로그램의 방식인 픽셀들이 그리드 속으로 찍히는 디지털화된 이미지 – 붓질의 질감, 명암, 그림자 표현이 가능, 자연스럽고 디테일한 스타일 – 예: 감성 일러스트, 유화풍, 캐릭터 캐리커처, SNS 웹툰 – 포토샵, 페인터, 프로크리에이트, 클립스튜디오, 그림판 등
벡터 방식 (vector)	– 2, 3차원 공간에 선, 네모, 원 등의 그래픽 형상을 수학적 표현을 통해 나타내는 방식 – 선명하고 또렷한 선, 평면적이고 단순한 색, 도형 기반, 확대해도 깨지지 않음 • 깔끔한 선으로 만든 캐릭터 • 브랜드 캐릭터, 인포그래픽, 교육 콘텐츠용 삽화용 – 일러스트레이터, 프리핸드, 코랄드로우, 플래시 등 이미지 출처: 프리픽(https://www.freepik.com)

3장 단계별 디자인 수익화 과정

형태(PNG, JPG 등)에 대해 협의해두는 게 좋아요.

손 그림(디지털 드로잉 포함)의 작업 과정은 보통 이렇게 됩니다!

드로잉	– 종이에 연필 또는 펜으로 드로잉 – 아이패드, 와콤 등 태블릿에 펜슬로 직접 드로잉
디지털 변환	– 아날로그 작업물은 스캔하거나 사진 촬영 후 파일로 변환 – 디지털 드로잉은 바로 원본파일 확보가능
보정 및 채색	– 포토샵, 클립스튜디오, 프로크리에이트 등에서 색 보정, 채색, 디테일 보완
최종 처리	– 필요시 벡터화 – 투명 배경 처리 – 인쇄·웹 환경에 맞춘 해상도와 색상 모드 조정

이미지 출처: 프리픽(https://www.freepik.com)

디자인 창업의 모든 것

Q. 저는 물감으로 삽화를 그릴 수 있어요! 이럴 때는 어떻게 납품을 해야 할까요?

만약 디지털 드로잉이 아니라 연필, 물감 같은 전통 미술 도구로 그린 일러스트 삽화를 납품하고 싶다면 전달 방법을 제대로 알아야 합니다. 직접 만나서 클라이언트에게 그림을 건네는 게 어려울 때도 많고, 무엇보다 디지털 데이터베이스를 스스로 구축해 두는 게 나중에 여러모로 편리하거든요. 그래서 보통은 A4 이상의 종이에 그림을 그린 후, 해상도를 충분히 살린 스캔을 받아 디지털로 옮깁니다. 그리고 포토샵 같은 프로그램으로 리터칭과 보정 작업을 거쳐 클라이언트에게 전달하는 방식이죠. 이렇게 하면 종이 위의 감성을 그대로 살리면서도, 디지털 환경에서도 활용할 수 있습니다.

손 그림은 대형 배너나 포스터처럼 넓은 공간을 채워야 하는 작업보다는 작은 사이즈에서 그 매력을 발휘할 수 있습니다. 만약 클라이언트가 큰 사이즈로 활용할 일러스트 삽화를 원한다면, 무턱대고 작업을 시작하지 말고 실제 활용 범위와 출력 사이즈를 사전에 명확히 확인한 후 진행하는 것이 중요합니다.

실전 TIP

손으로 그린 일러스트는 스캔을 통해 디지털화할 수 있지만, 아무리 고해상도로 스캔해도 초대형 디지털 이미지 제작에는 한계가 있습니다.

프로그램	내용
Ai	Adobe Illustrator(일러스트레이터) 캐릭터, 인포그래픽, 편집용 일러스트
Ps	Adobe Photoshop(포토샵) 감성 일러스트, 디지털 페인팅, 텍스처 표현
	Procreate(아이패드용) 손 그림 느낌의 캐릭터, 감성 배경
	Clip Studio Paint 웹툰 만화 & 일러스트 특화 기능
	손으로 직접 그리기

이 중 한 가지만 잘 써도
일러스트 삽화를
그릴 수 있습니다.

스케치 단계

클라이언트와 꼼꼼하게 체크리스트를 작성했다면, 이제 슬슬 펜을 들 시간입니다. 모든 일러스트 작업은 먼저 스케치를 보낸 후 스케치 피드백 수정이 이루어진 후에 채색이 들어가도록 합니다. 스케치 상태에서 형태, 각도, 요소 구성 등을 확실히 조율해 두면, 채색 후 수정요청이 훨씬 줄고, 디자이너도 시간과 리소스를 아낄 수 있습니다. 이게 바로 채색 전 피드백의 골든타임, '스케치' 단계입니다. 클라이언트가 스케치에

"오, 이 느낌이에요! 좋습니다"라고 말했다면 채색 단계로 넘어가세요.

채색 단계

채색 단계입니다! 색은 단순한 꾸밈이 아니라 감정과 분위기를 결정짓는 마법입니다. 색상은 미리 클라이언트와 조율한 브랜드 컬러나 기존 자료를 참고해야 합니다. 테두리선이 있는 채색인지 없는 채색인지에 따라 분위기가 달라지기 때문에 본 작업이 들어가기 전에 원하는 그림 스타일 예시자료를 꼭 받아야 합니다. 채색 단계가 진행된 이후에는 전면 수정이 어려워요. 기본틀 안에서 채색을 비롯한 일부만 수정이 가능하니 클라이언트에게 정확히 인지시키는 게 필요합니다.

아이디어 스케치

채색

이제 시안 제출 시간입니다!

공들여 채색한 결과물, 드디어 클라이언트에게 전달할 순간이에요. 하지만 그냥 보내기만 하지 마세요. 시안을 보낼 때는 꼭 설명과 이유를 함께 담아야 합니다. 특히 일러스트 삽화는 색감, 구도, 디테일 하나하나 디자이너 작가의 의도가 담겨 있기 때문에 각 요소를 왜 이렇게 표현했는지, 이 그림이 전달하고자 하는 메시지가 무엇인지를 함께 설명하는 것이 중요합니다. 이러한 설명은 클라이언트가 결과물을 정확히 이해하고 수정 요청이나 피드백을 효율적으로 할 수 있게 도와주며, 디자이너의 전문성과 신뢰감을 동시에 높이는 핵심 과정입니다. 예를 들어 "이 컬러는 브랜드가 전달하고자 하는 따뜻한 이미지를 반영했습니다", "이 각도는 상품 패키지 적용 시 가장 눈에 띄는 구도입니다"와 같이, 디자인은 설명이 있을 때 더 설득력 있게 보입니다. 클라이언트가 "느낌상 좋은데요~"가 아닌, "오, 이래서 이렇게 그렸군요!" 하고 납득하게 만드는 거죠.

Q. 혹시 다른 일러스트 작가들은 어느 정도 소요 기간이 걸리나요?

작업 기간은 작가마다, 난이도와 분량에 따라 천차만별이지만 대략 간단한 소규모 삽화는 3일에서 7일 사이, 책 삽화나 복잡한 캐릭터는 10일 이내로 완성한다고 생각하시면 됩니다. 계약부터 납품까지 걸리는 총 기간은 클라이언트의 수정 요청 횟수와 작업 난이도, 요구사항에 따라 달라지는데요. 간단한 작업은 보통 한 달 안에 끝내고 좀 까다로운 작업은 최대 두 달 정도 넉넉히 잡는 게 좋죠. 너무 촉박하면 디자이너가 과로사(?)할 수 있고 너무 여유롭다면 분위기가 축 처질 수 있으니까요! 그래서 클라이언트와 계약할 때는 처음부터 최종 납품 날짜를 정확히 잡고, 작업에 들어가는 게 현명합니다. 물론 계약서에는 "상황에 따라 마감일이 연장될 수 있다"는 내용도 잊지 말고 넣어야 합니다.

실전 TIP

상황에 따라 '부분 수정'이 어려울 수 있습니다. 초반 시안 단계에서 컨셉과 색감을 확정하세요. 계약 시 수정 범위와 횟수를 명확히 정리해 두세요.

납품은 처음 계약할 때 약속한 체크리스트 파일 형태와 방식에 맞춰 진행하면 됩니다. 예를 들어 계약서나 제안서에 [웹용 사이즈 2000×2000px / 72dpi / RGB / PNG(투명 배경) 제작납품 기본 / 이메일로 전달]로 명시했다면, 그 방식대로 깔끔하게 보내야 합니다.

Q. "다른 곳에서는 1만 원에 해준다는데요?" 이런 말을 들어요.

실제로 디자인 커뮤니티나 SNS, 프리랜서 플랫폼을 보면 대학생이나 입문 디자이너들이 삽화 한 장에 1만 원 정도로 작업하는 경우가 많습니다. 하지만 이건 '시장 가격'이라기보단 입문자 실습비용 혹은 경험 교환 비용에 가깝습니다. 사업자등록을 한 사업체는 비용이 달라지게 됩니다. 회사를 운영하는 대표라면 지금부터는 스스로의 기준을 만들어야 합니다. 특히 미리 그려둔 포트폴리오가 있다면, 클라이언트에게 그림체와 스타일을 먼저 보여주고 이에 맞는 합리적인 금액을 제시하는 것도 좋은 방법입니다. 이렇게 하면 작업 범위와 결과물의 기대치를 명확히 맞출 수 있어 불필요한 오해나 가격 협상을 줄일 수 있죠.

□ 클라이언트가 원하는 스타일을 명확히 들었는가?

□ 작업 시작일과 납품일을 확정했는가?

□ 삽화가 단일 이미지인지, 시리즈 / 패턴 / 캐릭터 등 연관 이미지 포함인지 합의

했는가?

□ 수정 요청과 횟수를 미리 정리했는가?

□ 클라이언트가 추후 수정·응용할 가능성을 고려해 원본 파일과 레이어 구조를

적절히 준비했는가?

#일러스트스타일 #손끝에서피어나는마법 #그림은내친구

상세 페이지

고객의 마음을 '클릭'하는 마법의 페이지!

대충 만드는 상세 페이지는 이제 그만!
제품의 장점과 스토리를 생생하게 전달하고,
고객의 호기심과 구매 욕구를 자극하는 '팔리는'
상세 페이지를 만들어야 합니다.

"어머, 이건 꼭 사야 해!" 바로 이런 감정이 들게 만드는 것이 상세 페이지 디자인의 핵심입니다. 상세 페이지는 온라인 쇼핑몰이나 웹사이트에서 제품이나 서비스에 대해 구체적이고 상세한 정보를 제공하는 페이지를 말합니다. 고객이 제품을 구매하기 전에 상품에 대해 더 알고 싶을 때 가장 많이 찾아보게 되는 페이지죠. "이 제품, 잘 팔리게 만들어주세요!" 클라이언트는 이렇게 말합니다. 그 말속에는 수많은 기대가 숨어 있어요. 브랜드 분위기도 살려줘야 하고 구매 욕구도 자극해야 하고 사진, 텍스트, 구성까지 전부 말이죠. 그 모든 걸 디자인 하나로 해결하는 작업, 바로 "상세 페이지 디자인"입니다.

이미지 출처: 프리픽(https://www.freepik.com)

3장 단계별 디자인 수익화 과정

Q. 상세 페이지 디자인 작업 프로세스를 알려주세요!

퀵 미팅
Quick Meeting

소요기간 1일

– 어떤 곳에 사용할 것인지 확인
– 제품 정보 점검

견적서 발송

소요기간 1일

– 방향, 작업 범위, 일정, 수정 횟수 등 확정 견적서 발송

원고 정리

소요기간 5일

– 클라이언트나 담당자로부터 제품 관련 원고
  (텍스트, 이미지 자료) 수집
– 핵심 메시지, 특징, 장점 파악

콘텐츠 기획 및
페이지 흐름 설계

소요기간 7일

– 콘텐츠 구성 순서 설계
  (문제 → 해결 → 특징 → 비교 → 후기 → 구매 유도)
– 섹션별 정보 배치: 스토리보드 형태로 시각화
– 버튼 / 텍스트 / 이미지의 위치 기획(CTA 전략 포함)

제품 촬영 및
비주얼 리소스
확보

소요기간 7일

– 제품 실물 촬영(모델 컷, 라이프스타일 컷 포함)
– 이미지 리터칭 및 배경 제거
– 필요한 경우 AI 이미지 생성 도구로 보조 컷 제작

시안 제작 소요기간 7일	– 상단 집중 이미지와 정보 설계로 스크롤 유도 구조 구성 – 디자인 제품 설명 및 메시지 중심 디자인 – 디바이스(PC, 모바일) 버전 구분 시 병행 디자인
피드백 & 수정 소요기간 4일	– 전체 구도, 문구 표현, 이미지 톤 등 수정 – 필요한 수정점 수렴 및 방향 재정비
최종 확정 및 디바이스 최적화 납품 소요기간 1일	– 웹 플랫폼(스마트스토어 등)에 맞춘 사이즈 (모바일 / PC 버전 대응)

전체 소요 기간은 클라이언트의 피드백 속도에 따라 달라질 수 있으며, 디자인의 난이도, 요청 범위, 수정 횟수, 자료 제공 시점, 내부 승인 절차 등 다양한 요소에 의해 유동적으로 변동될 수 있습니다.

상세 페이지는 보통 다음과 같은 내용을 포함합니다.

· 제품 이미지: 제품의 다양한 각도나 사용 모습을 보여주는 고해상도 이미지

· 제품 설명: 제품의 특징, 사양, 사용법, 장점 등을 상세히 설명하는 텍스트

· 가격: 제품의 가격 정보

· 구매 옵션: 사이즈, 색상, 수량 등 선택할 수 있는 옵션 정보

- 리뷰와 평점:　　　　　　다른 고객들의 평가와 리뷰를 확인할 수 있는 섹션
- 배송 및 환불 정보:　　　　배송 기간, 방법, 환불 및 교환 정책 등
- CTA(Call to Action):　　구매를 유도하는 버튼, 예를 들어 "지금 구매", "장
　　　　　　　　　　　　바구니에 담기" 등

실전 TIP

촬영이 필요한 경우, 촬영 비용은 별도로 청구하세요! 사전에 클라이언트와
명확히 협의하는 과정이 필요합니다.

Step 2 상세 페이지 필수 이미지 소스

실제 디자인 창업자나 1인 브랜드 운영자, 또는 초기 소규모 업체
의 경우에는 직접 사진 촬영까지 하는 일은 드뭅니다. 다양한 소품을 구
비한 스튜디오 공간이 없기 때문이죠, 이럴 때는 연출된 이미지를 구매
하거나 이미지 생성 기술을 활용해 멋진 사진을 대신할 수 있어요. 중요
한 건 '잘 보이게 만드는 것'이니까요! 사진 찍느라 고생하는 대신, 스마
트하게 이미지로 승부해 보세요.

① 스톡 이미지

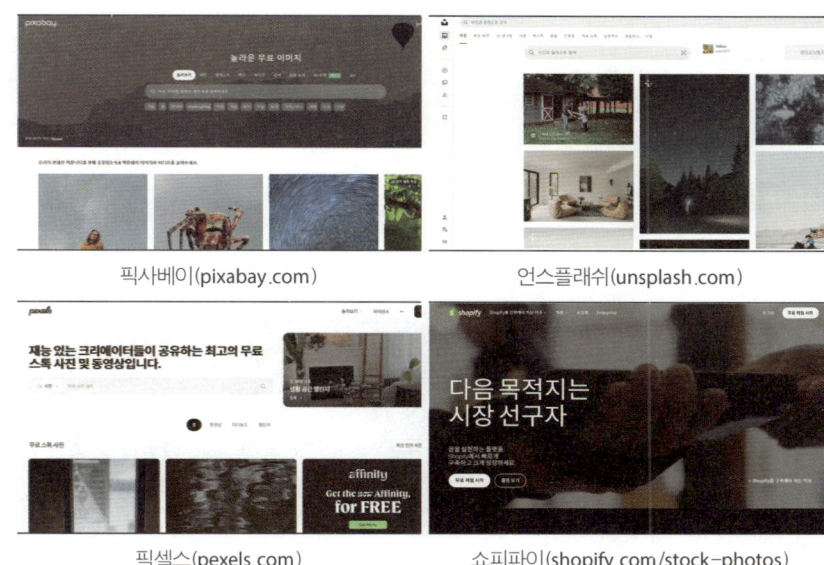

픽사베이(pixabay.com)

언스플래쉬(unsplash.com)

픽셀스(pexels.com)

쇼피파이(shopify.com/stock-photos)

상업적 사용이 가능한 스톡 사진 사이트에서 제품 유형에 맞는 연출 이미지를 다운로드해 상세 페이지에 활용합니다. 이때 무료보다는 유료 이미지를 선택하는 것이 좋습니다. 무료 이미지는 누구나 사용할 수 있어 동일한 디자인이 반복될 위험이 있기 때문이죠. 만약 무료 이미지를 꼭 사용해야 한다면, 그대로 쓰기보다는 여러 이미지를 합성하거나 보정해 새로운 이미지를 만들어 활용하는 센스가 필요합니다.

무료 사이트라 하더라도 별도의 비용을 지불해 구매할 수 있는 고품질 유료 이미지들이 있으므로 적극적으로 고려할 만합니다. 단, 현재 사이트에서 유료 이미지를 구입해 사용했다면, 계약서에 '상업적 고해상도 이미지 사용 시 추가 비용이 발생할 수 있다'는 내용을 명시하는 것이 안전합니다.

② AI 생성 이미지

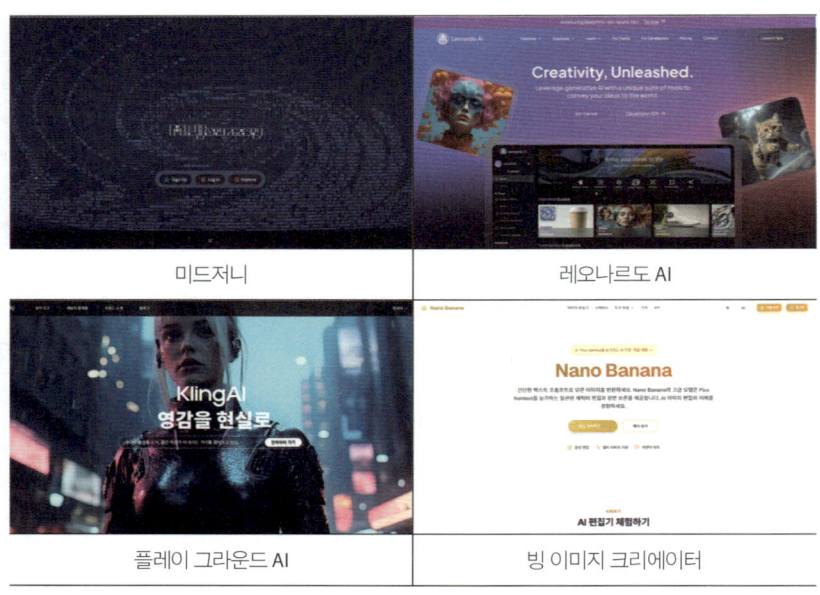

미드저니	레오나르도 AI
플레이 그라운드 AI	빙 이미지 크리에이터

생성형 AI를 이용해 제품 배경, 분위기 연출 이미지, 컨셉 컷 등을 직접 생성합니다. AI 이미지 생성 기술은 기존 촬영이나 디자인으로 구현하기 어려운 다양한 스타일과 아이디어를 신속하게 시도해 볼 수 있

게 하며, 디자인 창업자가 비용과 시간을 절감하면서도 창의적인 비주얼 콘텐츠를 제작할 수 있도록 돕습니다. 또한, AI가 생성한 이미지는 커스터마이징과 보정을 통해 브랜드 아이덴티티에 맞게 조정되며, 이를 통해 독창적이고 차별화된 상세 페이지 비주얼을 완성할 수 있습니다.

③ 1년 구독 사이트

| 서터스톡(www.shutterstock.com) | 어도비스톡(https://stock.adobe.com/kr) |

1년 구독 사이트는 일정 금액을 내고 1년 동안 자유롭게 이용할 수 있는 서비스를 말해요. 보통 월 단위 결제보다 연 단위로 구독하면 할인 혜택이 제공돼요. 매번 이미지를 구매하는 것보다 1년 구독 사이트를 통해 합법적이고 저렴하게 자료를 확보하는 게 훨씬 효율적이니 참고로 알아두면 좋습니다.

3장 단계별 디자인 수익화 과정

Q. 어떤 프로그램을 사용하나요?

사용하는 프로그램	내용
	피그마로 구조를 짜고, 포토샵으로 감성 입히기! ① 피그마 : 상세 페이지 레이아웃 ② 포토샵 : 제품 사진 등 이미지 합성 및 보정

사용자의 시선을 사로잡는 상세 페이지는 이 두 프로그램이 찰떡 콤비입니다. 먼저 피그마로 전체 구조를 설계합니다. 제품의 강점, 브랜드 스토리, 신뢰 포인트, CTA(Call To Action)까지. 어떤 흐름으로 보여줄지, 어떤 순서가 전환에 효과적인지를 데이터 기반으로 설계합니다.

구조가 잡히면 이제 감성을 더할 차례입니다. 포토샵을 통해 색감, 질감, 분위기를 섬세하게 조정하며 브랜드 아이덴티티에 맞는 이미지를 구현합니다. 제품이 그저 '소개'되는 것을 넘어 고객에게 '느껴질' 수 있도록 디자인합니다. 이렇게 만들어진 상세 페이지는 '보고 지나치는 디자인'이 아닌 브랜드를 기억하게 만드는 페이지, 구매를 행동으로 이끄는 콘텐츠로 완성됩니다.

Q. 대략적으로 상세 페이지는 어떻게 만드나요?

상세 페이지를 이렇게 구간별로 나누는 건 구매전환율을 높이는 데 매우 효과적입니다. 각 구간은 소비자의 심리 흐름을 따라 설계되어야 하고, 콘텐츠의 목적에 따라 강조점도 달라져요. 보통 몰입구간, 혜택구간, 핵심포인트, 문제제기, 문제인식, 문제해결, 후기, 추천 등으로 카테고리를 나눠서 전달해야 합니다. 즉, 첫 화면에서는 시선을 끄는 문구와 이미지를 통해 몰입을 유도하고, 이어서 할인, 사은품, 혜택 등으로 구매 욕구를 자극해야 합니다. 다음으로 제품의 핵심 기능과 차별점을 간단히 보여주고 사용자가 겪는 불편한 문제를 공감시켜야 합니다. 그리고 그 문제를 우리 제품이 어떻게 해결해주는지 자연스럽게 설명하면서 제품이 자신에게 꼭 필요한 이유를 인식하도록 유도합니다. 마지막으로 사용자 리뷰나 후기를 통해 신뢰와 확신을 주면, 구매로 이어질 확률이 훨씬 높아집니다.

이처럼 상세 페이지는 '시선 → 혜택 → 공감 → 해결 → 확신'의 흐름을 따라 구성하는 것이 핵심입니다.

몰입 구간

역할: 사용자의 시선을 사로잡아 스크롤을 멈추게 하는 구간 →

혜택 구간

역할: 구매에 대한 동기를 유도 →

핵심 포인트

역할: 제품의 차별성과 주요 기능 전달 →

문제 제기

역할: 타겟의 불편함을 구체적으로 건드리기 →

문제 인식

역할: 기존 제품이 가진 한계를 짚고, 진짜 문제를 인식하게 하는 구간 →

문제해결

역할: 우리의 제품이 이 문제를 해결한다는 메시지 전달 →

후기

역할: 타인의 사용 경험으로 신뢰와 공감 유도 →

추천

역할: 나에게 꼭 맞는 제품이라는 확신

　　　　　디자인 창업의 모든 것

　　클라이언트가 제공한 원고와 자료를 바탕으로 상세 페이지를 제작하면 별도의 리서치나 제작 과정이 줄어들어 작업 속도를 크게 높일 수 있습니다. 또한 클라이언트가 원하는 메시지와 이미지가 그대로 반영되기 때문에 브랜드의 톤과 일관성을 유지할 수 있으며 효율적인 진행으로 비용까지 절감할 수 있습니다.

　　원고와 자료가 없는 경우에는 제품의 특징을 분석하여 설득력 있는 카피라이팅을 직접 진행하고, 필요한 이미지는 위에서 업급한 스톡이미지 사이트를 활용합니다. 만약 촬영이나 맞춤 디자인이 필요하다면 추가 비용이 발생할 수 있으며 이 과정에서 클라이언트와 협의하여 브랜드 감성과 톤앤매너를 새롭게 정의하고 반영하게 됩니다.

방식	진행	소요기한
클라이언트가 상세 페이지에 쓸 원고와 이미지를 준다면?	1개 시안, 수정횟수 2회 (작업높이 10,000px기준)	3~5일 기준
클라이언트가 상세 페이지에 쓸 원고와 이미지를 주지 않는다면?	기획 + 제품촬영 + 디자인, 수정횟수 2회 (작업높이 10,000px기준)	7~12일 기준

상세 페이지의 작업 높이(px)는 고정된 값이 아니라 실제 제작되는 길이에 따라 달라집니다. 따라서 프로젝트 특성에 맞춰 자유롭게 조정하세요!

상세 페이지 최종 납품은 보통 JPG, PNG 형태입니다. 필요시 수정 가능한 원본 파일(피그마, 포토샵, 일러스트레이터)을 추가 비용을 받은 후 제공하기도 합니다. 상세 페이지는 해상도(웹용 72dpi 기준)으로 맞춰 전달합니다.

스마트스토어, 쿠팡, 자사몰 등 업로드할 플랫폼에 맞게 분할 컷 편집본을 제공해 주면 클라이언트가 각 플랫폼의 규격과 형식에 맞춰 바로 업로드할 수 있어 편리합니다.

클라이언트가 원할 경우, 스마트스토어, 쿠팡, 자사몰 등 각 플랫폼의 관리자 페이지에 직접 업로드 대행해 줄 수 있습니다.

□ 클라이언트가 상세 페이지 목적과 사용 플랫폼을 명확히 전달했는가?

□ 작업 시작일과 최종 납품일을 확정했는가?

□ 원고(텍스트)와 이미지 제공 여부를 확인했는가?

□ 상세 페이지 구간(몰입, 혜택, 핵심포인트, 문제, 해결, 후기, 추천) 설계를 공유
    했는가?

□ 수정 요청 횟수와 범위를 미리 합의했는가?

□ 원본 파일(Figma, Photoshop, Illustrator)과 분할 컷을 제공할 계획을 세웠는가?

□ 필요시 스마트스토어, 쿠팡, 자사몰 등 플랫폼 업로드 대행 여부를 확인했는가?

#눈을사로잡는디테일 #정보제공 #정확한메시지

카피라이팅

**소비자의 심리와 행동을 분석하여,
효과적으로 메시지를 전달하는 기술**

좋은 디자인과 톡톡 튀는 카피가 만나면,
그 브랜드는 사람들의 머릿속과 지갑 속에
쏙 들어가는 '최애템'이 됩니다!

디자인 회사에서 카피라이팅을 하냐고요? 맞습니다. '디자인만 잘하면 되는 거 아냐?'라고 생각하셨다면 오해입니다. 클라이언트가 우리에게 기대하는 건 멋진 디자인이 아니라 전달력 있는 결과물이거든요. 그런데 아무리 멋지게 디자인해도 그 안에 들어갈 문장이 엉성하면? 포스터도, 리플렛도, SNS 이미지도 힘을 잃습니다. 그래서 디자이너에게도 카피 감각이 꼭 필요합니다.

카피라이팅(Copy Writing)은 광고물의 일부 글자를 의미하며 네이밍, 상호, 슬로건, 브랜드 스토리텔링, 홍보 글 등이 해당합니다. 설득력 있고 판매에 도움이 되는 효과적인 마케팅을 위한 카피라이팅을 해야 합니다. 기억에 남는 카피라이팅을 위해 다양한 아이디어를 구상하고, 짧은 시간에 관심을 끌 수 있도록 가치 있는 브랜드스토리 작업물을 제안해줍니다.

퀵 미팅
Quick Meeting

소요기간 1일

- 브랜드 및 제품 정보
- 목표 및 타겟 설정
- 사용 목적 및 활용 매체 확인
  (예: SNS, 상세 페이지, 광고, 패키지 등)

견적서 발송

소요기간 1일

- 디자인 방향, 작업 범위, 일정, 수정 횟수 등 확정 견적서 발송

자료분석

소요기간 7일

- 전달 메시지의 핵심 방향을 위한 타사 자료조사
- 자사 브랜드 톤&매너 정의

카피 시안 작성

소요기간 5일

- 헤드카피부터 서브카피까지 구조 설계
- 다양한 버전의 문구 시안 스타일별 제안

**시안 전달 및
피드백**

소요기간 7일

- 클라이언트 확인 후 피드백 수렴
- 어조, 단어 선택, 강조점 등 조율

**최종 수정 및
문장 다듬기**

소요기간 5일

- 문맥 흐름, 리듬감, 강조 키워드 재조정
- 문법, 표현, 마케팅 효과 등을 고려한 세부 다듬기

- 텍스트만 납품 또는 디자인과 함께 삽입 납품
- 플랫폼에 최적화된 형태로 가공 가능
  (예: SNS용 짧은 문구, 상세 페이지용 스토리텔링 등)

전체 소요 기간은 클라이언트의 피드백 속도에 따라 달라질 수 있으며, 디자인의 난이도, 요청 범위, 수정 횟수, 자료 제공 시점, 내부 승인 절차 등 다양한 요소에 의해 유동적으로 변동될 수 있습니다.

Step 2 카피라이팅 항목 이해하기

카피라이팅에도 목적과 대상에 따라 다양한 유형이 있습니다. 브랜드의 정체성을 알리고 소비자의 관심을 끌기 위해서는 전달하고자 하는 메시지와 사용하는 매체에 맞는 전략이 필요합니다. 예를 들어 브랜드 이름이나 슬로건은 기억과 인상을 남기는 역할을 하고, 광고 문구는 소비자의 행동을 유도하며, 상세 페이지와 웹 카피는 제품의 특징과 혜택을 설득력 있게 전달할 수 있어요. 패키지 문구와 SEO 카피는 제한된 공간과 검색 환경에 맞춰 정보를 효율적으로 전달하는 데 초점을 둡니다. 아래에 목적과 매체별로 대표적인 카피 유형을 정리해 봤어요.

① 로고 네이밍(Brand Naming)
브랜드, 제품, 서비스의 정체성을 담은 이름 개발
간결하고 기억하기 쉬우며, 차별화된 네이밍이 핵심

② 슬로건 / 브랜드 메시지(Slogan / Tagline)

브랜드의 가치를 짧고 강력하게 전달

감성 자극 or 기능 강조 등 전략에 따라 스타일이 달라짐

예시: "OO 브랜드는 당신의 하루를 빛나게 합니다."

③ 광고 카피(Advertising Copy)

인쇄광고, 포스터, 배너, SNS 콘텐츠 등에서 소비자의 주목과 반응을 유도하는
문장

예시: "OO 없으면 5년 늙습니다! 지금 한정 할인!"

④ 상세 페이지 / 웹 카피(Product Detail Copy)

제품의 특징을 설득력 있게 전달

문제제기 → 해결 → 혜택 제시 → CTA 흐름으로 구성

사용자 중심 예시: "3초 만에 간편 설치, 누구나 쉽게 사용 가능"

후기 강조 예시: "10만 개 이상 판매! 고객 만족도 98%"

⑤ 패키지 문구 / 설명 카피(Packaging Copy)

한정된 공간 안에서 브랜드 톤앤매너와 제품 정보를
조화롭게 배치해야 함(ex. 친근 / 고급 / 유머 등)

"매일 아침을 상쾌하게, 자연을 담은 유기농 치약" → (자연친화적, 신뢰 강조)

⑥ SEO(검색엔진 최적화) 카피

웹사이트, 블로그, 상세 페이지에서 검색 순위를 높이기 위해 키워드를 포함한 카피.

예시: "최고의 가성비 무선 이어폰 추천! 가격, 음질, 배터리 비교"

Q. 디자이너가 카피라이팅을 알면 좋은 점은 뭐예요?

디자이너는 시각적 요소를 통해 메시지를 전달하는 역할을 하지만, 카피라이팅을 함께 이해하고 활용할 수 있다면 훨씬 더 강력한 디자인을 만들 수 있습니다. 디자인과 텍스트는 서로 독립적인 것이 아니라 하나의 목표를 향해 협력해야 하는 요소이기 때문입니다.

- 디자인만 있는 상세 페이지:

"비주얼은 멋진데, 이게 뭔지 모르겠어."

- 텍스트만 있는 상세 페이지:

"내용은 좋은데, 너무 많아서 안 읽고 싶어."

그래서 디자이너가 카피라이팅을 이해하고 활용할 줄 안다면 사용자의 시선을 끌고 행동을 유도하는 전략적인 디자인을 완성할 수 있습니다.

요즘은 AI가 카피라이팅도 매우 수준급으로 잘해주기 때문에, 이를 적극 활용하는 것도 좋은 방법입니다. 단, 여러분이 컨셉을 완전히 이해해야 그에 맞는 프롬프트를 작성할 수 있고 좋은 카피를 뽑아낼 수 있습니다. 따라서 디자이너가 카피라이팅을 이해하고 활용할 수 있다면 더욱 전략적이고 효과적인 디자인을 만들어 낼 수 있겠죠.

Q. 다양한 작업물 중 한 줄가량의 카피문구도 저작권이 있나요?

네, 카피라이팅도 저작권 보호를 받을 수 있습니다. 비록 짧은 문장이라 하더라도 창작성이 인정되는 표현이라면 저작권이 성립하며, 무단 사용 시 법적 책임이 따를 수 있습니다. 누군가 마음에 든다고 해서 허락 없이 가져다 쓰면 문제가 될 수 있어요.

① 카피도 창작물이기 때문에 저작권이 생긴다.
② 그냥 가져다 쓰면 문제가 될 수 있다.
③ 상업적으로 쓰려면 만든 사람의 동의나 계약이 필요하다.

카피라이팅의 최종 납품물은 클라이언트의 마케팅 목표 달성에 직접적으로 기여하는 완성도 높은 제안서이자 실행 가능한 전략적 결과물이어야 합니다. 각 문장과 표현에는 타겟 분석, 메시지 구조 설계, 브랜드 톤 유지, 행동 유도 전략 등이 충분히 반영되어 있어야 하며 동시에 짧은 문장이라도 그 가치가 명확하게 드러나도록 설계하여 클라이언트가 단순히 '돈 주고 문장 몇 개를 만든 것'이라는 인상을 받지 않도록 하는 것도 디자이너의 중요한 역할입니다.

실제 적용 가이드를 제공하면 클라이언트의 신뢰도가 높아집니다. 문구 배치, 톤앤매너, 해시태그 예시, 광고 헤드라인／바디 카피 활용법 등 간단한 적용 가이드를 제공해 주세요.

실전 TIP

PPT 제안서 형태로 제작해서 납품하는 것이 좋습니다.
카피 문구의 사용 매체(온라인·오프라인, 광고·홍보 등)를 계약서에
명확히 기재하세요.

□ 짧은 문장이라도 설득력과 브랜드 가치를 충분히 담았는가?

□ 클라이언트가 원하는 톤, 메시지, 전달 목적을 명확히 확인했는가?

□ 작업 시작일과 납품일을 확정했는가?

□ 최종 납품 파일 형식(텍스트, 문서, 디자인 삽입 등)을 정리했는가?

□ 카피 저작권과 상업적 사용 권한을 명확히 합의했는가?

#글이생명 #카피는언어로된메시지다 #카피와디자인의합

SNS 홍보 콘텐츠

SNS 홍보 콘텐츠를
효과적으로 다루고 대응하는 법

요즘 사람들, 관심 없으면 1초 만에 넘겨요.
눈을 사로잡고, 좋아요를 부르고,
공유까지 이끄는 콘텐츠.
디자이너가 책임집니다.

우리 SNS 좀 살려주세요! 요즘 디자인 회사에 가장 많이 들어오는 요청입니다. 로고보다 먼저 보이는 게 인스타 피드, 명함보다 먼저 기억되는 게 짧은 릴스 영상이잖아요. SNS 숏폼 콘텐츠는 이제 브랜드의 첫인상, 그 자체가 되었죠. SNS는 단순한 게시판이 아닙니다. 브랜드가 말을 걸고, 소비자가 반응하는 가장 빠르고 감성적인 소통 창구예요. 잘 만든 콘텐츠 하나면 광고비 안 써도 입소문이 나고 브랜드 이미지와 소비자 반응이 동시에 '빵' 터질 수 있습니다. 이젠 SNS 잘하는 브랜드가 먼저 기억됩니다.

Step 1 **SNS 홍보 콘텐츠 디자인 프로세스**

퀵 미팅 **Quick Meeting** 소요기간 1일	- 목적 확인: 인지도 향상, 제품 홍보, 팔로워 유도 등 - SNS 채널 파악: 인스타그램, 유튜브, 블로그, 네이버 포스트, 틱톡 등 - 톤 & 무드 요청: 밝고 경쾌 / 고급스러움 / 친근함 등 - 시리즈 구성 제안
견적서 발송 소요기간 1일	- 디자인 방향, 작업 범위, 일정, 수정 횟수 등 확정 견적서 발송
콘텐츠 기획 및 흐름 설계 소요기간 7일	- 콘텐츠 유형 선정 예) 카드뉴스 / 릴스 / 제품 소개 / 브랜드 소개 / 이벤트 홍보 - 참고 콘텐츠 조사 분석

스토리보드 or 썸네일 초안 공유

소요기간 5일

– 초안 제시
– 게시물 흐름, 구도, 텍스트 배치, 느낌 등 반영

SNS 홍보콘텐츠 디자인 제작

소요기간 7일

– 정식 디자인 시작: 이미지, 아이콘, 타이포, 움직임 요소 등 제작

수정 및 보완 작업

소요기간 5일

– 클라이언트와 피드백 라운드
– 필요한 경우 포맷별 재구성

본 디자인 완성

소요기간 3일

– 최종본과 원본 구분
– 최종본 납품: JPG, PNG, PDF(용도별)
– 원본파일(AI, PSD 등): 계약 시 제공 여부 명확히!

납품 및 업로드 지원

소요기간 1일

– 파일 포맷: PNG / JPG / GIF / MP4 / PSD 등 요청대로 제공
– 문구 / 해시태그 제안 포함 가능

전체 소요 기간은 클라이언트의 피드백 속도에 따라 달라질 수 있으며, 디자인의 난이도, 요청 범위, 수정 횟수, 자료 제공 시점, 내부 승인 절차 등 다양한 요소에 의해 유동적으로 변동될 수 있습니다.

SNS 홍보 콘텐츠 디자인에서 사이즈는 효율과 퀄리티를 동시에 좌우하는 핵심 요소예요. 사이즈를 미리 맞추지 않으면 업로드 후 잘리거나 흐려져서 다시 작업해야 하는 상황이 생깁니다. 한 번에 맞는 규격으로 제작하면 두 번, 세 번 작업할 필요 없이 시간과 에너지를 절약할 수 있죠. 또한 공식 가이드라인에 맞춘 콘텐츠는 화면에서 깔끔하게 보이고 브랜드 신뢰도를 높여줍니다.

SNS 플랫폼에서 제공하는 권장 해상도 및 비율

1. 인스타그램(Instagram)

콘텐츠 유형	콘텐츠 유형	비율	비고
피드 정사각형	1080 × 1080	1:1	기본 포맷, 카드뉴스에 적합
피드 세로형	1080 × 1350	4:5	더 많은 화면 공간 차지
피드 가로형	1080 × 566	1.91:1	가로 콘텐츠용
스토리 / 릴스	1080 × 1920	9:16	전체 화면 콘텐츠
릴스 커버 썸네일	1080 × 1920	9:16	피드 미리보기 시 잘릴 수 있음
하이라이트 커버	1080 × 1080	1:1	동그라미 영역 내 중심 정렬 필요

2. 페이스북(Facebook)

콘텐츠 유형	권장 사이즈(px)	비율	비고
이미지 게시물	1200 × 630	1.91:1	공유용 썸네일도 동일 비율
피드 정사각형	1080 × 1080	1:1	카드뉴스나 시리즈에 적합
스토리	1080 × 1920	9:16	인스타와 동일 사용 가능
커버 이미지	1200 × 675 이상	16:9	그룹 / 페이지 커버 참고

3. 유튜브(YouTube)

콘텐츠 유형	권장 사이즈(px)	비율	비고
썸네일	1280 × 720	16:9	JPG / PNG, 2MB 이하
쇼츠(Shorts)	1080 × 1920	9:16	모바일 전용 짧은 영상
채널 아트(배너)	2560 × 1440	9:16	전체 배경 이미지(TV 대응용)
쇼츠 커버 이미지	없음(자동 생성)	—	썸네일 별도 설정 불가

4. 틱톡(TikTok)

콘텐츠 유형	권장 사이즈(px)	비율	비고
영상 업로드	1080 × 1920	9:16	최대한 전체화면에 맞춤
프로필 이미지	200 × 200 이상	1:1	원형으로 표시됨

콘텐츠 종류에 따른 구분

1	카드뉴스 제작	– 여러 장의 이미지를 카드처럼 이어 붙여 메시지를 전달하는 시각형 콘텐츠 – 주로 SNS에서 정보, 팁, 뉴스 등을 쉽게 전달할 때 사용	1080 × 1080px 1080 × 1350px	인스타그램, 페이스북, 블로그
2	릴스 / 숏폼 제작	– 15~60초 정도의 짧은 동영상 콘텐츠 – 틱톡, 인스타그램 릴스, 유튜브 쇼츠 등에서 소비자의 관심을 빠르게 끌기 위해 제작	1080 × 1920px 15초~60초 사이	인스타그램, 틱톡, 유튜브
3	웹 배너	– 웹사이트 상단이나 사이드에 배치되는 광고용 그래픽 – 클릭 유도(CTA)와 브랜드 노출 목적	① 1920×600 (메인 배너) ② 1080×400 (쇼핑몰 배너) ③ 728×90 (표준 광고 배너) ④ 1200×628 (SNS 공유용 배너)	자사몰, 블로그
4	웹 플라이어	– 온라인 배포용 전단지 – 이벤트, 세일, 제품 홍보 등을 시각적으로 안내	① 1080×1350 (인스타 피드 대응) ② 1240×1754 (A4 비율) ③ 800×1200 (모바일용 전단)	SNS DM, 톡채널
5	GIF 콘텐츠	– 짧은 반복 동영상 형식의 이미지 – 움직임으로 시선을 끌고 메시지를 강조	① 1080×1080 (정사각형) ② 600×800 (스토리형) ③ 1200×628 (웹광고용) 5MB 이하를 권장	웹사이트, SNS

디자인 창업의 모든 것

| 6 | 썸네일 | – 영상, 블로그, 게시물 등의 대표 이미지
– 클릭을 유도하고 콘텐츠의 핵심을 직관적으로 전달 | ① 1280×720
(유튜브 썸네일)
② 1200×675
(블로그 대표 이미지)
③ 1080×1080
(인스타 릴스 썸네일) | 유튜브,
블로그 |

실전 TIP

정적 콘텐츠(이미지 중심)와 동적 콘텐츠(영상, 인터랙션 중심)가 있으니 클라이언트와 상의하에 제작해 주세요. 콘텐츠별 사이즈와 포맷 규격을 미리 확인해 바로 업로드 가능하게 준비하세요.

Step 3 디자인 툴

정적 콘텐츠 제작용 프로그램	내용
	① 피그마: 웹 기반이라 실시간 협업 / 검수에 강함
	디자인 시스템화, 컴포넌트 활용 가능, 반복되는 상세 페이지 레이아웃을 빠르게 만들 때 효율적
	이미지 보정·합성에는 약함 → 보정은 포토샵 병행 필요
	② 포토샵: 쇼핑몰 상세 페이지, 배너, 썸네일 제작 가능하면서 이미지 보정, 합성 등 가능

동적 콘텐츠 제작용 프로그램	내용
	① 애프터이펙트: 포토샵, 일러스트 파일 연동하여 인트로, 아웃트로 제작 ② 프리미어: 실제 촬영 영상 중심의 편집(브이로그, 제품 사용 영상 등)

실전 TIP

반복 사용, 시즌별 업데이트, 응용 가능성을 고려해 원본 파일과 레이어 구조를 나누면서 작업하세요.

Q. 위의 프로그램을 잘 다루지 못한다면?

"저는 이런 거 못해요~" 하고 그냥 넘기지 마세요! 요즘은 혼자 다 잘할 필요 없습니다. 모션그래픽이나 영상 편집이 어렵다면 영상 프리랜서나 외주 편집자와 협업하면 됩니다. 요즘 디자인은 내가 하고, 모션만 외주로 맡기는 분업 구조로 운영되는 스튜디오도 많아요. 이때 예산 설계가 핵심입니다. 전체 프로젝트 비용 중 외주비에 얼마를 배정할지, 내가 직접 하는 부분과 맡기는 부분을 어떻게 나눌지 잘 계산해야 합니다. 외주 단가를 무조건 '싼 맛'으로 고르기보다는, 소통이 잘 되는 파트너와 협업하세요.

SNS 홍보 콘텐츠 디자인은 단순 파일 전달이 아니라 클라이언트가 바로 활용할 수 있고, 전략적 가치를 이해할 수 있는 형태로 납품하는 것이 중요합니다.

최종 파일 형식

이미지 콘텐츠는 PNG / JPG / GIF, 영상 콘텐츠는 MP4 등 플랫폼 규격에 맞춰 제공. 인스타그램, 페이스북, 틱톡 등 채널별 사이즈와 비율에 맞춰 분할·편집한 원본파일 소장.

제안서 포함:	콘텐츠 목적, 타겟, 메시지 흐름, CTA 등을 정리한 간단한 설명 제공
추가 요청 대응:	시즌별 업데이트나 다른 채널용 재가공 가능성을 고려해 파일 구조 설계
저작권 명시:	이미지, 영상, 폰트, 음악 등 사용한 모든 리소스의 상업적 사용 권한 확인

- □ 콘텐츠 목적과 타겟, 전달 메시지, CTA를 명확히 정의했는가?

- □ SNS 채널별 권장 사이즈와 비율(인스타, 페이스북, 유튜브, 틱톡 등)에 맞춰 제작했는가?

- □ 정적(이미지)과 동적(영상 / 모션) 콘텐츠 구분 및 툴(포토샵, 피그마, 프리미어, 애프터이펙트) 선택이 적절한가?

- □ 스토리보드, 썸네일 초안 등을 통해 클라이언트 피드백을 반영했는가?

- □ 시즌별 업데이트, 다른 채널 재가공 가능성을 고려한 파일 구조를 설계했는가?

- □ 이미지, 영상, 폰트, 음악 등 모든 사용 리소스의 상업적 사용 권한을 확인하고 명시했는가?

#SNS스타그램 #콘텐츠기획러 #짧지만강력

06   **PPT 피치덱**

슬라이드 한 장이
기회를 만든다

PPT는 단순한 발표용 도구가 아니라,
창업가의 전략과 감각을 시각화하는 무기입니다.
기획력, 디자인, 논리 구조가 하나로 연결되는
'브랜드형 피치덱'을 제작해주세요!

디자인 창업을 하다 보면 PPT 디자인 의뢰가 정말 많이 들어옵니다. 기업, 스타트업, 개인 브랜드 모두 투자 유치, 사업 제안, 제품 소개, 교육 자료 등 다양한 목적으로 고퀄리티 PPT를 필요로 하기 때문이죠. 사실 'PPT'는 마이크로소프트 파워포인트의 줄임말이지만 여기서는 발표용 제안서, 투자 기획서, 보고서 등 한눈에 딱! 핵심을 전달하는 '시각 자료'를 뜻한다고 보면 됩니다. 특히 사업 준비나 투자 유치 시에는 사업계획서도 중요하지만 제한된 시간과 페이지 안에서 명확하고 매력적으로 내용을 전달해야 하는 PPT 제작이 더욱 까다롭죠. 그럼 지금부터 PPT 피치덱의 세계에 함께 발을 들여봅시다.

Step 1 PPT 피치덱 디자인 프로세스

퀵 미팅
Quick Meeting

소요기간 1일

- 클라이언트의 피치덱 목적, 대상, 주요 메시지 확인
- 슬라이드 분량, 스타일, 브랜드 가이드라인 요청
- 참고 자료 및 기존 파일(있는 경우) 수집
- 예상 일정, 예산, 수정 횟수 협의

견적서 발송

소요기간 1일

- 디자인 방향, 작업 범위, 일정, 수정 횟수 등 확정 견적서 발송

기획안 및 스타일 가이드 제안

소요기간 7일

- 전체 슬라이드 구성안(목차, 흐름) 간단히 제시
- 컬러, 폰트, 이미지 톤 등 디자인 스타일 방향 공유
- 클라이언트 피드백 받아 확정

초안(1차 시안) 제작	– 핵심 슬라이드 3~5장 정도로 대표 디자인 시안 제작
	– 텍스트 배치, 레이아웃, 그래픽 스타일 확인용
소요기간 5일	– 클라이언트에 전달 후 의견 수렴

본 작업
소요기간 10일
- 1차 시안 피드백 반영해 전체 페이지 디자인 완료
- 아이콘, 인포그래픽, 차트 등 시각 요소 제작 포함
- 브랜드 가이드라인, 이미지 품질 점검

검수 및 수정
소요기간 5일
- 클라이언트와 피드백 라운드
- 내용 수정, 디자인 디테일 보완
- 최종본 확정

납품
소요기간 1일
- 최종 파일 형식 전달(PPT, PDF 등 요청에 따라)
- 필요시 인쇄용 PDF, 발표용 영상 파일 추가 제공
- 원본 파일(편집용) 및 폰트, 이미지 라이선스 자료 제공 여부 확인
- 납품 완료 확인 및 후속 문의 대응

* 폰트 포함 여부, 이미지 링크 깨짐 등 체크한 후 송부

전체 소요 기간은 클라이언트의 피드백 속도에 따라 달라질 수 있으며, 디자인의 난이도, 요청 범위, 수정 횟수, 자료 제공 시점, 내부 승인 절차 등 다양한 요소에 의해 유동적으로 변동될 수 있습니다.

실전 TIP

페이지 분할에서는 정리된 원고를 슬라이드 단위로 나눕니다. 한 슬라이드 당 견적을 책정하세요.

디자인 창업이나 비즈니스를 한다면, PPT 피치덱을 만들기 전에 어떤 유형의 자료가 필요한지 먼저 이해하는 것이 중요합니다. 투자자를 설득할 때와 파트너에게 회사 소개를 할 때, 소비자에게 제품을 소개할 때 요구되는 목적과 구성 방식이 다르기 때문입니다. 예를 들어, 투자유치를 위한 IR 자료는 재무 계획과 시장 분석을 한눈에 보여줘야 하고, 제품 소개용 피치덱은 이미지와 시각 자료로 직관적으로 이해되도록 구성해야 하죠. 즉, 피치덱 유형을 먼저 알고 있어야 목적에 맞는 메시지와 디자인 전략을 세울 수 있고, 결과적으로 자료의 설득력과 효과가 달라집니다. 비즈니스를 하는 사람이라면, PPT를 만들 때 '무슨 자료를, 누구에게, 어떻게 보여줄 것인가'를 먼저 고민하는 것이 성공적인 피치덱 제작의 출발점이라고 할 수 있어요.

1. 회사소개서 / 브랜드 소개

스타트업이나 기업이 투자자나 파트너에게 우리 브랜드를 제대로 보여주고 싶을 때 만드는 PPT예요. 핵심 메시지가 잘 보이면서, 브랜드 느낌도 살아 있어야 합니다.

2. 사업 제안서 / 프로젝트 기획서

정부 과제나 기업 제안, 협업 프로젝트처럼 설득력이 중요한 자료에 쓰이는 PPT예요. 글만 잔뜩 있는 자료를 보기 좋게, 이해하기 쉽게

PDF나 인포그래픽으로 바꿔주는 게 포인트입니다.

3. 제품 / 서비스 소개

제품이나 서비스를 소개하면서, 소비자나 투자자가 바로 이해하고 설득될 수 있게 만드는 PPT예요. 이미지, 아이콘, 차트 등을 활용해서 한눈에 쏙 들어오도록 구성합니다.

4. 교육 자료 / 강의 자료

학교, 강사, 기업 교육팀 등에서 요청하는 자료로, 보기 좋고 이해하기 쉬워야 하죠. 디자인이 일관되고, 정보가 직관적으로 전달되는 게 중요합니다.

이미지 출처: andplandesign.com
(Commissioned by Gwangju Technopark, PPT Project)

5. IR 자료(투자유치용)

스타트업이 투자자를 설득하려고 만드는 PPT예요. 비즈니스 모델, 시장 분석, 재무 계획 등을 담되, 보기 쉽게 디자인하고 데이터는 직관적으로 보여주는 게 중요합니다.

사용하는 프로그램	내용
	①일러스트레이터: 정밀한 그래픽 작업, 세밀한 슬라이드 제작 가능, 아이콘, 다이어그램을 직접 제작하여 편집 ②파워포인트: 최종 파일 제출용
	① 피그마: 웹 기반 발표용으로만 의뢰받았을 시 실시간 협업 강점 커스텀 디자인, 그래픽 요소 삽입에 유리 ② 파워포인트: 최종 파일 제출용

최종 산출물을 PPT 형식으로 제작한 이유는 대부분의 기업 및 공공기관에서 공통적으로 사용되는 범용 포맷으로, 높은 호환성과 활용성을 갖추고 있기 때문입니다. 그래픽 프로그램을 통해 디자인 작업을 완료한 후, JPEG 형식으로 변환하여 PowerPoint에 적용하는 것을 추천합니다.

무료 템플릿부터 AI가 자동으로 디자인을 도와주는 서비스도 많아졌답니다!
Pitch.com이나 감마(gamma.app) 같은 툴을 활용하면 좀 더 쉽고 빠르게
멋진 피치덱을 만들 수 있어요.

Step 4 고퀄리티 PPT 피치덱

일반적으로 누구나 간단한 이미지는 만들 수 있어요. AI가 있고,
PPT 프로그램 조금만 다룰 줄 알면 기본적인 자료는 가능합니다. 하지
만 디자인 창업을 하는 창업가라면 만들기만 하는 수준이 아니라 전문
적으로 메시지를 전달하고 브랜드 정체성을 살리는 PPT를 제작할 줄
알아야 합니다. 비즈니스용 PPT는 전문성이 중요해서 가독성 좋고 브
랜드 느낌이 잘 담긴 디자인이 필요하거든요. 일반 사람들은 핵심 메시
지를 살리는 레이아웃, 컬러, 폰트 조합 등을 잘 만들기 어렵기 때문에,
단순한 템플릿이 아니라 클라이언트의 컨셉과 목적에 딱 맞는 맞춤형
PPT를 만들 수 있어야 합니다.

더 깊이 있게 들어가서 '와, 이건 진짜 브랜드다!'라는 인상을 주고
싶다면, 앞서 소개한 것처럼 일러스트레이터를 활용해 맞춤형 그래픽으
로 섬세한 작업을 진행하세요. PPT 피치덱에 쓸 이미지는 포토샵에서
이미지 보정 및 합성도 진행합니다.

마지막으로 파워포인트의 애니메이션을 활용해 부드럽고 세련된

전환 효과를 더하면, 디자인과 발표가 모두 완벽한 프레젠테이션이 탄생합니다.

Step 5 최종 납품

최종 납품 시에는 클라이언트가 요청한 포맷, PPTX 형태로 파일을 제공해야 합니다. 이때 이미지, 차트, 아이콘, 폰트 등 사용된 모든 요소가 제대로 포함되어 있는지 꼼꼼히 확인하는 것이 중요합니다.

일러스트레이터에서 제작한 파일을 JPEG 형식으로 변환한 뒤, 이를 PPT에 삽입하여 활용합니다. 수정이나 추가 제작이 필요할 경우, 디자이너가 원본 파일에서 직접 작업한 뒤 JPEG로 변환하여 클라이언트에게 전달하는 방식이 권장됩니다. 이 과정에서 사용된 이미지, 아이콘, 폰트 등 모든 리소스의 상업적 사용 권한을 확인하여 클라이언트가 안전하게 활용할 수 있도록 안내해야 합니다. 특히 PPT 파일을 전달해야 할 때는 '고급 옵션'에서 '글자 포함'을 체크하여 폰트가 깨지지 않도록 주의해야 합니다. 이는 클라이언트가 다른 컴퓨터에서 열었을 때, 폰트 깨짐 현상을 방지하기 위해 필수적인 과정입니다.

이처럼 PPT 피치덱만 잘 만들어도 '입소문 마케팅'이 터질 수 있습니다. "너네 피치덱 어디서 했어?"라는 스타트업 업계에서 자주 나오는 질문! 명함보다 피치덱 포트폴리오 하나가 더 강력한 영업 수단이 될 수 있어요. 그리고 보통 피치덱은 대표, CEO, 기획자, 마케터가 직접 발표하죠. 핵심 관계자가 직접 디자인 퀄리티를 느끼게 되는 콘텐츠예요. 만족도 높으면 "다른 프로젝트도 맡겨볼까?"로 이어집니다. 디자인으로 성과를 만들어주는 피치덱, 이 시장에서 꽤 강력한 무기가 될 수 있어요.

□ 피치덱 목적과 대상, 핵심 메시지가 명확한가?

□ 전체 슬라이드 흐름과 구성은 목적에 맞게 설계되었는가?

□ 사용한 모든 리소스의 상업적 사용 권한이 확인되고 명시되었는가?

□ 수정, 추가 제작, 발표용과 인쇄용 파일 제공 가능성을 고려했는가?

□ 애니메이션과 전환 효과가 핵심 메시지 강조와 발표 흐름에 적절한가?

#투자자의시선을훔쳐라 #디자인으로설득하기 #한눈에꽂히는피치덱

07

인포그래픽

보이는 데이터,
팔리는 아이디어

복잡한 정보를 한눈에, 브랜드의 스토리를 한 컷에.
인포그래픽은 창업자의 아이디어를 시각적으로
설득력 있게 전달하는 도구입니다.
슬라이드, SNS, 브로슈어, 피치덱 어디에든
강력한 한 장의 힘을 더하세요.

인포그래픽inforgraphic은 Information과 Graphics의 합성어로 정보를 빠르고 직관적으로 전달하기 위해 시각적 그래픽을 활용하여 표현하는 것을 뜻합니다. 디자이너는 이런 정보를 시각적으로 한눈에 보여주는 인포그래픽을 제작하는 작업을 자주 합니다. 기업은 많은 숫자와 글을 보기 쉽게 도표로 정리한 자료를 필요로 하기 때문이에요. 보통 도표, 그래프, 도형 등을 활용하는 이미지 그래픽과 브랜드 아이덴티티 정보를 전달할 수 있는 모션그래픽으로 개발할 수 있습니다.

Step 1 인포그래픽 디자인 프로세스

퀵 미팅
Quick Meeting

소요기간 1일

- 클라이언트와 간단한 미팅 진행
- 목적(홍보, 교육, 보고 등), 타겟, 전달할 핵심 메시지 파악
- 인포그래픽 유형(정적 이미지 / 동적 영상) 확인
- 산출물 크기(포스터, 웹용, 영상 길이 등), 사용 채널(인쇄 / 웹 / 영상) 협의
- 자료 제공 여부(데이터, 텍스트, 이미지 등), 마감 일정, 예산 확인

견적서 발송

소요기간 1일

- 디자인 방향, 작업 범위, 일정, 수정 횟수 등

자료분석
및 정보구조 설계

소요기간 3일

- 클라이언트가 제공한 데이터 및 콘텐츠 분석
- 핵심 정보 추출 및 불필요한 내용 정리
- 정보의 흐름과 스토리라인 설계
- 정적 인포그래픽: 시각적 레이아웃 중심
- 동적 인포그래픽: 시나리오·스토리보드 초안 작성

컨셉 및 디자인 방향 제안 소요기간 3일	– 브랜드 가이드라인 및 클라이언트 요구 반영 – 컬러, 폰트, 아이콘 스타일, 그래픽 톤 등 디자인 방향 설정 – 정적 인포그래픽: 레이아웃 및 주요 그래픽 스타일 제안 – 동적 인포그래픽: 애니메이션 스타일, 전환 효과 방향 포함 – 클라이언트 피드백 수렴 후 확정
시안 제작 소요기간 5일	– 정적 인포그래픽: 대표 섹션 또는 주요 화면 시안 제작 – 동적 인포그래픽: 주요 장면에 대한 스토리보드 또는 간단한 모션 샘플 제작 – 시각적 요소(아이콘, 차트, 그래프) 초안 포함 – 클라이언트에 시안 전달 및 의견 수집
본 작업 진행 소요기간 7일	– 1차 시안 피드백 반영하여 전체 작업 완성 정적 인포그래픽: 고해상도 그래픽 작업, 텍스트 최종 배치 동적 인포그래픽: 애니메이션 작업, 내레이션, 배경음악 등 멀티미디어 요소 편집 * 필요시 영상 길이 및 인쇄 해상도 최종 점검
중간 검토 및 수정 소요기간 5일	– 클라이언트와 중간 결과물 검토 미팅 진행 – 색상, 내용, 애니메이션 속도, 레이아웃 등 세부 수정사항 확인 – 수정 요청 반영 및 최종화 준비 – 정적 인포그래픽: 인쇄 시 컬러 모드(CMYK) 및 해상도 점검 – 동적 인포그래픽: 영상 포맷, 자막, 음향 품질 확인
최종 검수 및 승인 소요기간 2일	– 최종본 클라이언트 전달 – 오탈자, 디자인 완성도, 기능(영상 재생 등) 최종 확인 – 수정 요청(최소화 권장) 및 최종 승인 획득
납품 및 사후관리 소요기간 2일	– 산출물 파일 전달(정적: AI, PDF, JPG / 동적: MP4, MOV 등) – 인쇄용 데이터 및 웹용 이미지 별도 제공 여부 확인 – 원본 파일 및 관련 소스 전달 – 추가 문의 및 수정 요청 대응 – 필요시 후속 프로젝트 제안

전체 소요 기간은 클라이언트의 피드백 속도에 따라 달라질 수 있으며, 디자인의 난이도, 요청 범위, 수정 횟수, 자료 제공 시점, 내부 승인 절차 등 다양한 요소에 의해 유동적으로 변동될 수 있습니다.

인포그래픽에는 여러 유형이 있습니다. 전달하려는 정보와 목적에 따라 어떤 방식으로 시각화할지가 달라져요. 숫자, 과정, 비교, 순서, 구조처럼 정보 종류에 맞는 인포그래픽을 골라야 메시지가 깔끔하게 전달되고, 보는 사람도 한눈에 이해할 수 있어요. 잘못 선택하면 오히려 정보가 헷갈리고 설득력이 떨어지죠.

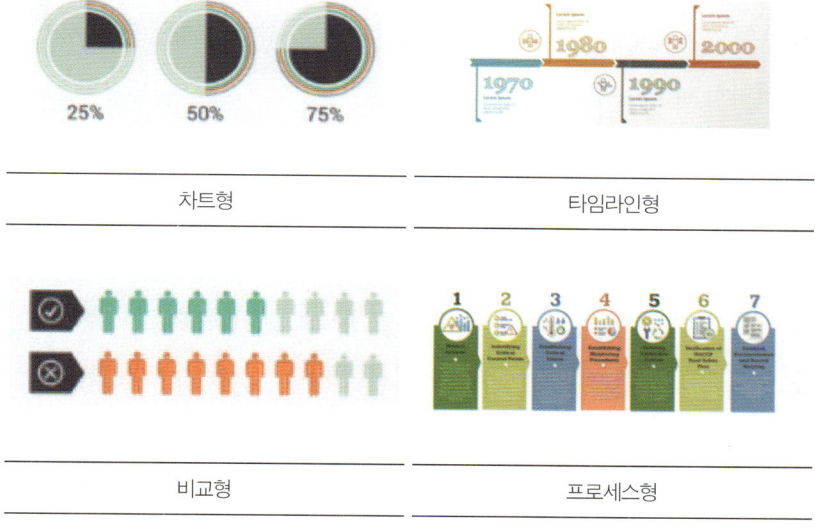

차트형	타임라인형
비교형	프로세스형

이미지 출처: 프리픽(https://www.freepik.com)

차트형은 수치, 통계, 조사 결과 등을 시각화하여 데이터를 한눈에 이해할 수 있도록 표현하는 방식으로, 막대그래프, 원형그래프, 선그래프 등 다양한 형태를 활용합니다.

타임라인형은 시간의 흐름에 따라 사건, 프로젝트 단계, 역사적 변화 등을 순차적으로 정리해 정보의 연속성과 흐름을 명확히 전달하는 인포그래픽 유형입니다.

비교형은 두 개 이상의 개념, 제품, 서비스, 옵션 등을 나란히 비교하여 장단점, 차이점, 특징 등을 직관적으로 보여주는 방식으로, 의사결정이나 분석 자료에 유용합니다.

프로세스형은 업무 흐름, 단계별 절차, 시스템 작동 방식 등 순차적 과정을 단계별로 시각화하여 이해도를 높이고, 복잡한 과정을 체계적으로 로 설명할 때 활용됩니다.

차트형	데이터 시각화(그래프, 통계 자료)
타임라인형	연대기 정리(이벤트 흐름, 역사 정리)
비교형	두 가지 이상의 개념을 비교하는 형식
프로세스형	단계별 과정 설명

인포그래픽 포스터는 일반 포스터와 다릅니다. 일반 포스터는 이미지와 컬러, 레이아웃으로 시선을 확 끌고 메시지를 빠르게 전달하는 게 목적이에요. 이벤트나 제품, 서비스 같은 내용을 한눈에 보여주는 데 좋지만, 정보가 많아지면 메시지가 흩어져 전달력이 떨어질 수 있죠.

반면 인포그래픽 포스터는 숫자, 데이터, 과정, 비교 등 복잡한 정보를 한눈에 보여주는 게 핵심입니다. 차트, 그래프, 아이콘 같은 시각 요소를 활용해 보는 사람이 바로 이해할 수 있도록 구성하죠. 교육 자료, 보고서, 마케팅 자료처럼 설득력 있는 정보 전달이 필요할 때 강력하게 쓰입니다. 간단히 말하면 일반 포스터는 '보여주고 알리는' 역할에 집중하고, 인포그래픽 포스터는 '복잡한 정보를 쉽게 이해시키기'에 초점을 둡니다.

구분	일반 포스터	인포그래픽 포스터
목적	주로 이벤트, 광고, 홍보 등 특정 메시지 전달	복잡한 정보를 시각적으로 쉽게 전달
내용	이미지 중심, 감성적·직관적 표현	데이터, 통계, 프로세스 등 정보 중심 구성
디자인 특징	크고 눈에 띄는 타이틀, 사진, 일러스트 활용	아이콘, 차트, 그래프, 도형 등 시각적 요소 활용
정보 전달 방식	메시지 강조, 감성적 호소	정보 구조화, 단계적 설명, 이해 용이
활용분야	공연, 영화, 콘서트, 행사, 제품 홍보, 캠페인 등 광고 포스터	회사 연혁, 조직도, 업무 프로세스 설명 자료, 정책 안내 및 데이터 보고서

1. 일반 포스터 디자인

강렬한 시각 요소: 큰 타이틀, 눈에 띄는 이미지나 일러스트 사용
간결한 메시지: 핵심 문구 위주로 배치하여 한눈에 전달
컬러 대비 활용: 주목도 높은 컬러 조합으로 시선 집중

이미지 출처: 프리픽(https://www.freepik.com)

2. 인포그래픽 포스터

정보 구조화: 큰 제목 → 중간 소제목 → 세부 데이터 순으로 단계적 구성
아이콘과 차트 활용: 복잡한 데이터는 그래프, 원형 차트, 아이콘 등으로 시각화
통일된 색상 체계: 정보별 구분을 위해 색상이나 모양 통일성 유지
가독성 높은 폰트: 작은 텍스트도 명확하게 읽히도록
여백 활용: 정보가 답답하지 않도록 적절한 공간 확보
이미지 출처: 프리픽(https://www.freepik.com)

일반적으로 공공기관, 교육기관, 연구소 등의 기관에서는 인포그래픽 포스터를 더 많이 활용하는 편입니다. 그 이유는 기관이 전달하는 정보가 주로 정책, 연구 결과, 통계, 절차 등 복잡하고 방대한 경우가 많기 때문입니다. 인포그래픽 포스터는 이러한 복잡한 내용을 시각적으로 구조화하여 누구나 쉽고 빠르게 이해할 수 있도록 돕습니다. 또한 객관

적인 데이터와 사실을 근거로 메시지를 전달하기 때문에 신뢰성을 높이는 데 효과적입니다.

아울러 인포그래픽은 오프라인 포스터뿐만 아니라 온라인 보고서, SNS 콘텐츠, 프레젠테이션 등 다양한 매체에서도 활용할 수 있어 활용도가 높습니다. 만약 크기가 작거나 여러 페이지로 구성된 자료라면 '인포그래픽 리플렛'이나 '인포그래픽 자료집' 등이 더 적합할 수 있고, 단일 대형 인쇄물로 한눈에 정보를 보여주려면 '인포그래픽 포스터'가 맞습니다.

반면, 일반 포스터는 주로 행사, 축제, 제품 출시 등 즉각적인 주목을 끌고 감성적인 호소가 필요한 상황에서 많이 사용됩니다. 따라서 기관에서는 정보 전달과 신뢰성 강조가 중요하기 때문에 인포그래픽 포스터를 더 선호할 수 있습니다.

Q. 어떤 프로그램을 사용하나요?

정적 인포그래픽 제작용 프로그램	내용
	① 일러스트레이터: 아이콘, 차트, 도형, 텍스트 등 정밀한 디자인 / 인쇄물 및 디지털 모두에 적합한 고해상도 출력 지원 ② 포토샵: 복잡한 배경이나 사진이 많이 포함된 인포그래픽에 활용
	① 피그마: 웹 기반 협업 툴 / 플러그인 사용 가능 ② 포토샵: 이미지 보장 및 합성 작업

동적 인포그래픽 제작용 프로그램	내용
	애프터이펙트: 데이터 시각화에 애니메이션 효과 숫자, 차트, 아이콘 등이 움직이며 정보가 자연스럽게 전달, 통계 데이터 애니메이션

　　정적인 이미지 인포그래픽과 동적인 모션 인포그래픽은 작업 방식, 요구사항, 제작 과정에서 차이가 큽니다.

구분	정적인 이미지 인포그래픽	동적인 모션 인포그래픽
산출물 형태	이미지 파일(포스터, 웹 이미지 등)	영상 파일(모션 그래픽 영상)
작업기준	크기, 해상도, 인쇄/웹 여부 중심	영상 길이, 시나리오, 음성 및 BGM 포함 여부 중심
필요자료	고해상도 이미지, 그래픽 요소	시나리오, 스토리보드, 그래픽 소스, 내레이션 대본 등
제작 난이도 및 시간	상대적으로 짧고 간단	복잡하고 작업 시간 길고 편집 과정 포함
활용범위	인쇄물, SNS, 웹, 보고서 등	유튜브, SNS 동영상, 광고 영상, 광고 등
사이즈	A4, A3, A2 등 인쇄물 사이즈	1920 × 1080px 등
색상모드	CMYK	RGB
해상도	300dpi 이상	72ppi

실전 TIP

동적 인포그래픽은 애니메이션 속도, 전환 효과, 반복 재생 여부 등 동작 상태를 확인해야 합니다.

Q. 영상에 사용되는 BGM과 더빙은 어떻게 진행되나요?

영상에 사용되는 BGM은 유튜브 무료 음악을 권장드리며 더빙은 원하는 목소리가 있다면 URL주소를 받아 별도의 작업을 해야 합니다. 더빙은 요금이 추가됩니다. 인기 무료 더빙 프로그램은 네이버 클로바

더빙, 구글 텍스트 음성변환, 마이크로소프트 Edge TTS 등이 있어요.

또한 최근 ElevenLabs(일레븐랩스)는 AI 기반으로 손쉽게 음악을 생성할 수 있는 플랫폼입니다. 스튜디오급 품질의 음악을 생성해 영상, 광고, 게임, SNS 등 다양한 콘텐츠에 활용할 수 있으니 참고하세요!

Step 5 최종 납품

일반적으로 인포그래픽은 1건 단위로 과금합니다. 다만 내용량, 데이터 복잡도, 그래픽 디테일, 수정 횟수 등에 따라 견적을 조정할 필요가 있습니다. 동적 인포그래픽의 경우 제작 난이도와 러닝타임에 따라 1건 단위 또는 시간 단위로 과금을 고려할 수 있습니다. 기관에서는 보통 패키지 단위로 견적을 진행하기 때문에, 제작 수량과 기대 퀄리티를 미리 파악한 뒤 최종 납품하는 것이 좋습니다.

이미지 중심 정적 인포그래픽 납품

파일 형식: PNG, JPG, PDF | 해상도는 웹용 72dpi(RGB방식)와

인쇄용 300dpi(CMYK방식)로 나눠 첨부

무빙이미지인 동적 인포그래픽 납품

파일 형식: MP4, GIF, MOV | 애니메이션 포함, 재생 환경에 맞춘 포맷 선택

*파일 용량과 재생 호환성을 확인해 주세요.

□ 정보 유형에 맞는 인포그래픽 형식(차트형, 타임라인형, 비교형, 프로세스형)
  을 선택했는가?

□ 정적 / 동적 콘텐츠 여부에 따라 적절한 툴과 파일 형식을 선택했는가?

□ 정적 인포그래픽은 PNG / JPG / PDF, 원본(AI / PSD) 포함 여부를 확인했는가?

□ 동적 인포그래픽은 MP4 / GIF / MOV / HTML5 등 재생 환경에 맞는 포맷으로 저
  장했는가?

□ 클라이언트 피드백을 반영하고 수정사항을 적용했는가?

□ 최종 납품 시 이미지, 폰트, 아이콘 등 모든 리소스 사용 권한을 확인했는가?

□ 수량, 데이터 복잡도, 수정 횟수 등을 고려해 견적을 적절히 산정했는가?

#시각으로읽는데이터 #한눈에보이는정보 #쉽게전달되는정책

08

캐릭터

캐릭터, 감정을 연결하는 비즈니스 퍼스널리티

요즘 소비자는 좋은 제품뿐만 아니라
'정서적 연결'을 찾습니다.
브랜드가 사람처럼 느껴지고, 말하고,
감정을 표현할 수 있다면 그 브랜드는
더 오래 기억됩니다.
바로 그 역할을 하는 것이 캐릭터입니다.

3장 단계별 디자인 수익화 과정

브랜드에 감정을 입히고 싶을 때 가장 강력한 도구는 바로 '캐릭터' 입니다. 하지만 "캐릭터 하나 그려주세요"라는 의뢰는 결코 단순한 작업이 아닙니다. 고객이 무엇을 원하고, 디자이너가 어디까지 이해해야 하는지를 모르면 예쁘기만 한 캐릭터는 금세 버려지고 맙니다. 캐릭터 의뢰는 브랜드를 설계하는 또 하나의 프로젝트입니다. 이모티콘, SNS, 굿즈, 상세 페이지, 광고 영상까지 아우르는 디지털 환경에서 캐릭터는 창업자의 브랜드를 기억하게 만드는 작고 강력한 브랜드 자산이 됩니다. 많은 기업들이 캐릭터 개발 의뢰를 할 텐데요, 캐릭터 하나를 잘 개발해 놓으면 2D부터 3D, 영상, 리깅 작업까지 활용할 수 있습니다.

Step 1 **캐릭터 디자인 프로세스**

퀵 미팅
Quick Meeting

소요기간 1일

- 캐릭터 사용 목적, 타겟, 원하는 스타일, 납품 일정 등 주요 사항 확인

견적서 발송

소요기간 1일

- 디자인 방향, 작업 범위, 일정, 수정 횟수 등 확정 견적서 발송

스케치 작업

소요기간 5~7일

- 캐릭터 네이밍, 캐릭터 시나리오, 캐릭터의 성격 등을 반영한 러프 스케치 제작
- 표정, 응용동작, 특징 표현 등 문서화

1차 스케치 피드백 수정 및 보완 작업

소요기간 4일

– 클라이언트에게 스케치 전달
– 주요 피드백 포인트 확인: 형태, 표정, 디테일 등
– 피드백을 반영한 재스케치 또는 보완

본작업

소요기간 7일

– 최종 스케치를 바탕으로 선 정리 및 채색

이미지 수정 및 보완 작업

소요기간 5~7일

– 색상, 질감, 구성 요소 등에 대한 마지막 피드백 반영

최종안 확정 및 납품

소요기간 1일

– 클라이언트의 최종 승인 후 아래 항목 포함하여 납품
① 최종 원본파일(AI, PSD 등 요청 형식에 따라)
② 고해상도 PNG / JPG / PDF

전체 소요 기간은 클라이언트의 피드백 속도에 따라 달라질 수 있으며, 디자인의 난이도, 요청 범위, 수정 횟수, 자료 제공 시점, 내부 승인 절차 등 다양한 요소에 의해 유동적으로 변동될 수 있습니다.

캐릭터 유형을 이해하면 디자인 방향이 훨씬 명확해집니다. 마스코트형 캐릭터는 친근함과 재미를 주면서 브랜드를 기억하게 하고, 아이콘형 캐릭터는 간단한 이미지로 직관적인 메시지를 전달할 수 있어요. 상황별 캐릭터나 웹툰형 캐릭터처럼 특정 스토리와 연결된 캐릭터도 있죠. 각각의 유형에 따라 활용 방식, 디자인 포인트, 전달력이 달라지기 때문에, 먼저 유형을 알고 시작하면 캐릭터 기획과 디자인 방향을 훨씬 명확하게 잡을 수 있습니다.

캐릭터는 크게 동물형, 사물형, 인간형 등으로 구분할 수 있으며 각각의 유형은 표현 방식과 상징성이 다릅니다.

동물형 캐릭터

2018평창동계올림픽대회
마스코트 '수호랑, 반다비'

동물의 형태나 습성을 바탕으로 디자인된 캐릭터로, 친근감과 귀여움을 쉽게 전달할 수 있습니다. 실제 동물을 모티프로 삼기도 하고, 상상 속의 동물이나 의인화된 동물로 창작되기도 합니다. 감정 표현이 자유롭고 다양한 연령층에게 호감을 얻기 쉬운 특징이 있습니다.

사물형 캐릭터	
	일상에서 접하는 물건이나 자연물에 생명력을 부여한 형태로, 제품, 장소, 개념 등을 효과적으로 상징할 수 있습니다. 친숙한 사물을 귀엽고 독창적으로 표현함으로써 기억에 남는 캐릭터를 만들 수 있으며 브랜드나 지역 콘텐츠에 활용도가 높습니다.
서울교통공사 '또타'	

인간형 캐릭터	
	사람을 기본 형태로 하거나 사람의 특징을 반영한 캐릭터로, 스토리텔링과 감정 이입에 강한 장점을 가집니다. 특정 인물이나 직업군을 상징하거나 시대적·지역적 특징을 담아낼 수 있어, 다양한 메시지를 전달하는 데 효과적입니다.
세종특별자치시 '충녕'	

Step 3 캐릭터 만들기

캐릭터 만들기는 귀엽거나 멋진 그림을 그리는 것만이 아닙니다. 디자인 창업에서 캐릭터는 브랜드와 서비스를 대표하는 중요한 아이덴티티가 되거든요. 잘 만든 캐릭터 하나가 고객과의 첫 만남에서 기억에 남는 인상을 주고, 브랜드 스토리를 자연스럽게 전달할 수 있어요. 그래서 캐릭터를 만들 때는 기획 단계에서부터 목표와 컨셉을 명확히 잡는 것이 필수예요. 누가 이 캐릭터를 사용할 것인지, 어떤 메시지를 전달할 것인지, 어디에 쓰일 것인지 등 모든 요소를 고려해야 하죠. 그리고 디자인이 완성된 이후에도 계약과 저작권 관리까지 꼼꼼히 챙기는 것이 중요합니다. 그래야 창작물의 권리를 안전하게 보호하면서, 이후 상품화나 라이선스 사업에도 활용할 수 있거든요. 결국 캐릭터 제작은 '아이디어 → 디자인 → 권리 관리'까지 이어지는 통합 과정이에요. 이 과정을 체계적으로 이해하고 실행할수록 브랜드와 비즈니스에 실질적인 가치를 만드는 캐릭터를 만들 수 있습니다.

기본 캐릭터와 응용 캐릭터

캐릭터 디자인은 일반적으로 '기본 캐릭터'와 '응용 캐릭터'로 구성되며, 각각의 역할과 활용 범위가 다릅니다.

1. 기본 캐릭터

캐릭터의 정체성과 컨셉을 가장 명확하게 보여주는 중심이 되는 캐릭터입니다. 이름, 성격, 외형, 컬러, 설정 스토리 등이 정리된 '기본형' 캐릭터로, 브랜드 혹은 콘텐츠의 핵심 이미지로 사용됩니다. 주로 정면 또는 대표 동작을 중심으로 제작되며 모든 응용 작업의 기준이 됩니다.

2. 응용 캐릭터

기본 캐릭터를 바탕으로 다양한 상황, 표정, 복장, 동작 등을 확장하여 제작한 캐릭터입니다. 캐릭터의 활용도를 높이기 위해 계절별 의

대표 캐릭터
목깨비

별똥별이 떨어지는 밤, 국립목포대학교 도서관 구석자리에 있던 책이 학생들과 더 많은 지식을 나누고
싶다는 소원을 빌어 변신한 도깨비입니다.
소원을 이뤄주는 별 '별가'를 도와 학교에 숨어 많은 학생들의 적응과 공부를 돕습니다.

보조 캐릭터
별가

밤하늘에 떠다던 지식의 별, 별가입니다.
사람들의 반짝이는 아이디어를 힘으로 밝게 빛나던 별가는 점점 줄어드는 아이디어로 인해 힘을 잃어
지구로 떨어지게 되었습니다.
지식의 에너지를 원천으로 마법을 부릴 수 있습니다.
* 별가는 빛을 잃어 푸른 색을 띄고 있었지만 지식의 에너지를 되찾으면 노란색의 빛을 냅니다.
  에너지를 원천으로 소원을 들어줄 때에는 요술봉의 형태로 변신을 합니다.

보조 캐릭터
항아리

무엇이든 담을 수 있는 능력을 가진 요술 항아리로,
평상시에는 별가가 무중력 상태를 비슷하게 느낄 수 있는 바닷물을 가득 담고 있으며 지식 에너지를
모아두는 저장고의 역할을 합니다.

출처: 국립목포대학교

상, 특정 직업 설정, 테마별 감정 표현 등 다양한 버전으로 개발되며, 굿즈, 홍보물, 영상, 교육 콘텐츠 등 다양한 매체에 적용됩니다. 브랜드 메시지를 더욱 풍부하게 전달하고, 사용자와의 상호작용을 강화하는 데 효과적입니다.

출처: 국립목포대학교

1. 기획하기 단계

1. 캐릭터가 왜 필요한데요? (목표와 목적 설정)

캐릭터를 만들기 전에 먼저 묻습니다. "이 친구는 왜 태어나는 걸까?" 마케팅을 돕는 홍보 요원? 굿즈로 변신할 귀여운 상품? 아니면 IP 확장을 위한 브랜드 스타? 목표가 분명해야 캐릭터도 길을 잃지 않습니다.

2. 이 친구는 누구랑 어울릴까? (타겟층 설정)

캐릭터는 모두에게 사랑받을 수 없어요. 10대 소녀? 30대 직장인? 키덜트족? 연령대, 성별, 관심사까지 꼼꼼히 따져봐야 진짜 '팬심'을 얻을 수 있습니다. 좋아하는 컬러나 취향도 함께 조사하면 디자인 방향도 더욱 뚜렷해져요.

디자인 창업의 모든 것

3. 캐릭터의 성격은 어디서 올까? (브랜드 아이덴티티 분석)

캐릭터는 브랜드의 또 다른 얼굴! 브랜드가 가진 철학, 미션, 말투, 분위기 심지어 MBTI까지 캐릭터 속에 녹여야 합니다. 예를 들어 환경을 생각하는 브랜드라면 자연 친화적인 캐릭터, 하이테크 이미지를 가진 기업이라면 미래적인 스타일을 반영해야 합니다.

4. 이 친구, 어떤 스타일로 꾸밀까? (디자인 컨셉 정하기)

자, 이제 성격과 환경이 정해졌다면 외모를 꾸며줄 차례! 귀엽고 둥글둥글한 스타일? 멋지고 시크한 느낌? 2D? 3D? 일러스트풍? 애니풍? 스타일을 정해야 디자인을 시작할 수 있어요. 각 스타일은 브랜드의 성격에 맞춰 선택해야 하기에 레퍼런스를 모아보는 것도 중요해요. 다양한 스타일을 참고하여 어떤 느낌을 원하는지 정하고, 그에 맞는 색상, 폰트, 이미지를 선택하는 과정이 필요합니다. 선의 굵기, 색상 배합도 스타일의 중요한 요소죠.

2. 시장 조사 및 벤치마킹

1. 경쟁 브랜드 분석

비슷한 업계에서 이미 활약 중인 캐릭터들을 살펴보세요. 누가 가장 인기가 많고, 왜 사랑 받는 걸까요?

그리고 우리 캐릭터는 어떤 점에서 달라야 주목받을 수 있을까요?

차별화 포인트를 찾는 것이 이 단계의 핵심입니다. (예: 모두 동물 캐릭터라면, 우리는 식물로 가볼까?)

2. 트렌드 파악

세상은 빠르게 변하죠. 요즘 소비자들은 어떤 디자인을 좋아할까? 미니멀한 라인? 뉴트로 감성? MZ세대의 취향을 저격할 밈 요소? SNS, 캐릭터 굿즈 시장, 이모지 스타일 등 다양한 채널을 통해 최신 트렌드를 파악하세요. 트렌드를 잘 반영하면 캐릭터가 '촌스러워 보이는 일'을 피할 수 있어요! 최신 캐릭터 디자인 트렌드나 소비자 취향을 반영해야 합니다.

3. 디자인 컨셉 확정

색상, 선의 두께, 특징적인 요소 등을 정리하고 의뢰자와 상의한 뒤, 대표 컨셉을 확정합니다.

3. 스케치 작업 및 피드백 반영

1. 초기 아이디어 스케치

종이든 태블릿이든 상관없어요. 다양한 포즈, 표정, 스타일을 자유롭게 그려보세요. 클라이언트에게 다양한 방향성을 제시하는 것이 이 단계의 핵심! 양보다 질보다도, '가능성'을 보여주는 게 목적입니다. 이

때 캐릭터 이름이나 스토리 설정이 같이 정해지기도 해요.

2. 피드백 반영

"여기 눈이 조금 더 크면 좋겠어요", "조금 더 귀여웠으면…" 클라이언트의 피드백을 적극 반영해 수정하고, 최종적으로 "이제 이 친구가 우리 대표입니다!" 할 수 있을 정도로 완성도를 높입니다.

4. 캐릭터 디자인 디지털 작업

스케치로 감 잡았으면 이제 본격적으로 디지털 작업에 돌입! 일러스트레이터, 포토샵, 클립스튜디오, 프로크리에이트 등 툴을 활용해 깨끗한 선과 선명한 컬러로 캐릭터를 다시 태어나게 만듭니다. 이때 정면, 측면, 후면, 다양한 포즈인 턴어라운드 뷰와 동작도 함께 제작하면 활용도 최고!

Q. 턴어라운드 뷰는 무엇인가요?

캐릭터에서 턴어라운드 뷰Turnaround View란, 캐릭터의 전신을 다양한 각도에서 보여주는 일러스트 또는 도식을 말합니다. 즉 정면, 옆면, 뒷면의 모습까지 그리는 작업입니다. 캐릭터의 일관성을 유지하는 작업으로, 여러 각도에서 보여질 수 있으며 캐릭터의 형태가 각도에 따라 어떻게 변화하는지 알 수 있습니다.

정면(Front view)
측면(Side view, 오른쪽 혹은 왼쪽)
후면(Back view)
3/4 측면(3/4 view) – 약간 비스듬한 각도
탑뷰 / 바텀뷰(Top / Bottom) – 필요시

(https://blog.naver.com/dominic_/223441829789)

이미지 출처: 국립목포대학교 시각디자인전공 시스템랩실 프로젝트 [목포쫀드기]

정적인 이미지도 좋지만 요즘은 움직이는 캐릭터가 대세! SNS, 유튜브, 광고, 앱 UI에 활용할 생각이 있다면 움직임을 고려한 디자인이 필수입니다. 예를 들어 눈 깜빡이기, 손 흔들기, 걷기 모션 등 간단한 모션만 있어도 캐릭터가 훨씬 매력적으로 느껴져요. 단순 애니메이션은 애프터이펙트 프로그램에서 진행하지만 요즘은 캐릭터 원본만 가지고 있다면 일부 자동으로 캐릭터 모션을 적용해 주는 AI플랫폼이 많습니다.

디지털에서 캐릭터의 얼굴, 몸통, 의상, 소품 등 요소를 각각 레이어로 분리해서 작업해야 합니다. PSD, AI 같은 원본 파일에서 레이어 분리가 되어있으면, PPT, SNS 콘텐츠, 굿즈 등 다른 매체로 가져갈 때 유연하게 조정할 수 있습니다.

---

5. 캐릭터의 활용 방안 제시

하지만 귀여운 마스코트로만 끝내지 마세요. 캐릭터를 활용한 굿즈나 광고 캠페인 예시를 만들어주세요. 클라이언트가 '이 디자이너랑 계속 일하면 브랜드가 성장하겠는데?'라고 느껴야 추가 작업, 장기 계약, 혹은 다른 부서 추천까지 연결됩니다.

캐릭터를 활용하여 다른 디자인으로 확장시키기

☐ 패키지 디자인: 제품마다 표정 / 포즈가 달라지는 버전

☐ 캐릭터 아이콘: 이벤트에 맞춘 캐릭터 아이콘 업그레이드

☐ 웹사이트 / 앱 내 안내 캐릭터: 친절한 사용자 경험 제공

☐ SNS 콘텐츠: 팬과 소통하는 '브랜드 인플루언서'

☐ 교육자료 / 매뉴얼: 정보 전달도 귀엽고 쉽게!

☐ 브랜드 확장성: 캐릭터가 향후 브랜딩, 마케팅 활동에서 어떻게 활용될 수 있을지 알려주세요.

캐릭터 디자인이 완성됐다면, 이제부터는 법적 장치가 필요합니다. 말보다 중요한 건 종이 한 장! 바로 계약서죠. 계약서에는 꼭 이런 내용이 포함되어야 해요.

□ 사용 범위: 어디에, 얼마나, 언제까지 사용할 수 있는지

□ 저작권 귀속: 캐릭터의 저작권은 디자이너에게 있는가, 클라이언트에게 넘기
　　　　　　는가

□ 2차적 저작물 제작 권리: 굿즈나 영상, 애니메이션 등으로 변형 가능 여부

□ 재사용 및 상업적 이용 가능 여부: 다른 프로젝트에 재활용이 가능한지 여부

Q. 저작권 등록은 어떻게 하나요?

법적으로 캐릭터에게 '주민등록증' 만들어주기! 캐릭터가 탄생했다면, 이젠 법적으로 존재를 인정받을 차례예요. 바로 저작권 등록입니다. 한국에서는 한국저작권위원회를 통해 등록할 수 있어요. 등록 시, 캐릭터 이미지와 설명(설정 / 성격 / 활용 예시 등)을 함께 제출하면 좋아요. 캐릭터 이미지같은 일반 저작물의 등록 수수료는 약 30,000원 전후 (등록세 제외)입니다. 등록해 두면 저작권 침해 시 법적 보호를 받을 수 있고, IP 사업 확장 시 신뢰도도 높아집니다.

필요서류

① 캐릭터 창작물

턴어라운드 뷰: 캐릭터 정면, 측면, 후면

JPG, PNG, PDF 등 가능(권장: A4 또는 A3 사이즈 PDF)

② 저작물 설명서

캐릭터의 창작 배경, 기획 의도, 특징 등을 서술

Word나 한글 파일로 작성(보통 1~2장 분량)

③ 신청서

한국저작권위원회 웹사이트에서 양식 다운로드 가능

온라인 신청 시 사이트에서 직접 입력

캐릭터 디자인은 목적과 스타일에 따라 사용하는 프로그램이 달라질 수 있어요. 브랜드 마스코트, 이모티콘, 굿즈, SNS용 캐릭터 등 활용 범위가 다양하니 목적에 맞는 툴을 선택하는 것이 중요합니다.

		프로그램 사용
Ai	Adobe Illustrator (일러스트레이터)	– 70% 정도 일러스트레이터 프로그램을 사용함 – 오프라인용 벡터 캐릭터 – 깔끔한 선과 다양한 스타일 표현 가능 – 굿즈나 로고용 캐릭터에 적합
Ps	Adobe Photoshop (포토샵)	– 회화적·감성적 느낌을 표현할 수 있는 캐릭터에 적합 – 사이즈가 작은 인쇄용으로는 사용 가능 – 웹툰, 게임 스킨 작업 등 적합
	Procreate (아이패드용 프로크리에이트)	– SNS용 캐릭터로 사용함 – 손 드로잉 느낌 – 휴대성이 우수함
	Clip Studio Paint (클립 스튜디오)	– 만화 애니메이션 제작에 최적화 – 펜션 표현력이 강점

Q. 드로잉 캐릭터는 다른가요?

드로잉 캐릭터는 아이패드, 포토샵, 프로크리에이트 등 그래픽 툴을 활용해 손 그림처럼 섬세하게 표현되는 캐릭터를 말합니다. 감성적이고 개성 있는 스타일로 제작이 가능하지만, 대부분 픽셀 기반의 래스터 이미지로 작업되기 때문에 확대 시 화질 저하가 발생할 수 있어 인쇄용으로는 한계가 있습니다. 인쇄나 다양한 크기 변형이 필요한 경우에는 벡터 파일(AI, SVG 등)로의 변환이 필요하며, 이 경우 추가 작업비용이 발생할 수 있습니다. 따라서 처음 캐릭터 제작을 의뢰할 때는 사용 용도(웹용, 인쇄용)와 필요한 사이즈를 명확히 전달하는 것이 중요합니다.

구분	드로잉 캐릭터	벡터 캐릭터
작업 방식	아이패드, 포토샵, 프로크리에이트 등으로 제작	일러스트레이터 등 벡터 기반 툴로 제작
사용 목적	SNS, 웹사이트, 모바일 콘텐츠 등	인쇄물, 배너, 굿즈 제작 등 다양한 사이즈 활용
작업 사이즈	기본 1080x1080px(픽셀 단위)	A4 기준(297x210mm 이내) 또는 필요에 따라 조정 가능
파일 형식	PNG, JPEG 등 이미지 파일	AI 원본 파일, 추가로 PNG, JPEG 등 제공 가능
특징	감성적인 손 그림 스타일이 특징이며, 인쇄 시 해상도 제한으로 크기 확대에 한계가 있음	해상도 제한 없이 크기 조정이 가능하여 인쇄에 최적화됨

2D 디자인 완성 후 3D화 시켜보세요! 완성된 2D 캐릭터나 그래 픽 디자인을 3D로 전환하면, 보다 생동감 있고 입체적인 표현이 가능해 집니다. 3D 캐릭터는 애니메이션, 영상 콘텐츠, 메타버스, 제품 모델링 등 다양한 분야에서 활용도가 높으며, 브랜드의 확장성과 시각적 매력 을 극대화할 수 있습니다. 특히 2D 디자인을 기반으로 한 3D화는 시각 적 일관성을 유지하면서도 새로운 사용자 경험을 제공할 수 있어, 콘텐 츠 경쟁력을 한층 강화할 수 있는 좋은 전략입니다.

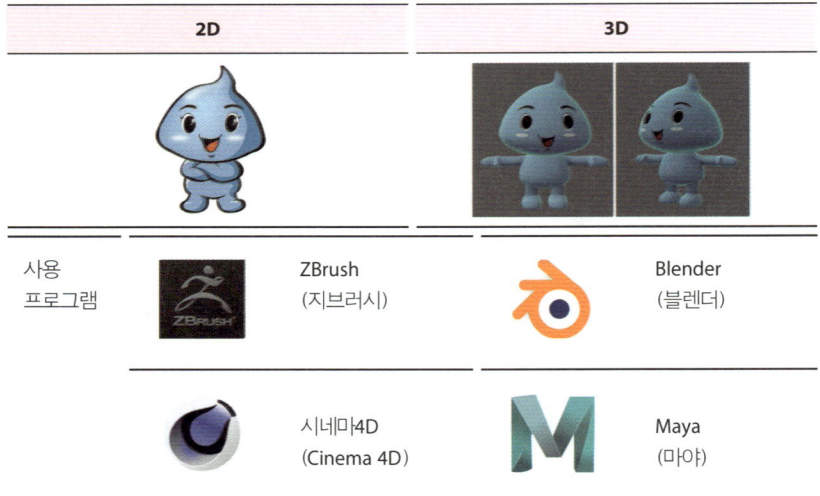

2D		3D	
사용 프로그램	ZBrush (지브러시)	Blender (블렌더)	
	시네마4D (Cinema 4D)	Maya (마야)	

Q. 2D 캐릭터는 그리지만 3D 모델링이나 애니메이션을 못한다면?

직접 3D 작업이 어렵다면 전문 3D 모델러나 애니메이터와의 협업을 통해 충분히 구현할 수 있습니다. 이때 중요한 것은 2D 캐릭터의 구조와 비율을 명확히 설정하고, '턴어라운드 뷰(다각도 뷰)'를 개발하는 것입니다.

협업을 원활하게 진행하기 위해서 캐릭터를 만들 때 레이어를 분리하는 것은 필수죠. 눈, 입, 꼬리 등 움직임이 많은 부위는 다양한 표정과 동작을 고려해 유동적인 요소로 표현하고, 캐릭터의 머리, 몸체, 팔·다리 등 핵심 형태는 모든 각도에서 일관되게 이해될 수 있도록 시각 자료를 제공해야 합니다. 명확한 컨셉과 구조가 담긴 2D 시안은 3D 작업의 완성도를 높이고, 캐릭터가 가진 개성을 생생하게 전달하는 데 큰 역할을 합니다.

Step 6	**최종 납품**

캐릭터는 다양한 매체와 콘텐츠에서 활용되기 때문에, 클라이언트가 편집이나 변형, 추가 제작을 할 수 있도록 원본 파일을 제공하는 경우가 많습니다. 보통 기본형과 턴어라운드 뷰가 기본이나, 턴어라운드 뷰는 선택입니다. 프로젝트형은 기획＋기본형＋기본형 턴어라운드 뷰, 응용 동작 3종 이상을 제공합니다.

- 이미지 파일: PNG

- 간단한 무빙 파일: GIF

- 원본 파일: AI, PSD, 혹은 벡터 기반 파일로 제공

- 3D 모델링 및 애니메이션 제작 추가 시: 별도 협의(+α)

완성된 2D 캐릭터를 바탕으로 3D 모델 제작 및 애니메이션 구현 필요시, 모델러·애니메이터와 협업에 따른 별도 비용 발생

□ 이미지에 맞는 캐릭터 컨셉과 성격, 표정, 포즈를 디자인했는가?

□ 주요 사용 매체를 고려한 해상도와 파일 형식으로 제작했는가?

□ 레이어가 분리되어 있어 색상, 포즈, 표정 등을 쉽게 편집할 수 있는가?

□ 턴어라운드 뷰가 필요하다면 제공했는가?

□ 원본 파일과 활용 파일을 모두 준비했는가?

□ 수정 및 추가 요청에 대비한 편집 가능 파일을 충분히 확보했는가?

#성격이뚜렷한캐릭터 #이야기꾼 #IP는무한가능성

09

리플렛부터 잡지까지, 인쇄물 편집

디자인으로 말하는 종이 콘텐츠, 편집의 기술

종이에 담긴 브랜딩
정보의 위계와 호흡을 시각적으로
조율하는 콘텐츠 구조화의 기술입니다.
페이지마다 브랜드의 흐름을 설계하는 것,
그게 바로 우리의 편집입니다.

3장 단계별 디자인 수익화 과정

요즘 기업들이 가장 많이 찾는 디자인 서비스 중 하나가 영상과 함께 인쇄물 편집이에요. 리플렛, 브로슈어, 카탈로그, 뉴스레터, 사보, 잡지 등 종류도 다양하죠. 디지털 시대라 해도 여전히 오프라인에서 브랜드를 알리고 정보를 전달하는 데 인쇄물만 한 도구가 없거든요. 특히 기업이나 기관은 제품 소개, 서비스 안내, 행사 안내 등 다양한 목적에 맞춰 체계적이고 깔끔하게 정보를 정리한 인쇄물을 필요로 합니다.

Step 1 인쇄물 디자인 프로세스

퀵 미팅
Quick Meeting

소요기간 1일

– 의뢰 목적, 타겟, 인쇄물 종류(리플렛, 책자 등), 원하는 스타일, 납기일 등을 빠르게 파악

견적서 발송

소요기간 1일

– 디자인 방향, 작업 범위, 일정, 수정 횟수 등 확정 견적서 발송

**페이지 수
확정**

소요기간 3일

– 내용 구성과 인쇄 방식(제본 포함)을 고려해 전체 페이지 확정

한글 파일
원고 작성

소요기간 6일

– 자료 정리: 클라이언트가 제공하거나, 디자이너가 정리한 텍스트
원고 확정 → 오탈자, 표현 톤, 순서 체크 필수

원고를 옮기면서
그래픽 초안

소요기간 5일

– 원고를 인디자인 등 편집툴에 옮기면서 레이아웃, 이미지, 색상
등을 가볍게 구성
– 들어갈 이미지 / 사진 / 일러스트 파일 정리, 파일명

표지 시안

소요기간 3일

– 디자인의 첫인상이자 브랜드 아이덴티티를 가장 강하게 보여주는
부분!
→ 제목, 이미지, 로고, 컬러 톤으로 콘텐츠의 성격을 명확하게 전달
→ 고급스러운 느낌을 원한다면 용지 종류, 코팅 방식(무광 / 유광),
후가공(형압, 박 등)도 함께 고려

내지 시안

소요기간 7~10일

– 본문 전체의 흐름, 가독성, 정보 전달력을 좌우하는 핵심 작업!
→ 서체 크기, 여백, 본문 구조, 이미지 배치 등을 일관성 있게 정리
(16p 기준)

수정 및 보완

소요기간 5일

– 클라이언트 피드백을 반영하여 문구, 디자인, 이미지 등 조정
→ 보통 1~2회 내외로 수정 범위 조율

인쇄 발주
파일 만들기

소요기간 2일

– 최종 시안을 CMYK 색상으로 확인. 재단선, 여백, 인쇄사양을 맞
춰 인쇄용 파일(PDF) 저장
→ 재단 여유 3mm 꼭 포함! 해상도 300dpi 유지

인쇄
맡기기

소요기간
디지털 인쇄: 2~4일
옵셋 인쇄: 5~10일

– 인쇄소에 발주하고, 종이 종류, 제본방식, 후가공 유무, 납기일 등
을 최종 확인.
→ 시안 출력물 또는 교정지 확인 후 진행 권장

– 완성된 인쇄물을 검수한 뒤 클라이언트에게 납품.

→ 수량, 품질, 포장 상태 꼼꼼히 확인!

전체 소요 기간은 클라이언트의 피드백 속도에 따라 달라질 수 있으며, 디자인의 난이도, 요청 범위, 수정 횟수, 자료 제공 시점, 내부 승인 절차 등 다양한 요소에 의해 유동적으로 변동될 수 있습니다.

인쇄물의 최소 수량은 제작 방식, 제작사, 제본 방식, 종이 종류 등에 따라 달라집니다. 일반적으로 오프셋 인쇄의 최소 수량 500~1,000부 정도가 보통입니다. 잉크와 판을 제작하는 비용 때문에 소량은 비효율적입니다. 디지털 인쇄는 50~100부부터 제작 가능하며, 소량 인쇄에 적합합니다. 비용은 오히려 소량일수록 1부당 단가가 높아집니다.

실전 TIP

클라이언트가 필요한 인쇄 수량이 100부인지 1,000부인지 먼저 확인하세요. 수량에 따라 오프셋 인쇄와 디지털 인쇄 중 적합한 방식을 결정할 수 있습니다.

"이건 리플렛인가요, 책자인가요?" 처음 편집 일을 시작하면 가장 많이 듣는 질문입니다. 그럴 때 디자이너는 이렇게 대답할 수 있어야 하죠. "이건 자사 브로슈어에 해당하고, 제본이 들어가니 책자 작업입니다." 리플렛, 브로슈어, 카탈로그, 자사소개서, 소책자 등 우리가 흔히 말하는 '책자류' 인쇄물은 예쁜 배치도 중요하지만, 무엇보다도 비즈니스 목적에 맞게 정확하고 깔끔하게 제작되어야 합니다. 디자인도 중요하지만, 인쇄소 선택, 용지, 제본, 후가공까지 신경 써야 할 게 한두 가지가 아니죠.

먼저 인쇄물 편집을 쉽게 아래와 같이 세 가지로 나누어 보았어요!

리플렛(접지형식)

브로슈어(소량 페이지)

잡지(대량 페이지)

• 리플렛 : 한 장으로 요약된 전단지 스타일

• 브로슈어 : 소개서처럼 만든 페이지가 적은 미니 책자

• 잡지 : 다양한 내용을 담은 편집 콘텐츠 중심 간행물

리플렛은 2단, 3단의 접지가 있어요, 홍보, 행사, 안내에 쓰이고 가볍게 뿌리는 안내용이라고 보면 되겠죠? 행사장에 많이 배포하는 인쇄물입니다. 브로슈어는 4p부터 24p 내외로 보고 제본이 들어가요, 회사소개, 제품 브랜드 소개 등으로 사용합니다, 잡지는 24p 이상 두꺼운 책자라고 말할 수 있어요. 연속 간행물이 가능한데 캠페인 북, 브랜드 매거진, 사보 등에 해당합니다.

여기서 잠깐! 단과 페이지 수 개념을 정확히 알아야 해요! 실무 기준으로 단, 페이지, 제본 방식을 쉽게 이해할 수 있도록 정리해 드릴게요.

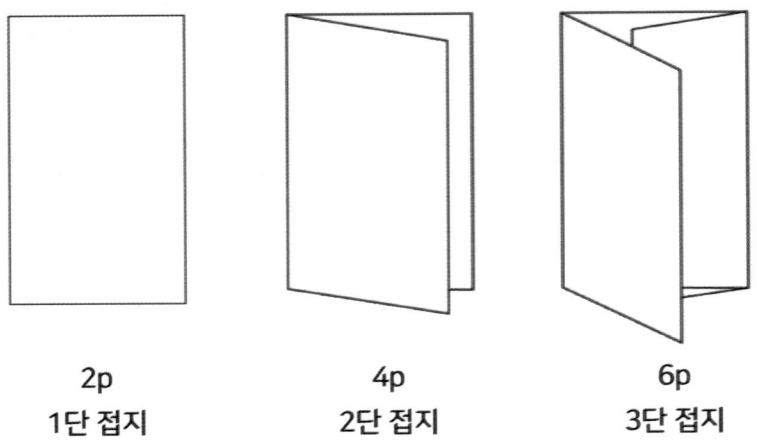

2p	4p	6p
1단 접지	2단 접지	3단 접지

구분	설명	예시
1단	종이 한 장	접지가 없는 전단지
2단	4페이지	종이 1장을 반으로 접은 것
3단	6페이지	종이 1장을 Z자나 병풍처럼 3번 접은 것

Step 3 **툴 사용**

구분	리플렛	브로슈어	잡지
형태	한 장 종이를 접어서 만든 소형 인쇄물	여러 페이지로 된 소책자 형태	다페이지 인쇄물
분량	2단접지(4페이지) 3단접지(6페이지) 4단접지(8페이지)	8~32페이지 내외	수십~수백 페이지
목적	간단한 정보 전달	브랜드·서비스 상세 소개	기획 콘텐츠 포함
활용 장소	길거리 배포, 전시장, 안내소	상담 시 제공, DM 발송, 비즈니스 미팅	서점, 정기구독, 라운지
제작 비용	저렴	중간	상대적으로 고가
사용 프로 그램	Ai	Id Ai	Id

종이는 인쇄물의 느낌과 완성도를 좌우하는 핵심 요소입니다. 이번에는 종이에 대해 알아볼게요. 인쇄용지는 다양하기 때문에 직접 지류를 확인하여 확정하는 게 좋지만 대체적으로는 아래와 같은 일반지, 고급지 중 선정합니다. 일반지는 가성비 좋은 '실용형' 용지, 고급지는 브랜드 이미지와 품질을 높이는 '명품형' 용지라고 쉽게 생각하면 되겠어요!

일반지 :   아트지(광택이 있고 색상이 선명한 지류),

                              스노우지(광택이 적고 매트한 지류), 모조지 등

고급지 :   랑데뷰, 아르떼, 몽블랑 등

                              고급스럽고 발색도가 높아 사진이나

                              색상이 많은 인쇄물의 경우 추천

예산이 충분할 때는 고급지(아트지, 코팅지, 특수지 등)를 선택하는 것을 추천해요. 클라이언트에게 신뢰감과 고급스러움을 전달할 수 있습니다. 인쇄물 품질과 촉감도 좋고요. 예산이 제한적일 때는 표지는 고급지, 내지는 일반지로 섞어 사용해 비용을 절감시켜도 됩니다. 인쇄소와 상담해 예산에 맞는 최적의 용지를 추천받으세요!

제본 방식, 모르면 낭패 봅니다! 제본 선택 시 체크 포인트

☑ 페이지 수는 몇 페이지인가요?
☑ 사용 목적은 단기인가요, 장기 보관용인가요?
☑ 펼침성이 중요한가요?
☑ 고급스러움 vs 경제성, 어느 쪽이 더 중요한가요?

인쇄물에서 제본은 단순히 책을 묶는 과정이 아닙니다. 디자인의 완성도는 물론, 실용성과 인쇄비용까지 결정하는 중요한 요소입니다. 같은 콘텐츠라도 제본 방식에 따라 전혀 다른 느낌과 내구성을 가질 수 있죠. 예쁘게 잘 만든 내지가 제본 하나 잘못 선택해서 책장이 뜯기거나 안 펼쳐지면 낭패!

먼저 책자 형식의 인쇄물을 제작할 때 4의 배수(4p, 8p, 12p, 16p, ⋯)로 구성하는 것이 일반적입니다. 20p, 24p, ⋯, 48p 등 간단한 책자에 자주 쓰이는 페이지 구성입니다. 내용이 어정쩡하게 17p라면? → 20p로 늘려 여백을 주거나 소개 / 후기 등을 추가해 페이지가 4배수로 떨어지게 만들어야 합니다. 페이지 수 맞추기를 미리 고려해서 콘텐츠를 기획해야겠죠?

아래는 인쇄물 제작에서 가장 많이 쓰이는 대표 제본 방식들입니다. 디자인 목적과 예산, 사용 환경에 맞게 선택하세요.

1	중철 제본 (Staple Binding)	방식: 가운데 접힌 부분을 스테이플러(호치케스)로 고정 페이지 수: 보통 8~40페이지 내외 장점: 비용 저렴, 제작 빠름 단점: 페이지 수 많으면 벌어지거나 뜯어질 수 있음 적합한 인쇄물: 리플렛형 소책자, 행사책자, 간단한 매뉴얼
2	무선 제본 (Perfect Binding)	방식: 내지를 본드로 접착해 표지를 붙임(실로 꿰지 않음) 페이지 수: 48페이지 이상~두꺼운 책까지 장점: 깔끔한 마감, 두꺼운 책자 가능 단점: 완전히 펼치기 어렵고, 오래 쓰면 접착이 떨어질 수 있음 적합한 인쇄물: 기업 브로슈어, 카탈로그, 자사소개서, 학술지
3	양장 제본 (Hardcover Binding)	방식: 내지를 실로 꿰고, 두꺼운 판지 표지로 감쌈 장점: 고급스럽고 오래 보관 가능 단점: 비용 높음, 제작기간 긺 적합한 인쇄물: 브랜드북, 기념집, 포트폴리오, 정기간행물
4	링 제본 (Wire Binding)	방식: 구멍을 뚫고 와이어나 플라스틱 링으로 묶음 장점: 완전히 펼쳐짐, 쓰기 편함 단점: 외형이 깔끔하지 않음, 보관 시 링 파손 가능 적합한 인쇄물: 매뉴얼북, 학습 자료, 프레젠테이션 자료

Q. 세네카는 무엇인가요?

책등으로 책의 두께에 따라 계산이 됩니다. 지류의 종류와 재질에 따라 두께 계산이 다르게 나오기 때문에 인쇄소에 종이 재질과 페이지를 전달한 후 세네카 사이즈를 받아야 합니다.

간단한 책 두께(세네카) 산출 방법은 다음과 같습니다.

세네카 계산법 = 내지의 페이지수(표지 제외) x 1/2 x 종이 한 장의 두께

디자인 창업의 모든 것

인터넷에 세네카 계산법을 쳐보세요!
사용할 종이의 종류와 무게를 알면, 책등 두께는 간단히 검색만으로도 계산
할 수 있습니다.

Step 5 후가공의 세계와 접지

후가공(Post-processing)은 인쇄가 끝난 후 디자인 인쇄물의 완성도를
높이기 위한 추가 작업을 말합니다. 브로슈어, 책자, 명함, 패키지 등에
서 고급스럽고 전문적인 느낌을 주기 위해 필수적인 과정이죠. 후가공
은 인쇄물에 고급감을 주는 중요한 요소이지만, 비용, 작업 가능성, 납
기 면에서 꼭 신중히 고려해야 할 부분이에요. 후가공은 보통 소량 인쇄
에 불리합니다. 기계를 세팅하는 데도 비용이 들기 때문에, 100장이나
1,000장이나 고정비는 비슷하거든요. 더군다나 특수 후가공 장비를 갖
춘 인쇄소가 제한적이에요. 특히 박(금 / 은 / 컬러박), 형압, 라미네이팅,
도무송은 전문 후가공 업체나 대형 인쇄소에서만 가능한 경우가 많으니
원하는 효과를 내려면 사전에 꼭 인쇄소와 협의해야 해요.

후가공의 대표적인 종류와 특징을 살펴볼게요!

1	코팅 (Lamination)	종류: 유광(Gloss), 무광(Matte), 벨벳 코팅 등 효과: 표면 보호 + 고급스러움 or 선명한 색감 적용 예시: 표지, 명함, 포스터 유광은 색을 선명하게, 무광은 차분하고 고급스럽게 보여줍니다.
2	형압 / 음압 (Embossing / Debossing)	형압: 종이 위로 글씨나 이미지를 입체감 있게 올림 음압: 종이 안으로 눌러서 음각 표현 효과: 고급스러운 질감 표현, 손끝 감성 자극 적용 예시: 로고, 제목, 패키지 디자인
3	박(箔) 인쇄 (Foil Stamping)	종류: 금박, 은박, 홀로그램박, 컬러박 등 효과: 반짝이는 금속성 광택으로 고급 브랜드 느낌 강조 적용 예시: 로고, 상장, 초대장, 표지 타이틀 요즘은 레인보우박이나 블랙박도 인기 있어요.
4	오시 작업 (Creasing)	용도: 두꺼운 종이를 접기 좋게 선을 눌러주는 작업 효과: 깔끔한 접힘선으로 종이 찢김 방지 적용 예시: 리플렛, 카드형 브로슈어
5	도무송 (Die Cutting)	설명: 특수 칼선을 만들어 종이를 원하는 모양으로 잘라냄 효과: 제품 또는 캐릭터 형태의 개성 있는 디자인 표현 적용 예시: 스티커, 입체 카드, 창문형 리플렛 등 자유로운 곡선 표현이 가능하지만 제작비가 올라갈 수 있어요.
6	부분 UV 스팟 UV	설명: 인쇄물 특정 부분만 반짝이게 광택 코팅 효과: 텍스트나 이미지에 포인트 주기 좋음 적용 예시: 로고 강조, 명함, 고급 카달로그 표지

- 후가공이 포함된 디자인은 인쇄 전 견적과 납기 체크 필수!
- 납품 일정이 빠듯하면, 후가공을 줄이거나 대체하는 방법 고려하기!
- 클라이언트와는 후가공 포함 여부를 미리 협의하고, 옵션별 견적 차이를 안내해 주는 게 좋아요!

Q. 리플렛 의뢰가 들어왔는데, 접지 방법 중요하죠?

네, 접지 방식에 따라 면이 나뉘고 콘텐츠 배치 순서가 달라지니, 접지 방법도 알아야 해요!

한 장의 평범한 종이가 반으로, 세 번, 혹은 지그재그로 접히는 순간, 정보가 정리되고 메시지가 살아나며 디자인은 입체감을 가집니다. 하지만 중요한 점은 접지의 경우 먼저 펼치는 면 위주로 보는 순서와 동선에 따라 디자인해야 한다는 거예요. 예를 들어, 리플렛을 펼쳤을 때 자연스럽게 사용자에게 전달되는 흐름을 고려하여 각 면에 담을 정보를 배치해야 합니다. 정보가 시각적으로 잘 연결되도록 설계하는 편집 기술이 바로 접지 디자인의 핵심이죠.

지금부터, 가장 자주 쓰이는 접지 방식들을 확인해볼게요!

1	반접지 (Half Fold)	설명: 한 장을 반으로 접는 기본형 형태: A4 → A5 형태로 접힘 활용 예: 초청장, 단순 브로슈어, 프로그램 안내서 심플하고 안정감 있는 구성이 필요할 때
2	3단 접지 (Tri-Fold / Letter Fold)	설명: 세 칸으로 나눠 'ㄱ' 또는 'Z' 형태로 접는 방식 형태: A4 → 3단 접지 → 100mm 폭 3면 활용 예: 관광안내 리플렛, 병원 / 기관 안내지
3	대문 접지 (Gate Fold)	설명: 양쪽을 안으로 접고, 가운데가 펼쳐지는 형태 형태: 양문처럼 열리는 구조 활용 예: 고급 행사 초대장, 브랜드 소개지 중앙에 포인트 이미지를 강조할 때 효과적
4	병풍 접지 (Accordion Fold / Z 접지)	설명: 지그재그 형태로 접히는 구조 형태: 좌우로 계속 펼쳐지는 구조(Z-Z-Z) 활용 예: 타임라인, 순서 설명, 지도 등
5	십자 접지 (Cross Fold)	한 번은 가로 방향으로, 또 한 번은 세로 방향으로 접는 방식 접힌 형태가 '+'(십자) 모양 펼쳤을 때 시각적으로 큼직하고 임팩트 있는 연출 가능

Q. 책자 의뢰가 들어왔는데, 속지와 표지 종이는 어떻게 보통 진행하나요?

책자 제작 시, 표지와 속지는 각각 용도에 맞는 종이 두께와 재질을 선택하는 것이 중요합니다. 보통 속지는 100~120g, 표지는 200~250g 정도의 용지를 많이 사용합니다. 속지가 너무 두꺼우면 제본이 어려워지거나 페이지가 잘 접히지 않아 책을 펼치기 불편해질 수 있고, 반대로 너무 얇으면 뒷면 비침이 생길 수 있어요. 표지는 책의 '첫인상'을 결정하므로 두께감 있는 용지에 후가공(유광 / 무광 코팅, 금박, 형압 등)을 추가해 고급스러움을 더하는 경우가 많습니다. 또한 속지 디자인 시에는 인쇄성과 가독성을 고려해 배경색이 너무 어둡거나 복잡하지 않도록 주의해야 합니다. 텍스트 중심의 콘텐츠라면 배경은 밝게, 폰트는 명확하게 사용해 주세요.

Step 6 인쇄소와 거래하기

인쇄물 제작에서 인쇄소와의 거래는 생각보다 훨씬 중요합니다. 실제 인쇄에서 색감, 해상도, 용지, 재단 방식 등이 달라지면 결과물이 완전히 달라지거든요. 먼저 신뢰할 수 있는 인쇄소를 선정해야 하고, 용지, 잉크, 후가공 옵션 등 제작 조건을 미리 정확히 확인해야 합니다. 디자인 파일을 전달할 때는 PDF/X 등 인쇄용 규격으로 저장하고, 폰트 포함, 이미지 해상도 등 세부 요소도 꼼꼼히 체크해야 하죠. 또한 인쇄 시 색상 차이가 발생할 수 있으므로 샘플 출력이나 테스트 인쇄를 요청하는 것이 안전합니다.

Q. 인쇄소에는 어떤 형식으로 넘겨야 하나요?

작업 시, 꼭 재단 여유 3mm를 반드시 확보해야 하고 수량, 지류 종류, 표지 코팅 유무, 제본 방식(중철, 무선, 떡제본 등), 후가공(유광/무광 코팅, 금박, 형압 등)까지 꼼꼼하게 체크해야 제대로 된 견적서와 결과물이 나옵니다. 좋은 디자인은 좋은 인쇄소에서 완성되지만, 더 나아가 인쇄소에 직접 가서 감리 과정을 꼼꼼히 확인하는 것도 꼭 필요합니다. 그래야 미세한 색상 차이, 제본 상태, 후가공 품질 등을 직접 체크하여 예상치 못한 문제를 예방할 수 있습니다.

인쇄물 제작 까다롭죠? 용지 선택, 잉크 종류, 후가공, 재단, 색상 차이 등 이론으로는 알기 어려운 세세한 부분이 많아요. 인쇄는 실제 작업과 반복적인 시도를 통해 몸으로 배우는 것이 가장 빠른 길입니다. 처음에는 작은 작업부터 인쇄소와 함께 진행하면서 하나씩 확인하고 배우는 게 가장 효과적입니다. 파일 전달 후 결과물을 보고, 어떤 부분이 문제였는지, 색감이나 재단이 어떻게 나오는지 직접 경험하면서 노하우가 쌓이죠. 반복적으로 인쇄소와 협업하다 보면, 어떤 디자인 요소가 인쇄에 잘 맞는지, 클라이언트에게 어떤 옵션을 추천해야 하는지 자연스럽게 알게 됩니다.

- 인쇄소가 요구하는 규격에 따라 PDF 포맷으로 내보내세요.
- 블리드(재단선 3mm), CMYK 변환, 서체 아웃라인 처리 필수!
- 보통 표지와 내지는 별도 파일로 분리해서 제출해야 하므로, 각각 따로 저장해 인쇄소에 전달하세요.

Step 7 최종 납품

인쇄물 수량이 많을 경우, 인쇄소에서 클라이언트에게 바로 택배로 보내는 경우가 많습니다. 이때 디자이너는 납품 전에 인쇄소를 방문해, 클라이언트가 택배를 열었을 때 가장 품질이 좋은 인쇄물이 위쪽에 놓이도록 확인하는 것이 좋습니다. 또한 납품 상태를 사진으로 기록하고, 납품 확인서를 남기면 추후 문제 발생 시 증빙 자료로 활용할 수 있습니다.

납품 전, 인쇄물은 박스가 보이도록 사진 촬영을 해야 합니다. 인쇄 결과물 사진은 클라이언트 확인과 증빙 자료, 납품 확인서 같은 존재입니다.

□ 인쇄 목적과 수량을 클라이언트와 정확히 확인했는가?

□ 오프셋 인쇄와 디지털 인쇄 중 적합한 방식을 선정했는가?

□ 최종 원고와 이미지, 폰트, 색상 등의 품질을 점검했는가?

□ 인쇄소와 견적, 제작 일정, 색상 교정 여부를 협의했는가?

□ 인쇄 완료 후 샘플 확인 및 사진 촬영을 진행했는가?

□ 클라이언트에게 납품 확인서 또는 배송 인증을 전달했는가?

#시선끄는편집 #페이지넘기고싶게 #내용에옷입히기

디자인 창업의 모든 것

10 　패키지

**팔리는 디자인엔 이유가 있다
바로 패키지!**

요즘 소비자는 포장도 콘텐츠로 봅니다.
제품을 고르는 기준은 기능만이 아니라,
느낌, 경험, 감성입니다.
제품의 가치를 시각적으로 각인시키는
소통의 첫 창구입니다.

괜히 외관이 이뻐서 지갑을 열었던 경험, 있지 않나요? 그만큼 패키지 디자인은 감성을 자극하여 구매를 일으키는 수단이 됩니다. 아무리 내용물이 좋아도 포장이 별로면 소비자들의 관심을 끌기 어렵고, 반대로 포장만 바꿔도 판매가 급증할 수 있습니다. 제품은 완성했는데 포장을 어떻게 해야 할지 모르겠다는 문의가 많이 들어오는 이유도 바로 이런 이유입니다. 포장은 제품의 첫인상, 소비자가 가장 먼저 접하는 것이기 때문에 그만큼 중요한 역할을 합니다. 이처럼 패키지 디자인은 제품의 첫인상이자 브랜드의 목소리를 시각적으로 전달하는 중요한 수단입니다. 판매 성과가 결정되는 패키지 디자인에 대해 알아볼게요

Step 1 패키지 디자인 프로세스

전체 소요 기간은 클라이언트의 피드백 속도에 따라 달라질 수 있으며, 디자인의 난이도, 요청 범위, 수정 횟수, 자료 제공 시점, 내부 승인 절차 등 다양한 요소에 의해 유동적으로 변동될 수 있습니다.

퀵 미팅
Quick Meeting

소요기간 1일

- 웹용 (SNS, 홈페이지, 웹)
- 오프라인용(포스터, 책표지, 출력물 등) 구별하여 확정

패키지 형태 결정

소요기간 4일

- 제작 단가, 운반, 개봉 방식까지 고려 협의
  박스형(뚜껑형 / 슬리브형 / 자석형)
  파우치형(지퍼백 / 스탠딩 / 알루미늄)
  용기형(튜브 / 병 / 펌프 / 스프레이)
  라벨형(기성 용기에 붙이는 디자인)

견적서 발송

소요기간 1일

– 디자인 방향, 작업 범위, 일정, 수정 횟수 등 확정 견적서 발송

패키지 도면 설계

소요기간 3일

– 패키지 도면(전개도) 먼저 확인
– 접히는 선, 칼선, 창문 위치 등을 표시
– 인쇄 여백(3mm 재단선)과 바코드, 인증마크 위치 고려
– 후가공(박, 형압, 코팅 등) 들어갈 부분도 미리 체크

목형 확인

소요기간 5일

– 목형은 보통 일회성 비용 들어감

디자인 작업

소요기간 7일

– 브랜드 로고 위치
– 컬러 톤(고급 / 친근 / 프리미엄 / 건강함 등)
– 패턴, 일러스트, 포토
– 정보 배치: 성분, 사용법, 용량, 제조사 등
– 시선 끄는 포인트 강조!

바코드

소요기간 3일

– 클라이언트에게 바코드 번호(EAN-13) 요청
– 보통 클라이언트가 GS1코리아(국제표준기구)에서 바코드 번호를 발급받습니다. EAN-13이 가장 일반적인 바코드 형식(숫자 13자리)입니다.
– 바코드는 디자이너가 임의로 만들 수 없습니다!
→ 정식 등록된 코드만 인식됩니다.

tip 바코드 번호만 받았다면?

방법1 : 정식 바코드 모양 생성하기
GS1코리아 바코드 센터에서 생성
→ EPS나 AI 포맷 다운로드 가능
→ https://www.gs1kr.org

방법2 : 디자인 프로그램용 바코드 생성 사이트 사용
예) www.barcode.tec-it.com(무료 / 다양한 포맷 지원)
    online-barcode-generator.net
생성 시 반드시 출력용 벡터 파일(AI, SVG, EPS)로 다운로드하세요.

시안 출력 + 목업 테스트 소요기간 5일	– 실제 패키지처럼 출력하거나 3D 목업으로 확인 – 글자 크기 가독성 / 박이나 형압 위치
최종파일제작 (칼선 + 인쇄 사양) 소요기간 2일	– 인쇄소에 넘기기 위한 완성본 파일 – CMYK로 색 변환 – 칼선/재단선 분리 – 후가공 위치 따로 표시 – 바코드/표기사항 법적 기준 확인
인쇄소 인쇄 후가공 진행 소요기간 7일	– 종이 종류 + 후가공 종류에 따라 비용이 달라지니 미리 견적 확인! – 코팅: 유광, 무광, 벨벳, 방수 등 – 박(금박/은박/컬러박) / 형압/음압 – 도무송(특수 칼선 모양 자르기)를 하면 기간이 길어짐.
패키징 테스트 감리 소요기간 3일	– 완성된 제품이 잘 조립되는지, 쉽게 열리고 닫히는지 인쇄소에 가서 감리 – 실 제품과 호환 확인 – 접착 상태, 오염, 찢김 없는지 검수 – 대량 생산 시 포장 방식 설계까지 함께 고민
운송방법 납품 소요기간 3일	– 패키지를 어떻게 묶어서 납품할 것인지 결정 – 소량씩 납품해야 하는지, 대량 박스로 묶어도 되는지 – 제품이 구겨지거나 눌리지 않도록 이중 포장 또는 완충재 사용 – 운송 중에 형태가 무너지지 않도록 단단하게 포장 – 날씨(습기/온도)에 민감한 재질이면 보관·배송 환경 고려 – 클라이언트가 지정한 날짜, 장소, 시간 준수 – 배송 후 도착 확인 및 수량 체크 필수

전체 소요 기간은 클라이언트의 피드백 속도에 따라 달라질 수 있으며, 디자인의 난이도, 요청 범위, 수정 횟수, 자료 제공 시점, 내부 승인 절차 등 다양한 요소에 의해 유동적으로 변동될 수 있습니다.

디자인 창업의 모든 것

패키지는 크게 라벨 스티커(Label Sticker), 파우치(Pouch), 단상자(Folding Carton Box), 쇼핑백(Shopping Bag), 외박스(Outer Box) 다섯 가지로 생각하면 쉽습니다.

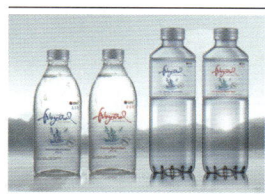 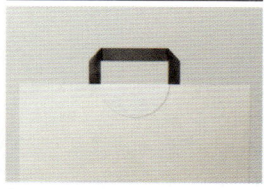 

종류	내용	특징
라벨 스티커 (Label Sticker)	기성 용기(병, 튜브, 캔 등)에 붙이는 스티커 형태의 패키지. 브랜드 이미지 전달 + 정보 제공의 핵심 수단!	– 소량 제작 가능 – 비용 절감에 효과적 – 유광 / 무광 코팅, 방수 / 비방수 재질 다양 – 후가공 가능 (은박, 형압, 부분 UV 등)
파우치 (Pouch)	지퍼백, 스탠딩 파우치, 삼면 포장 등 유연한 소재의 포장재로 구성된 패키지. 식품, 뷰티, 건강식품 등에 자주 사용	– 가볍고 공간 절약 – 인쇄 + 재봉 + 실링 과정 필요 – 지퍼 또는 노지퍼 형태 선택 가능 – 은박, 알루미늄, 종이 등 다양한 재질

종류	내용	특징
단상자 (Folding Carton Box)	제품 하나를 담는 '낱개 박스' 형태. 화장품, 건강기능식품, 전자기기, 향수 등 소형 제품에 주로 사용	– 종이 재질의 접이식 상자 – 접기 전 전개도(칼선)를 기반으로 디자인 – 후가공(박, 형압, 코팅 등) 적용 가능 – 브랜드 아이덴티티 전달에 효과적
쇼핑백 (Shopping Bag)	구매한 제품을 담아주는 휴대용 종이백 / 비닐백은 단순 운송 수단이 아닌 브랜드의 얼굴이 되는 패키지!	– 종이 두께 다양(보통 180g 이상) – 끈 종류(면끈, 끈끈, 종이끈 등) 선택 – 후가공 시 코팅 유무와 접착력 고려 – 고급 쇼핑백은 별도 목형 제작 필요
외박스 (Outer Box)	단상자나 제품 여러 개를 묶어서 넣는 포장 박스. 배송, 보관, 선물용 세트 구성 시 사용	– 골판지, 크라프트지 등 튼튼한 재질 – 택배 배송용 / 선물용 / 보관용 등 목적 다양

Q. 특별한 유의사항이 있을까요?

1. 라벨(스티커)

- 곡면에 붙는 경우 디자인이 왜곡되지 않도록 주의

- 사이즈에 따라 글자 가독성 확보

- 접착력 테스트 필수! (떨어지거나 끈적거림 남으면 불량 처리)

2. 파우치(Pouch)

- 내부 내용물의 특성에 따라 재질 선정(습기, 기름, 산소 차단 등)

- 파우치 모양에 맞는 도면 확보 후 디자인 진행

- 유통기한, 성분표기 등 법적 표기사항 포함

3. 단상자(Folding Carton Box)

- 목형 여부 확인(복잡한 구조는 목형 제작 필요)

- 접는 위치와 오염 가능성 고려

- 접착 부분과 칼선이 안 겹치게 그래픽 배치

4. 쇼핑백(Shopping Bag)

- 무게 버티는 내구성 확보

- 인쇄 시 겉 / 속 / 옆면 배치 신중하게

- 바닥면 인쇄 유무도 사전에 결정

5. 외박스(Outer Box)

- 내부에 들어갈 단상자 크기와 수량 고려한 사이즈 설계

- 완충재 유무, 손잡이 유무 등 선택

- 무게, 물류 환경에 따라 이중 박스 구조 고려

- 제작 단가는 크기와 수량에 따라 큰 차이

3장 단계별 디자인 수익화 과정

Q. 냉장·냉동식품 포장에는 아무 종이나 쓰면 안 된다고 얼핏 들었는데 주로 쓰이는 종이에 대해 알려주세요!

냉장·냉동식품 포장에는 습기와 온도 변화에 강한, 식품 위생법에 맞는 인증 종이를 사용하는 것이 매우 중요합니다. 냉동 보관 시 종이가 너무 얇으면 습기로 인해 쉽게 찢어질 수 있으니, 두께와 코팅 상태를 꼼꼼히 확인해야 합니다. 인쇄 잉크 역시 식품 안전 기준을 충족하는지 반드시 확인하세요. 종이 재질과 인쇄 방식에 따라 비용 차이가 크므로, 예산과 용도에 맞는 최적 소재 선택을 위해 인쇄소와 충분히 상담하는 것이 좋습니다.

냉장·냉동식품 포장에 주로 쓰이는 종이 종류	
코팅지(유광 / 무광 코팅지)	표면에 방수 코팅이 되어있어 습기와 오염에 강합니다.
라이너지(내유지)	기름과 수분에 강한 종이로, 샌드위치 등 냉장 식품 포장에 적합합니다.
유포지(PE 코팅지)	종이에 폴리에틸렌 코팅을 더해 방수와 방습 기능을 강화한 소재입니다.

실전 TIP

지기구조를 만들기 전에 제품 분석이 중요해요!

- 제품 크기, 무게, 재질 파악
- 낱개인지 세트인지 확인
- 배송 or 매장 진열용인지 구분

위 조건에 따라 기본 박스 형태가 결정됩니다. 또한 속지가 필요한가를 확인해야 해요. 박스에 담길 제품(병, 튜브, 유리 제품 등)에 대한 내부지지 설계를 해야 하는데 보통 칸막이나 완충 구조조립을 알아봐야 합니다. 도면을 제작할 시, 접는 선(Fold line), 절단선(Cut line)을 구분해 주고 실측 기반으로 사이즈 조정을 하세요. 샘플 출력하여 조립 테스트 잊지 마세요!

Step 3 톨 활용

패키지 디자인에서는 주로 일러스트레이터와 포토샵을 핵심 툴로 사용합니다. 일러스트레이터는 로고, 아이콘, 그래픽 요소, 패턴 등 벡터 기반 작업에 최적화되어 있어 라벨, 박스, 쇼핑백 등 다양한 패키지 요소를 만들 때 사이즈를 확대하거나 축소해도 해상도가 깨지지 않고, 구조적이고 깔끔한 그래픽 제작이 가능합니다. 반면 포토샵은 사진 보정, 합성, 텍스처 작업 등 래스터 기반 편집에 필수적인 툴로 제품 이미지나 질감, 배경, 시각적 효과를 추가해 실제 패키지의 느낌을 보다 리얼하게 구현할 수 있습니다. 또한 최종 시안에서 패키지 시뮬레이션 이미지를 제작할 때도 포토샵을 활용하면 완성도를 높일 수 있습니다.

사용하는 프로그램	내용
 	① 일러스트레이터 : 벡터 기반, 지기구조 설계 도면 위 디자인 ② 포토샵 : 고해상도 이미지 사진 합성, 리터칭

실전 TIP

실무에서 패키지 디자인 작업은 보통 일러스트레이터에서 패키지 구조를 먼저 제작한 뒤, 포토샵에서 보정한 이미지들을 가져와 조합하고, 마지막으로 일러스트레이터에서 최종 마무리를 합니다.

Step 4 지기구조와 패키지 속 숨은 요소들

Q. 단상자, 외박스에 해당하는 지기구조는 어떻게 하나요?

스티커는 디자인 파일을 스티커용 출력지에 인쇄하면 끝나지만, 박스를 디자인할 때는 지기 구조 설계가 정말 중요합니다. 제품을 안전하게 담고 보호할 수 있어야 하고, 사용자가 쉽게 꺼낼 수 있어야 하죠. 유통 중 파손을 막고 쌓기 편하며 운반도 수월해야 합니다. 또 자동화

생산에 맞게 효율적으로 접히도록 설계하고 인쇄비나 자재비, 제작비도 절약할 수 있어야 해요. 마지막으로 과대포장을 피하고 환경까지 생각한 친환경 구조 설계도 놓치면 안 됩니다.

A형 박스

박스화면 제일먼저 생각나는 박스형태이며 골판지 박스의 기본형태 입니다. 오픈되어있는 일반박스로 하나로 통일되어 상,하 오픈되어있는 것이 특징입니다.
ex) 택배박스, 포장용 박스

B형 패키지박스

양투컵형 박스로 패키지 박스중에 기본형태이며 가장 많이 제작되는 상자입니다.
뚜껑, 아래가 동일한 형태이며 오픈 또는 오픈이 특징입니다.
무게가 적거나 가벼운상품으로 추천드리는 형태입니다.
ex)화장품박스,문자무속박스,식품박스,다용지박스

B형 패키지박스

십자조립형 박스로 바닥의 날개형식을 조립하는 형태입니다.
말그대로 바닥을 조립해야하는 방식이며 뚜껑형 박스보다
튼튼한 특징이 있습니다.
그래서 무게나 나가거나 빠질 무게가 있는 제품을 담을때
추천드리는 상용입니다.
ex)화장품박스,문자무속박스,식품박스,다용지박스

십자조립형 박스

B형 패키지박스

양면접착형 박스로 B형 난상자중 가장 튼튼한 박스입니다.
평펴면 접착되는가는 뚜껑형, 접착형,십자조립형과는 달리
바닥까지 접착이 되어있어 무게를 제품로상에 많이 사용합니다.
접착력에 따른 난상자에 비해 비세하게 흐려가게 됩니다.
ex)화장품박스,문자무속박스,식품박스,다용지박스

양면접착형 박스

G형 패키지박스

C형 박스에 비해 더 단단하게 닫힘

하단을 접착하는 B형과 날리 이미 하단이 형성되어있어
상단과 하단이 하나로 합체된 구조로 상단부분이 갈고리
형태로 마감되어 닫으면 하단박스에 꺼워지는 형태입니다.
환을이 필요로 하는 컴퓨터 부품박스,식품박스등
다양한 분야에서 사용되고 있는 박스형태 입니다.

종이라난은 패키지박스 안에 들어가는 제품에 맞게
마닐라박스 또는 골판지합지박스로 선택하여 제작가능합니다.
ex)컴퓨터부속품박스, 선물박스, 택화박스 등

R형 패키지박스

유형 손잡이 컴물박스손으로 많이 쓰이는 형태입니다.
박스의 중이원료에 접힘을 손잡이 만들어 연상태로 씁니다.
아무런 받침이는 접합되었습니다.
종이원료 패키지박스에 들어가는 제품의 무게나 크기가 커질
유형원료 패키지박스로 제작되며 아무건없어진 필요 없습니다.
종이라난박스 않에 아무건없어진 필요 없어 콘판지합지박스로
선택하여 제작가능합니다.
ex)컴물박스, 선물박스, 포장박스, 식품박스 등

M형 패키지박스

S형 패키지박스

구조 설계가 복잡할 경우, 인쇄소나 패키지 생산 업체(목형집)에 도면을 요청하는 것이 가장 안전합니다. 칼선 난이도가 높은 것은 비용도 많이 들고 오래 걸리기 때문에 지양합니다. 먼저 클라이언트의 제품 크기와 형태에 맞는 패키지 구조를 선정한 뒤, 간단하게 스케치하거나 직접 종이로 샘플링해 보는 것도 좋습니다. 또한 비슷한 형태의 타사 패키지를 참고하여 구조를 파악한 뒤, 그 샘플을 들고 목형집에 방문해 제작 가능 여부를 논의해 보는 것도 추천드립니다.

구조가 확정되면 목형집에서 제공하는 정확한 칼선 도면(AI, PDF)

을 기반으로 디자인 작업을 진행하세요. 작업 시에는 디자인(그래픽)과 칼선(재단선)은 반드시 별도 레이어로 분리해 두는 것이 중요하며, 인쇄 전에는 반드시 샘플을 출력하여 조립 및 테스트를 거쳐야 합니다.

실전 TIP

목형집에서 정확한 칼선 도면을 받아 디자인과 칼선을 별도 레이어로 작업하고, 인쇄 전 샘플로 조립과 사용성을 반드시 확인하세요.

Q. 바코드는 어떻게 만드나요?

바코드는 단순한 스티커도 아니고, 장식도 아닙니다. 제품이 유통되기 위해 꼭 필요한 '판매 허가증' 같은 존재죠. 바코드는 한 번 오류나면 유통사 납품 거부, 전량 재인쇄, 일정 지연 등 큰 문제가 될 수 있습니다. 보통 바코드는 클라이언트나 업체에서 주며 13자리 숫자가 표기됩니다. 클라이언트에게 13자리 숫자만 넘겨받았다면 하단의 사이트를 통하여 바코드를 생성할 수 있습니다.

[Online Barcode Generator]

https://www.terryburton.co.uk/barcodewriter/generator

사이트에서 숫자를 기입하여 바코드가 생성되면 EPS로 다운받아 활용하면 됩니다. 바코드는 바코드바 간격이 달라지는 일이 없도록 절대로 가로 또는 세로로 늘리면 안 되며 폭과 높이를 동일하게 유지한 상태에서 크기를 조절해야 합니다.

바코드 프로세스 요약

1. 바코드 번호 요청하기(유통코드 발급)

클라이언트가 직접 발급받는 것이 원칙

대한민국 내 유통 바코드는 GS1코리아에서 발급(공식 사이트)

클라이언트에게 이렇게 요청하세요

"해당 제품에 사용할 GS1 바코드 번호와 EPS 파일 있으시면 보내주세요 :)"

2. 디자인 파일에 바코드 배치

흑백, 선명하게, 왜곡 없이 배치

크기 권장: 넓이 37.29mm 이상, 높이 25.93mm 이상

(유통사 기준에 따라 다르나, 너무 작으면 스캔 오류 발생)

바코드는 뒤집거나 눕히지 않기

음영 / 그라데이션 위에 놓지 않기

금박 위에 넣지 않기

도무송 컷팅선과 겹치지 않기

바코드 주변에 4~5mm 여백 확보하기

3. 출력 테스트(바코드 스캔 테스트)

디자인 완료 후, 실제 인쇄처럼 출력해 보고 바코드 리더기로 스캔 테스트

스캔이 안 될 경우: 크기 조정, 해상도 문제, 색상 오류 등 확인

인쇄 전에 꼭 테스트하지 않으면 납품 후 낭패 보기 쉬워요!

4. 인쇄소 넘기기 전 최종 확인

바코드가 이미지(jpg)로 들어갔는지, 벡터(eps, pdf)로 들어갔는지 확인

가능하면 EPS 형태로 삽입 + 별도 파일로 첨부 / 파일 넘기기 전에 체크

CMYK 변환 중 색 바뀌지 않았는지 / 윤곽선 깨지지 않았는지 / 크기 왜곡

없는지 / 위치 정확한지 전체적으로 확인

Q. 영양성분표(Nutrition Facts)도 넣어야 하죠?

영양표시제도 또는 식품영양정보표시는 식품위생법 및 식품 등의 표시 광고에 관련 법률에서 정하고 1994년부터 시행되고 있는 법정 가공식품 또는 수입품 등에 대한 영양성분의 표시제도입니다. 보통 제품 뒷면 혹은 옆면에서 발견할 수 있는데 영양성분표는 클라이언트에게 넘겨받습니다.

디자인 회사에서 함부로 적을 수 있는 부분이 아니기 때문에 클라이언트(또는 제품 제조사)로부터 공식적으로 전달받아요. 디자이너는

단순히 지정된 레이아웃에 맞게 전달받은 정보를 배치하는 역할만 해야 합니다.

1. 글자 크기

최소 글자 크기: 한글 8pt 이상 / 숫자 6pt 이상

※ 제품 내용량 100g 또는 100mL 미만일 경우 예외로 6pt까지 허용

2. 글자색 및 배경

글자색은 바탕색과 명확히 구분되어야 하며 가독성을 확보해야 함

투명 패키지에는 흰색 라벨 위에 검은색 글씨처럼 대비를 줘야 함

3. 표시 위치

제품 포장의 한눈에 보기 쉬운 면(측면 / 후면 등)

절대 절취선, 접힘선, 이음매 등에 걸리면 안 됨

[식약처 영양성분 표시 가이드라인]을 찾아보세요!

전체적인 영양정보 표시 원칙이 궁금할 때, 글자 크기 · 항목 구성 · 표 디자인 형식 같은 기본 규정을 확인할 때, 영양성분 표시 시 법적 기준에 맞춰 디자인하고 배치하려면 반드시 확인해야 합니다!

[식품 표시 광고 자율심의 기준]

살균, 저지방 등 ○○강조 문구 사용 시, 심의 기준이 있기 때문에 이것 역시 확인해야 합니다.

Q. 분리배출은 어떻게 넣어야 해요?

분리배출 마크 표시 의무 「자원의 절약과 재활용 촉진에 관한 법률」에 따라 모든 포장재에는 재활용 분리배출 표기가 의무입니다. 표기 누락 시 과태료, 제품 리콜 등의 불이익이 생길 수 있어요. 종이캔, 금속 캔, 유리병 등 다양한 포장재 종류와 해당하는 경우 재활용 표시 마크를 의무하여야 합니다.

1. 표기 위치

소비자가 쉽게 볼 수 있는 면에 배치해야 합니다.

보통 패키지 후면 하단이나 바코드 근처에 위치시켜요.

2. 크기 기준

최소 너비 8mm 이상 / 제품 크기가 작아 공간이 부족한 경우

5mm까지 축소 가능

3. 색상 기준

단색(1도) 사용 가능 / 바탕색과 충분히 대비되는 컬러로 표현해야 함

보통 검정색, 흰색, 회색 등으로 많이 사용

※ 상기 도안은 한국환경공단 홈페이지(www.keco.or.kr)에서 내려받아 사용하실 수 있습니다.
  [주요사업]-[자원순환]-[자원순환제도 운영·관리]-[분리배출표시제도]-[분리배출표시 도안]
※ 합성수지재질 중 **용기류**인 경우는 **플라스틱**으로, **필름·시트형**인 경우 **비닐류**로 구분됩니다.

디자인 창업의 모든 것

　　패키지는 진열대 위 수많은 상품들 사이에서 단 3~4초 만에 소비자의 시선을 잡아야 해요. 예쁜 디자인 이상으로, 브랜드 메시지를 제대로 전달하고 소비자가 궁금하게 만들어서 구매까지 이어지도록 설계돼야 하죠. 그렇다고 무조건 튀는 컬러만 쓰면 되는 건 아니에요. 제품 특성에 맞게 컬러를 정하고, 벤치마크나 경쟁 브랜드도 살펴보면서 디자인해야 해요. 오히려 촌스럽게 보이는 디자인이 더 잘 팔리는 경우도 꽤 많답니다.

　　패키지 디자인에서 빠져서는 안 되는 요소는 ①브랜드 아이덴티티, ②컬러, ③일러스트레이션 및 이미지, ④레이아웃, ⑤타이포그래피입니다.

① 브랜드 아이덴티티: 소비자가 쉽게 인식할 수 있도록 표현

② 컬러: 브랜드 이미지와 일관성을 유지

③ 일러스트레이션 및 이미지: 시각적 스토리텔링을 통해 제품의 특징과 메시지를 효과적으로 전달

④ 레이아웃: 정보의 우선순위를 정하고, 시선을 자연스럽게 이끄는 디자인 구성

⑤ 타이포그래피: 글자의 스타일과 배열로, 브랜드 톤과 제품 정보를 명확하고 매력적으로 표현

이렇듯 실제 제품으로 완성되기까지 패키지 디자인에는 수많은 복잡한 과정이 뒤따릅니다. 어떤 재질을 사용할지, 어떤 인쇄 방식을 적용할지, 후가공(박, 형압, 코팅 등)은 어떻게 할지, 제본이나 절단은 어떻게 진행될지, 가장 적합한 디자인이 무엇인지 등 수많은 선택지와 기술적인 제약을 고려해야 하죠. 이 모든 요소가 맞물려야 디자인이 의도한 대로 잘 구현되고, 제품의 기능과 브랜드 가치가 제대로 전달될 수 있습니다. 단순한 시각적 감각뿐 아니라, 인쇄·제작 공정에 관한 실무 지식과 경험을 갖추는 것이 무엇보다 중요합니다. 이해가 부족하면 제작 과정에서 예상치 못한 문제가 발생하거나, 예산과 일정에 차질이 생길 수 있으니 항상 제작 현장과 긴밀히 소통하며 진행해야 해요

패키지 디자인은 어떠한 것도 무단으로 가져다 쓰면 안 됩니다. 클라이언트가 상업적으로 활용하기 때문에 이미지, 사진, 폰트 등 모든 소스는 반드시 저작권이 명확히 확인된 것만 사용해야 합니다.

Step 6 최종 납품

패키지 디자인은 수량이 많고 부피가 크기 때문에 직접 운반하기보다는 보통 택배나 전문 배송을 이용합니다. 배송 전에 패키지 손상이 없도록 포장 상태를 꼼꼼히 확인하고 박스 상태나 쌓인 모습, 내용물 등을 사진으로 기록해 클라이언트에게 전달하세요. 클라이언트가 요청한 수량, 옵션, 구성품이 정확히 포함되었는지 체크하며 배송 후 클라이언트에서 발생할 수 있는 문의나 교환 요청에 대비하세요.

□ 제품 크기와 형태에 맞는 지기 구조를 설계했는가?

□ 제품을 안전하게 담고, 꺼내기 쉽게 디자인했는가?

□ 쌓기, 운반, 유통 시 불편함이 없는 구조인가?

□ 디자인과 칼선(재단선)을 별도 레이어로 분리했는가?

□ 샘플 출력 후 조립, 테스트를 진행했는가?

□ 바코드, 분리배출, 유통기한, 영양성분 등 필수 정보가 포함되어 있는가?

□ 이미지, 텍스처, 그래픽 요소가 제품과 브랜드를 잘 표현하고 있는가?

□ 목형집에서 제공한 칼선 도면을 기반으로 제작했는가?

□ 인쇄물이나 패키지를 안전하게 포장하고 클라이언트에게 전달했는가?

#진열대스타 #한눈에반하는패키지 #패키지마법사

11 굿즈

사고 싶게, 간직하고 싶게!
굿즈의 마법

키링 하나, 스티커 한 장, 노트 한 권이
브랜드를 기억하게 만들고,
'갖고 싶은 것'에서 '기다려지는 것'이 되는 순간,
굿즈는 브랜드의 힘이 됩니다.

3장 단계별 디자인 수익화 과정

요즘 기업들은 브랜드 굿즈를 홍보용 판촉물, 행사 기념품, 고객 사은품으로 적극 활용하고 있습니다. 그냥 나눠주는 물건이 아니라 '이건 꼭 갖고 싶다!'라고 느끼게 만드는 소장 욕구 자극형 굿즈가 대세입니다. 전시를 보고 나와도 꼭 굿즈 하나쯤은 구매하잖아요. 굿즈의 힘은 생각보다 큽니다. 어떤 굿즈는 SNS에서 입소문을 타고 팔리고, 어떤 굿즈는 그 브랜드를 대표하는 상징물로 자리 잡기도 하죠. 그래서 디자인 회사들은 최근 굿즈 디자인 작업 의뢰를 자주 받고, 기업의 아이덴티티를 녹여낸 차별화된 굿즈 제작에 힘을 쏟고 있습니다.

Step 1 굿즈 디자인 프로세스

퀵 미팅
Quick Meeting

소요기간 1일

- 아이템 확정 및 제작업체 선정: 상품 종류에 따라 전문 업체 필요
- 마플샵, 텀블벅, 스마트스토어 등 제작과 판매가 연결된 서비스 가능

단가 및 아이템 확정

소요기간 3일

- 목적 파악: 이벤트용, 판매용, 프로모션용, 기념품 등
- 제품 종류 회의: 스티커, 키링, 머그컵, 티셔츠, 엽서 등 디자인 유무 확인

견적서 발송

소요기간 1일

- 디자인 방향, 작업 범위, 일정, 수정 횟수 등 확정 견적서 발송

디자인 작업	– 선정된 아이템의 도면(또는 템플릿)에 맞춰 그래픽 디자인 적용
소요기간 7일	– 디지털 작업
	– 로고, 일러스트, 텍스트 위치 정확한 배치

| 제작 업체 의뢰 | –파일 규격 전달: 벡터 파일, 해상도, 재단선 포함 등 |
| 소요기간 7일 | –샘플 요청: 최소 1~2개 주문하여 품질 확인 |

| 완제품 수령 | – 제작업체로부터 완성된 굿즈 먼저 수령 |
| 소요기간 1일 | – 불량품 여부, 수량 확인 |

| 배송 및 납품 | – 검수 후 납품 |
| 소요기간 2일 | – 발송 후 송장번호 공유 |

전체 소요 기간은 클라이언트의 피드백 속도에 따라 달라질 수 있으며, 디자인의 난이도, 요청 범위, 수정 횟수, 자료 제공 시점, 내부 승인 절차 등 다양한 요소에 의해 유동적으로 변동될 수 있습니다.

사용하는 프로그램	내용
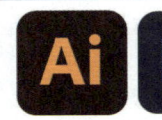 	일러스트레이터와 포토샵 : 디자인 제작 및 칼선 제작

- 굿즈 인쇄 시 벡터 파일(ai, eps)은 필수라 일러스트레이터가 자주 사용됩니다.
- 인쇄 제작이기 때문에 CMYK, 해상도는 300dpi로 해주세요!

사용하는 프로그램	내용
 	프로크리에이트 : 드로잉 기반 굿즈 일러스트레이터 : 칼선 제작

- 드로잉 기반 굿즈는 프로크리에이트에서 많이 진행합니다. 이때 프로크리에이트는 벡터 기반이 아니므로, 확대하면 깨질 수 있어요.

캔버스 사이즈 해상도는 300dpi로 먼저 만든 후, 디자인을 진행하세요. 컬러 모드는 CMYK로 먼저 변환 후 진행하세요. 보통 제작업체가 요구하는 파일 형식은 PNG(투명 배경), PSD, PDF, AI이니 파일 내보내기 확장자에 대한 이해가 꼭 필요합니다.

굿즈(Goods)는 '상품'이라는 뜻이지만, 요즘 굿즈는 상품 그 이상입니다. 브랜드나 아티스트, 혹은 특정 이벤트와 연결된 작고 특별한 세계를 담아내는 매개체죠. 한 장의 엽서, 티셔츠 한 벌, 텀블러 하나에도 이야기가 담깁니다. 누군가에게는 팬심을 표현하는 수단이 되고, 또 다른 누군가에게는 브랜드를 일상 속에서 느낄 수 있는 작은 경험이 됩니다. 그래서 굿즈를 잘 만든다는 건 예쁜 물건을 제작하는 것이 아니라 사람들이 소장하고 싶어 할 만한 '스토리 있는 물건'을 디자인하는 것과 같습니다.

특히 디자인 창업의 관점에서 굿즈는 매력적인 비즈니스 아이템이에요. 초기 자본이 많지 않아도 시작할 수 있고, 브랜드 인지도 확장에 강력한 효과를 발휘합니다. 스티커, 노트, 머그컵 같은 저가 굿즈부터 한정판 아트프린트나 소품 같은 프리미엄 굿즈까지, 시장은 무궁무진하게 열려 있죠.

굿즈의 세계에서 중요한 건 "소비자가 왜 이 물건을 가지고 싶어 하는가?"라는 질문입니다. 실용성 때문일 수도 있고, '팬심'이나 '브랜드 경험'을 소유하고 싶어서일 수도 있습니다. 결국 굿즈는 물건을 넘어 감정을 담아내는 디자인이라고 할 수 있습니다.

이미지 출처: 프리픽(https://www.freepik.com)

Step 4 굿즈 B2B2C

굿즈는 디자인만 등록하면 제작, 포장, 배송까지 모두 처리해 주는 B2B2C 플랫폼을 이용하세요! 디자이너는 굿즈에 들어갈 디자인만 업로드하면, 고객이 주문할 때마다 실시간 제작하여 출고하는 구조입니다 (Print on Demand 방식). 고객이 주문할 때마다 실시간 제작 → 출고 방식이므로 재고 없이 운영 가능합니다. 포스터, 티셔츠, 머그컵, 스티커 등 다양한 굿즈 라인업이 있는 플랫폼을 직접 찾는 것이 효과적입니다.

제작부터 판매, 배송까지 가능한 디자인 기반 주문제작 플랫폼을 확인
하세요.

마플샵(marpple.shop)　　　　　오프린트미(www.ohprint.me)

비즈하우스(www.bizhows.com)

굿즈 실 제작 전, 고해상도 목업을 활용해 시안을 검수하고 클라이언트 승인 받으세요.

디자인 작업비는 굿즈 제작 과정에서 별도로 책정됩니다. 이는 디자인 자체가 굿즈 제작과는 별개의 창작 및 편집 과정이며, 디자인 작업에는 기획, 일러스트, 시안 수정 등의 전문 인력 투입이 필요하기 때문입니다. 따라서 디자인 비용은 제품 제작 단가와 별도로 산정하는 것이 일반적입니다.

또한 품목별로 최소 제작 수량(MOQ, Minimum Order Quantity)이 정해져 있습니다. 이유는 제조 공정과 생산 효율성 때문입니다. 대량 생산을 전제로 한 공장이나 제작업체들은 일정 수량 이하로는 작업이 비경제적이거나 불가능한 경우가 많아, 일정 수량 이상을 주문해야만 제작이 진행될 수 있어요. 이는 재료 준비, 기계 세팅, 인쇄판 제작 등 초기 작업 비용을 고려한 최소 기준이며, 따라서 소량 주문 시 단가가 높아지거나 제작 자체가 어려울 수 있습니다.

굿즈는 클라이언트에게 최종 납품 전 최종 검수가 가장 중요합니다. 제품 확인은 수량, 색상, 재질, 인쇄 품질, 마감 상태가 주문서와 일치하는지 확인하고 포장 상태는 파손이나 오염이 없도록 개별 포장 및 배송 포장을 확인해야 합니다.

사용된 이미지, 폰트, 아이콘 등 외부 리소스의 라이선스 문서를 함께 제공하는 것도 필수니 잊지 마세요. 라이선스 문서를 포함하지 않으면, 나중에 책임 소재가 불분명해질 수 있으니 유의하세요.

클라이언트가 원본 디지털 자료 전송을 원한다면 원본에 대한 저작권 및 추가 비용을 정확히 안내하세요! 원본 파일은 내부 활용용이며, 재판매나 배포는 금지라는 점도 꼭 전달하면 분쟁을 예방할 수 있습니다.

□ 굿즈 목적을 명확히 정의하고 아이템 종류를 결정했는가?

□ 인쇄 적합 해상도(300dpi 이상)로 제작했는가?

□ 제작업체를 선정했는가?

□ 파일을 업체 요구 형식(PNG, AI, PDF 등)으로 정리했는가?

□ 완제품의 수량, 색상, 재질, 인쇄 품질, 마감 상태와 주문서가 일치하는가?

□ 파손이나 오염이 없도록 배송 포장 및 불량 검수를 했는가?

□ 굿즈 제작을 완료했다면 샘플을 보관하고 있는가?

#굿즈만들기 #소장욕구폭발 #내손안에작품

미디어 영상

움직임에도 목적이 필요하다!
컷 연결로 흐름을 만들고,
효과로 주목을!

스크롤 속에서 멈추게 하려면,
말보다 영상이 먼저입니다.
짧고 강렬하게, 감각적으로.
미디어 영상은 제품을 체험하지 않아도 느끼게 만드는
시각적 설득력을 지닙니다.

지금은 텍스트보다 영상 시대입니다. 영상은 보여주는 것을 넘어서 느끼게 합니다.

요즘 사람들은 영상에 익숙해져서 텍스트를 읽는 것은 귀찮아하지만 영상을 보는 것은 매우 자연스러운 패턴이 되었죠. 알파 세대는 포털 사이트보다 유튜브에서 먼저 검색을 하니까요!

이처럼 영상은 제품을 만져보지 않아도 질감을 상상하게 하고, 인터뷰 한 장면만으로 브랜드의 철학을 공감하게 만듭니다. 특히 창업 초기, 자본이나 인력이 부족한 상황에서도 하나의 잘 만든 영상 콘텐츠는 수십 장의 카드뉴스보다 강한 인상을 남길 수 있습니다. SNS 속 빠른 스크롤을 멈추게 하고, 소비자와 브랜드 사이에 첫 대화를 만들어 내는 순간. 그 시작이 바로 영상입니다.

1. 무빙이미지

정지된 이미지를 움직이게 만들어, 시선을 사로잡고 브랜드 분위기를 전달하는 방식입니다. GIF, 시네마그래프, 짧은 루프 영상 등이 여기에 포함됩니다. SNS나 웹사이트에서 빠르게 시각적 임팩트를 주기에 적합하며, 비교적 제작 난이도도 낮은 편입니다.

2. 모션그래픽

그래픽 요소와 텍스트에 움직임을 주어 정보를 시각적으로 전달하는 영상입니다.

디자인적 완성도가 높고, 제품의 기능 설명이나 브랜딩 메시지를 직관적으로 표현하는 데 효과적입니다. 브랜드 컬러, 타이포그래피, 아이콘 등을 활용해 시각적 통일감을 줄 수 있다는 장점이 있습니다.

3. 촬영 기반 영상

실제 인물, 제품, 공간을 직접 촬영해 구성하는 영상입니다. 브랜드의 진정성을 보여주고 감성적인 공감을 이끌어내는 데 강력합니다. 인터뷰, 메이킹 필름, 브랜드 스토리 영상 등에서 주로 사용되며, 편집에 따라 분위기를 다양하게 연출할 수 있습니다.

Step 1 미디어 영상 디자인 프로세스

Q. 영상 미디어 디자인 작업 프로세스를 알려주세요!

퀵 미팅
Quick Meeting

소요기간 1일

– 목표 설정 및 타겟 분석: 브랜딩, 제품 홍보, 고객 후기, 캠페인 영상 등

견적서 발송

소요기간 3일

– 디자인 방향, 작업 범위, 일정, 수정 횟수 등 확정 견적서 발송

**스토리보드 &
레이아웃**

소요기간 4일

– 장면 구성: 시퀀스별 핵심 장면과 메시지 배치
– 레이아웃 설계: 텍스트, 이미지, 아이콘, 캐릭터 위치와 흐름
– 타이밍 계획: 장면 전환과 애니메이션 속도 설정
– 소스 수집: 영상 클립, 음원, 스톡 이미지, 모션소스 등

촬영

소요기간 7일

– 촬영 준비: 카메라, 조명, 음향 등 셋업 / 장소 섭외
– 출연자 디렉팅: 인터뷰, 데모 시연 등

**디자인 요소
제작**

소요기간 5일

– 아이콘, 텍스트, 배경, 색상 등 영상에 들어갈 모든 시각 요소 제작

애니메이션

소요기간 7일

– 장면 전환, 텍스트 등장/퇴장, 아이콘 움직임 등 설정

**후반 작업
영상 편집**

소요기간 3일

– 배경음악, 효과음, 내레이션 추가
– 효과음으로 메시지 강조
– 자막 삽입

출력 및 납품

소요기간 1일

– 적절한 포맷으로 출력

전체 소요 기간은 클라이언트의 피드백 속도에 따라 달라질 수 있으며, 디자인의 난이도, 요청 범위, 수정 횟수, 자료 제공 시점, 내부 승인 절차 등 다양한 요소에 의해 유동적으로 변동될 수 있습니다.

미디어 영상은 제작 목적과 형식 따라 촬영, 디자인요소 제작, 애니메이션 추가의 제작 단계가 달라집니다. 클라이언트와 최종 수정 횟수와 범위를 합의하세요.

Step 2 디자인 툴

무빙이미지 제작을 위해 필요한 툴 셋!

사용하는 프로그램	내용
Ai Ps Pr	일러스트레이터와 포토샵으로 이미지 제작 프리미어: 일러스트나 포토샵에서 만든 요소를 불러와 장면 구성 / 트랜지션, 배경음악, 자막 등을 넣어 완성도 있는 영상 제작

모션그래픽 제작을 위해 필요한 툴 셋!

사용하는 프로그램	내용
Ai Ps Ae	일러스트레이터: 애니메이션에 활용할 수 있도록 오브젝트를 레이어별로 정리 포토샵: 텍스처, 배경, 마스크 효과를 줄 때 유용 애프터 이펙트: 텍스트 애니메이션, 로고 모션, 인포그래픽 등 다양한 형태 제작 가능. 키프레임, 이펙트, 마스크, 트랜지션 등 고급 기능 제공

촬영기반 영상 위해 필요한 툴 셋!

사용하는 프로그램	내용
Pr	프리미어: 촬영한 영상을 컷 편집하고, 자막·음악·전환 효과 등을 넣어 하나의 완성된 영상으로 제작

실전 TIP

촬영기반 영상 편집은 실제 촬영된 영상을 컷 편집하고, 색 보정, 자막 삽입 등의 후반 작업을 포함합니다. 1일 촬영 기본비용과 추가인력(조명, 음향, 스태프 등)을 인원당 체크하여 출장비와 별도 식대 등도 견적에 포함합니다.

영상 작업에서 내보내기(export) 단계는 정말 중요합니다. 아무리 멋진 편집과 효과를 넣어도 최종 출력물이 제대로 나오지 않으면 모든 노력이 헛수고가 될 수 있거든요. 내보내기는 영상의 화질, 용량, 호환성, 재생 환경을 결정하는 단계입니다.

· 적절한 해상도 선택

- Full HD(1920x1080)

가장 일반적인 해상도, 유튜브, SNS, 방송 등 대부분 플랫폼에 적합합니다.

- 4K UHD(3840x2160)

고화질 영상, 프로모션, 영화 제작에 사용하며 파일 크기와 편집 컴퓨터 사양이 높아집니다.

- HD(1280x720)

용량 절감이 필요하거나 모바일용 영상에 적합합니다. 해상도 선택 시, 원본 촬영 해상도와 비슷하거나 낮게 설정하는 것이 자연스러운 화질 유지에 유리합니다.

· 적절한 코덱 선택

- H.264(AVC)

가장 널리 쓰이는 코덱이며 좋은 압축률과 호환성을 제공합니다.

유튜브, SNS 등 영상 플랫폼의 표준입니다. 대부분 사용하는 코덱입니다.

- H.265(HEVC)

H.264 보다 더 높은 압축률, 같은 품질에 더 작은 파일 크기가 가능합니다.

최신 기기와 플랫폼에서 지원하고 있으며 편집 시 컴퓨터 부하 큽니다.

- ProRes, DNxHD

전문가용 고품질 코덱이며 후반 작업용 중간 파일로 사용되기도 합니다.

최종 내보내기보다는 편집 과정에 적합합니다.

실전 TIP

일반적으로 H.264 코덱을 선택하는 것이 가장 무난합니다.

· 적절한 파일 형식

- MP4

H. 264 코덱과 주로 함께 쓰이며, 호환성이 매우 뛰어납니다.

유튜브, 페이스북, 인스타그램 등 대부분 플랫폼에서 기본으로 지원합니다.

- MOV

애플 환경에서 많이 쓰이며, ProRes 코덱 등과도 잘 맞습니다.

고품질 편집용이지만 다소 용량이 클 수 있습니다.

- AVI, MKV 등

특정 상황에서 쓰이나, 일반 사용자나 온라인 플랫폼엔 잘 안 맞습니다.

· 적절한 비트레이트(Bitrate) 형식

비트레이트는 영상 품질과 파일 크기를 결정하는 핵심 요소입니다. 너무 낮으면 영상이 깨지고, 너무 높으면 용량이 과도하게 커집니다.

예시(Full HD 영상 기준)

- 유튜브 권장 비트레이트: 8~12 Mbps(메가비트 / 초)

- SNS 업로드용: 5~8 Mbps(용량 절감용)

- 고해상도(4K)는 비트레이트를 더 높게 설정(35~45 Mbps 권장)

- CBR(Constant Bit Rate): 일정한 비트레이트 유지, 스트리밍에 적합

- VBR(Variable Bit Rate): 영상 복잡도에 따라 비트레이트 조절, 용량 최적화 가능

· 플랫폼별 내보내기 설정 팁

유튜브

해상도: 1080p 이상 권장, 4K 지원

코덱: H.264, MP4 파일 형식

비트레이트: 8~12 Mbps(1080p)

프레임레이트: 원본과 동일하게 유지

인스타그램(릴스, 피드 등)

해상도: 1080x1920(세로 영상 권장)

코덱: H.264, MP4

비트레이트: 5~8 Mbps

길이 제한 고려(릴스 최대 90초 등)

페이스북

해상도: 최대 1080p

코덱: H.264, MP4

비트레이트: 4~8 Mbps

이 모든 부분을 꼼꼼히 체크해야 영상이 원하는 대로 깔끔하고 부드럽게 재생됩니다. 그래서 영상 편집만큼이나 내보내기 세팅을 제대로 아는 것이 프로페셔널한 영상 완성의 핵심이라고 할 수 있어요!

| Step 4 | **최종 납품** |

클라이언트와 협의된 작업으로 영상 포맷(MP4)을 제공합니다.

플랫폼별 영상을 별도로 요구 시, 추가 비용을 쓰고 플랫폼별 최적 해상도 및 비율을 적용합니다.

클라이언트가 외부 리소스 사용에 대한 라이선스 문서를 함께 제공합니다. 이메일 첨부 시 용량 제한을 확인하고, 클라우드 링크, 다운로드 링크 등을 안전하게 전송합니다. 작업자는 편집용 프로젝트 파일(원본 소스)과 완성 영상을 모두 보관합니다. 영상에 사용된 배경음악, 효과음, 성우 내레이션 등도 모두 보관합니다.

□ 클라이언트 요청 포맷(MP4, MOV 등)으로 변환했는가?

□ 편집용 프로젝트 파일(원본 소스) 및 배경음악, 효과음 등을 보관했는가?

□ 외부 리소스 라이선스 문서를 함께 제공했는가?

□ 클라이언트와 최종 수정 횟수와 범위를 합의했는가?

□ 안전한 전달 방식(클라우드 링크, 다운로드 링크 등)을 선택했는가?

#픽셀파티 #영상으로톡톡 #움직임의미학

13 박람회 홍보 디자인

**지나가는 발걸음을 멈추게 하는 힘
모든 시선이 머무는 디자인**

박람회는 고객과 직접 만나는 기회,
새로운 네트워킹의 시작입니다.
하지만 방문객의 발길을 끌어오기 위한 전략이 없다면
그 가치는 제한적일 수밖에 없습니다.
박람회 홍보는 기억에 남는 특별한 경험을
만들어냅니다.

디자인이 만드는 특별한 경험! 기업이 박람회에 참가한다고 하면, 단순히 제품 몇 개를 놓고 관람객을 기다리는 자리라고 생각할 수도 있어요. 하지만 사실 그건 시작에 불과합니다. 박람회에서 진짜 중요한 건 바로 '공간과 사람'이죠. 부스를 처음 마주하는 순간, 색감이나 디자인, 공간 배치 같은 것들이 자연스럽게 눈길을 잡아요. 사람들은 발걸음을 옮기고, 멈추고, 때로는 사진도 찍으면서 그 공간 속으로 자연스럽게 들어가게 되죠. 정보를 전달하는 것에 그치지 않고, 직접 보고, 만지고, 체험하면서 브랜드를 느끼는 경험이 만들어지는 순간입니다.

그리고 박람회가 거기서 끝나는 건 아니에요. 브랜드를 알리는 공간이 제대로 준비되어 있다면, 포스터, 브로슈어, 영상, SNS 콘텐츠 같은 모든 홍보 수단을 통합적으로 계획하고 디자인해서 브랜드 메시지를 일관되게 전달해야 하죠. 그렇게 하면 사람들이 어느 채널에서 접하든 브랜드 이야기와 이미지를 자연스럽게 기억하게 되고, 오프라인과 온라인이 연결된 브랜드 경험이 만들어집니다.

잘 만든 홍보 디자인과 부스는 사람들이 부스라는 공간을 넘어 브랜드 자체를 감각적으로 경험하도록 합니다. 브랜드를 오래도록 기억하게 되는 건 물론이에요. 방문객이 머무는 시간, 손끝으로 느끼는 질감, 눈길을 끄는 디테일 하나까지, 모든 순간이 브랜드와의 특별한 만남이 되는 거죠. 지나가는 발걸음을 멈추게 하는 힘, 박람회 홍보 디자인을 알아볼까요?

3장 단계별 디자인 수익화 과정

퀵 미팅
Quick Meeting

소요기간 1일

– 박람회 일정, 장소, 부스 규모 확인
– 필요한 홍보물 종류 및 수량 파악
(ex. 리플렛, 등신대, 배너, 부스 디자인 등)

**방향성 기획 및
채널 선정,
통합 계획**

소요기간 4일

– 브랜드 가이드라인, 제품 이미지, 텍스트 등 기초 자료 확보
– 컨셉 보드, 키비주얼 제안, 박람회 성격 분석
– 온라인, 오프라인 각 채널의 역할 선정 및 계획

견적서 발송

소요기간 1일

– 디자인 방향, 작업 범위, 일정, 수정 횟수 등 확정 견적서 발송

디자인 설계

소요기간 10일

– 시안 디자인, 목업 이미지, 출력용 원본 파일
▶ 리플렛/팜플렛, 포스터 / 현수막 / 배너, 안내판 / 사인물 / 굿즈 / 기
념품, 디지털 콘텐츠 등

피드백 수정

소요기간 10일

– 실물 환경에 맞게 테스트 적용 시뮬레이션
– 타이포 가독성, 컬러 대비, 전달력 점검
– 출력 / 설치 방식 고려한 수정 반영
– 구체적인 산출물 확보

인쇄 제작

소요기간 5일

– 출력소, 시공업체와 협업
– 설치 전 체크리스트 및 현장 점검
– 디자인 손상 없는 시공 방식 확보

설치 납품

소요기간 10일

– 배너, 현수막 등 협력업체 설치요청

홍보 콘텐츠 관리

소요기간 5일

–SNS용 사진·영상 콘텐츠 제작 및 운영

–관람객 참여 유도용 콘텐츠 디자인

(이벤트 배너, QR포스터 등)

전체 소요 기간은 클라이언트의 피드백 속도에 따라 달라질 수 있으며, 디자인의 난이도, 요청 범위, 수정 횟수, 자료 제공 시점, 내부 승인 절차 등 다양한 요소에 의해 유동적으로 변동될 수 있습니다.

Step 2 디자인 툴

사용하는 프로그램	내용
	– 일러스트레이터: 인쇄용 대형 출력물 – 인디자인: 편집 디자인, 문서형 인쇄물 – 프리미어, 애프터이펙트: 디지털 콘텐츠, 영상 편집, 영상모션로고 – 피그마: 인터랙티브 콘텐츠(웹페이지, 웹배너, 카드뉴스) – 블렌더: 3D구조 공간 시뮬레이션

어떤 홍보물을 만들 것인지, 어디에 배포될 것인지, 인쇄용인지 디지털용인지, 정적인지 동적인지에 따라 최적의 프로그램과 제작 방식을 선택해야 합니다. 이러한 기준을 사전에 정하지 않으면 작업 과정에서 불필요한 시행착오가 발생하고 결과물의 품질이 저하될 수 있으며, 일정 관리와 비용 효율성에도 부정적인 영향을 미치게 됩니다.

Step 3 부스를 빛내는 필수 아이템 리스트

박람회에서 필요한 건 생각보다 다양합니다. 리플렛, 배너, 포스터는 물론, 눈에 띄는 등신대까지. 디자인 회사는 이런 모든 요소를 목적에 맞게 설계하고, 현장에서 '딱 맞게' 활용할 수 있도록 해주어야 합니다. 박람회 홍보 디자인은 시각디자인의 전체 흐름을 이해한 상태에서 짧은 시간 안에 효과적으로 구현해야 하며, 이를 위해 빠른 작업 속도와 원활한 커뮤니케이션이 필수적입니다.

- 리플렛: 휴대용 정보 전달용 인쇄물
- 브로슈어: 제품 상세 정보 제공 책자
- 현수막, 배너: 부스 외부 및 주변에서 시선을 끄는 대형 홍보물
- 포스터, 안내판: 부스 내외부에 설치하는 정보판
- 등신대(포맥스, 폼보드): 사람 크기나 제품 모형 크기의 입체 광고물

- 안내판 / 사인물:　　　부스 내외부 동선 및 정보 제공
- 명함, 엽서:　　　　　방문객 배포용 소형 홍보물
- 회사 소개서:　　　　비즈니스 파트너, 바이어, 고객에게 첫인상을 남기는 자료
- 디지털 콘텐츠:　　　(SNS용 이미지, 영상) 온라인 홍보 연계
- 부스 디자인:　　　　벽, 테이블, 선반 등 전시 공간 확인 및 그래픽 출력물 현장 설치 점검
- 기념품:　　　　　　방문객 확보 및 참여 유도를 위한 굿즈

실전 TIP

각 홍보물은 제작 사양과 활용 환경에 따라 단가와 완성도가 달라지므로, 디자인 단계에서부터 인쇄 / 출력 / 설치 조건을 함께 고려하는 것이 중요합니다.

Q. 현수막 설치 방법은 어떻게 해야 하나요?

현수막 설치는 출력만 하고 끝나는 게 아니라 장소, 구조물, 안전성 등을 고려해야 하기 때문에 미리 준비하고 체크할 부분이 많습니다. 체크사항을 확인하기 전에 디자이너 입장에서 현수막 설치까지 직접 하는 건 현실적으로 무리일 수 있어요. 그래서 보통 디자이너의 역할은 '제작 파일까지'가 일반적입니다. 그다음은 누구 몫? 설치 전문 업체나 출력소에서 현수막 인쇄+설치까지 대행해 줍니다. 그래도 디자인 회사에서도

아래 정보는 기본적으로 알아야 합니다.

1. 허가 여부 확인(공공장소의 경우)

거리, 건물 외부에 설치할 경우 관할 구청이나 건물 관리자의 허가 필요.

무단 설치 시 과태료 부과될 수 있음

2. 설치 위치 정하기

건물 외벽, 펜스, 벽면, 실내 벽 등 설치할 곳을 먼저 결정하세요.

실외라면 바람·비에 대비한 안전성 고려!

3. 사이즈와 방향 확인

설치할 공간에 맞춰 가로 / 세로 크기를 설정하세요

가로형, 세로형, 입간판용 등으로 구분해 디자인 제작

4. 제작 시 체크할 사항

4면에 여백 + 재단선 + 여분(블리드) 확보

현수막용 재질(현수막천, 타포린, 메쉬 등) 선택

해상도는 150dpi 이상 권장

고리 설치용 하단 배너봉 or 타공(하단에 구멍) 옵션 선택

5. 설치 방법

로프: 벽이나 기둥에 로프나 케이블 타이로 고정

디자인 창업의 모든 것

후크 / 훅: 벽면에 고리나 나사 고정 후 고리 연결

입간판 거치대: 실내·실외 전시 시 입간판 형태로 활용 가능

메쉬 배너: 바람이 많이 부는 곳은 타공된 메쉬 배너 사용 추천

주의: 강풍에 대비해 고정 지지대를 충분히 확보해야 합니다. 무거운 장치나 등신대, 배너는 넘어지거나 흔들리지 않도록 안정성이 최우선입니다.

실전 TIP

– 리플렛·팜플렛(지류 인쇄물)
페이지 수, 용지의 종류, 접지 방식(2단, 3단 등), 제본 방식(무선, 중철 등), 컬러 / 단색 인쇄 여부를 반드시 확인해야 합니다.

– 등신대(포맥스·폼보드)
제작 크기, 컷팅의 복잡도(일자·곡선·특수형태 등), 디자인 난이도에 따라 비용이 달라지므로 사전에 협의가 필요합니다.

– 배너
실내용 / 실외용 구분, 설치 장소에 맞는 배너 거치대 여부를 확인해야 하며, 재질과 내구성도 중요합니다. 바람·비·햇빛 등 외부 환경에 견딜 수 있는 소재인지 확인해야 합니다.

– 디지털 콘텐츠(영상·이미지)
영상 제작 시 목적(홍보·안내·브랜딩), 분량(초 단위), 활용 채널(SNS·부스 내 모니터 등)에 맞게 기획해야 합니다.

– 현수막
크기(가로·세로 비율), 소재(천, 타포린 등), 출력 방식(디지털 출력, 실사 출력), 설치 방식(천정 고정, 외벽 부착 등)을 꼼꼼히 확인해야 합니다.

Q. 등신대는 어떻게 만들어야 하나요?

등신대는 인물 스탠디, 입간판이라고도 불리는데 행사, 박람회, 매장 홍보에서 자주 쓰이는 아이템입니다. 디자이너 입장에서는 현수막처럼 디자인 + 출력 파일 제작까지만 책임지는 게 일반적이에요. 아래에 등신대 제작과 관련한 정보, 그리고 설치 부담 없이 작업하는 실무 팁도 함께 정리했으니 참고하세요.

등신대 디자인 기본 정보

사이즈:	일반적으로 60×160cm, 70×180cm, 90×180cm 등 다양 (실제 사람 키에 맞춰 조정 가능 – 인물 신장 기준 1:1 비율로 제작하는 경우도 많아요.)
해상도:	실사 출력이라면 150dpi~300dpi(보통 150dpi로 충분)
재질:	대부분 포맥스(PVC폼보드)로 제작
칼선:	인물 외곽을 따서 칼선(AI 벡터) 작업을 따로 해줘야 함. → 출력소에서 "칼선 파일"을 요구하는 경우가 많아요.
파일 포맷:	CMYK, PDF 또는 AI(텍스트는 아웃라인 필수)
거치 방법:	일체형 받침대, 철제 받침, X배너형 등 다양하지만 이 부분은 출력소에서 크기와 두께 등에 맞춰 제안해 줍니다.

요즘 박람회나 전시에서는 등신대를 꼭 사람 형태로 만들지 않고 캐릭터, 포토존, 제품 모형 등으로 활용하는 경우가 많습니다.

- 캐릭터 등신대: 브랜드 마스코트나 인기 캐릭터를 등신대 형태로 제작해 주목도와 친근감 상승
- 포토존 등신대: 방문자가 사진을 찍을 수 있도록 테마화, 체험 요소 강화
- 제품 모형 등신대: 신제품이나 시그니처 아이템을 크게 제작해 시각적 임팩트 제공

이렇게 브랜드 경험과 참여를 유도하는 시각적 도구로 다양하게 변형해서 제작해 보세요.

Q. 배너는 어떤 것들이 있나요?

배너는 활용 목적과 설치 장소에 따라 종류가 다양해요. 배너는 종류마다 크기·설치 난이도·휴대성이 다르기 때문에 어디에 설치할지와 얼마나 자주 교체할지를 기준으로 선택해야 합니다. 실내 전시라면 가볍고 깔끔한 X 배너나 롤업 배너, 실외 홍보라면 물통 거치대 같은 안정성 있는 구조가 필요합니다.

미니 배너
작은 크기의 테이블·데스크 위에 올려두는 홍보용 배너
가까운 거리에서 제품·서비스를 소개할 때 활용

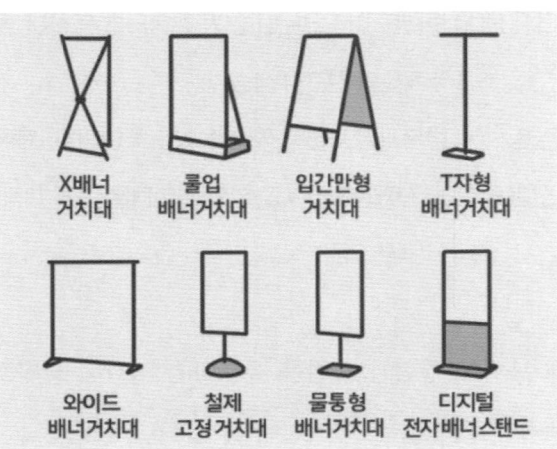

X 배너(X banner)

X자 프레임에 배너천을 걸어 설치하는 가장 흔한 형태

가볍고 설치·교체가 간편하여 실내 전시에 적합

롤업 배너(roll-up banner)

배너를 말아서 본체에 보관하고 필요할 때 위로 당겨 세우는 구조

휴대성이 뛰어나고 이동이 잦은 박람회·설명회 등에 유용

입간판형 배너(stand banner)

삼각 스탠드나 평판 구조물에 인쇄물을 붙여 세워두는 형태

매장 앞, 행사장 입구 등에서 안내용으로 자주 사용

대형 배너

실외 광고나 행사장 외부에 설치되는 초대형 사이즈

강풍·우천에 대비해 두꺼운 타포린 소재와 튼튼한 거치대 필요

https://blog.naver.com/monopia7/223827630592

배너에서 가장 대중적인 사이즈를 사용하는 이유는 거치대와 호환성 때문입니다. 배너를 제작할 때 일반적으로 많이 쓰이는 규격을 선택해야 거치대에 정확히 맞고 설치가 편리합니다.

Q. 부스 공간 벽면 디자인은 어떻게 해야 하나요?

벽면은 과도하게 정보를 전달하기보다는 브랜드 정체성과 주목성에 집중하는 것이 효과적입니다. '멀리서 봐도 기억에 남는 한 컷'을 만드는 것이 핵심이에요. 브랜드의 핵심 문구나 차별점을 크게 배치하는게 좋습니다. 평면 그래픽이 아니라 조명·입체 구조물·모니터 설치 등으로 입체감을 부여하면 공간의 퀄리티는 올라가요. 합판, 포맥스, 패브릭, LED 패널 등 다양한 소재를 활용할 수 있습니다.

출처: 마음 스튜디오

부스 벽면 디자인 기본 정보

– 가장 일반적인 방식: 켈지(현수막 천) 출력 후 부착

– 대형 출력물(현수막 소재)을 켈지로 제작하여 부스 합판 위에 양면테이프 · 타카로 부착

폼보드 / 포맥스 부착

– PVC 재질의 단단한 판넬(5T~10T 등 두께) 위에 인쇄물을 부착해 사용할 수 있습니다.

– 깔끔하고 견고하며, 컷팅 디자인(곡선, 입체 모양)이 가능합니다.

합판 위 시트지(실사시트) 부착

– 벽면 합판에 실사시트를 직접 부착하는 방식입니다. 표면이 매끄럽고 고급스러운 느낌이 들지만 한번 붙이면 재활용이 어렵고, 시공 후 떼어내는 데 시간이 소요됩니다.

패브릭(텐션 원단) 출력

– 얇고 탄력 있는 원단에 인쇄하여 프레임에 끼워 설치합니다. 주름이 적고 색감이 선명하며, 반복 사용이 가능합니다. 최근 해외 전시나 대형 부스에서 많이 사용합니다.

LED 패널 / 디지털 사이니지 활용

– 인쇄물이 아닌 디지털 디스플레이를 벽면에 배치합니다. 다양한 콘텐츠 교체가 가능하며 역동적인 연출에 적합합니다. 단가가 높고, 설치 전력 · 장비 협의가 필요합니다.

디자인 창업자라면 작품을 만드는 것에 그치지 말고 부스 디자인 설계를 해보길 추천합니다. 브랜드 메시지, 공간 구성, 시각 요소, 방문객 경험까지 모두 고려해야 하는 고난이도의 작업이기 때문에 기관이나 기업이 아무에게나 맡기지 않는 영역이죠.

여러 챕터에서 정리한 것처럼, 브랜드, 패키지, 영상 미디어, 캐릭터 등 하나하나의 디자인 작업을 통해 쌓아온 노하우가 큰 자산이 됩니다. 그렇게 경험과 노하우를 꾸준히 쌓다 보면 어느 순간 회사 홈페이지를 보고 연락이 걸려 올지도 모릅니다. 큰 기회를 잡기 위해 다양한 경험과 노하우를 쌓는 데 집중하세요.

공간 구성 및 동선 설계

부스 내 방문객 이동 동선 계획:
입구 → 체험 → 정보 확인 → 퇴장

혼잡 최소화와 자연스러운 체험 흐름 확보
시각적 포인트와 체험존 배치 고려

시각적 요소 설계

배너, 포스터, 영상, 디지털 사이니지 등
시각 요소 통합

브랜드 아이덴티티(색상, 로고, 메시지) 반영
방문객 눈길을 끄는 포인트 디자인

체험 요소와 인터랙션

참여형 체험, 시연, 이벤트 등
방문객 경험 강화

실내/실외 환경에 따른 장치 및 안전 고려
체험 후 브랜드 기억과 감정 연결

설치 및 운영 실무 고려

부스 구조, 소재, 거치대,
장비 설치 용이성 검토

실내/실외 환경, 조명, 전력, 안전 요소 반영
운영 인력과 관리 계획 포함

실전 TIP

부스 디자인 설계를 위해 브랜드, 패키지, 영상, 캐릭터 등 다양한 디자인 프
로젝트를 꾸준히 수행하며 실무 경험과 노하우를 축적하세요.

이미지 출처: 마음 스튜디오

단순 제작물이 아니라 현장 납품과 설치 계획, 인력 배치, 설치 도구까지 미리 준비해 두어야 합니다.

Step 5 홍보 콘텐츠 관리

홍보 콘텐츠 관리는 온라인과 오프라인을 아우르는 통합 홍보 과정을 관리하는 단계예요. 현장에서 사용되는 배너·포스터 같은 오프라인 홍보물과 인스타그램, 페이스북, 유튜브 등 온라인 콘텐츠가 서로 연결되도록 기획하고 운영하는 게 핵심이죠.

SNS용 사진·영상 콘텐츠 제작 및 운영

여러 SNS 채널마다 특성이 다르기 때문에 각 플랫폼에 맞는 홍보물을 따로 개발하고 체계적으로 운영·배포하는 과정이 필요합니다. 그래서 먼저 인스타그램, 페이스북, 유튜브 같은 채널별 이용자 성향과 노출 방식, 즉 알고리즘을 살펴보고 그에 맞는 콘텐츠를 기획해야 합니다. 그렇게 기획된 콘텐츠는 이미지나 카드뉴스, 영상, 모션그래픽처럼 다양한 형태로 제작해서 각 채널의 기준에 맞춰 올리게 됩니다. 또 게시물은 무작정 올리는 게 아니라 미리 운영 일정을 정해 두고 체계적으로 업로드해야 하고요. 동시에 실시간으로 반응과 성과를 체크하면서 다음 홍보 전략에 반영하는 게 중요합니다. 이런 과정을 거쳐야 단기적인 홍보 효과는 물론이고, 브랜드가 계속 노출되면서 장기적으로 신뢰까지 쌓을 수 있습니다.

콘텐츠 기획: 전시, 행사, 제품 또는 브랜드 메시지에 맞는 SNS 콘텐츠 기획

촬영 / 제작: 사진·영상 촬영, 모션그래픽 제작, 편집 등

운영 일정 관리: 게시 일정, 업로드 플랫폼(인스타그램, 페이스북, 유튜브 등) 관리

실전 TIP

성과 모니터링으로 조회수, 좋아요, 댓글 등 반응을 체크하고 개선 포인트 기록해 주어야 합니다.

관람객 참여 유도용 콘텐츠 디자인

관람객 참여를 끌어내기 위해서는 홍보물만 배치하는 게 아니라, 참여를 유도하는 콘텐츠 디자인이 필요해요. 예를 들어 이벤트 배너를 제작할 때는 눈길을 사로잡는 문구와 시각적으로 강조되는 포인트를 함께 설계해야 관람객이 자연스럽게 관심을 가지게 됩니다. 또 QR 포스터를 활용하면 효과적인데, 관람객이 코드를 스캔하면 곧바로 이벤트 페이지나 설문, 쿠폰 등으로 연결되도록 해서 참여 장벽을 낮출 수 있죠.

중요한 건 참여가 '즉각적으로' 이루어지도록 돕는 거예요. 방문객이 쉽게 다가올 수 있는 위치에 설치하고 동선과 시각적 안내를 고려해 배치해야 합니다.

> **실전 TIP**
>
> 현장에서 쓰이는 설치물과 SNS 콘텐츠를 연계하면, 오프라인과 온라인이 자연스럽게 이어지는 통합 홍보가 가능해져 참여 효과가 훨씬 커집니다.

Step 6 최종 납품

박람회 홍보 디자인에 있어 클라이언트는 디자인과 제작뿐 아니라 현장에서의 설치까지 완벽하게 해주길 원합니다. 부스 벽면, 배너, 현수막, 등신대 등 모든 홍보물을 현장에 맞게 설치하고 최종 확인까지 진행하는 서비스를 해줄 수 있어야 합니다.

1. 직접 설치 납품

- 부스 벽면, 배너, 현수막, 등신대 등 모든 홍보물 현장에서 직접 설치
- 설치 위치, 높이, 조명, 동선, 촬영 포인트 등을 현장에서 확인하고 즉시 조정
- 설치 완료 후 최종 시안 확인 및 촬영용 포인트 점검 필수

2. 인쇄물 납품

- 리플렛, 팜플렛, 브로슈어, 배너, 현수막 등 인쇄물 완성본 전달

- 출력물 품질 확인: 고해상도 파일, 재단 / 접지 / 제본 상태, 인쇄 색상 검수

- 클라이언트가 직접 설치할 경우 설치 안내서 및 시안 가이드 제공

3. 영상 / 디지털 콘텐츠 납품

- 홍보 영상, 모션그래픽, 슬라이드, SNS용 이미지 등 용도별 파일 제공

- 웹, 모니터, 대형 스크린 등 매체별 적합한 포맷과 해상도로 제공

- 원본과 편집본 구분, 사용 권한 안내, 필요시 현장 재생 테스트 진행

□ 부스 크기와 구조를 정확히 파악했는가?

□ 시선이 집중되는 포인트를 설계했는가?

□ 출력 사이즈에 맞는 고해상도 디자인 파일을 준비했는가?

□ 사용된 이미지 폰트 아이콘의 라이선스를 확인했는가?

□ 현장에서 사용할 굿즈 브로슈어 등 인쇄물 디자인을 완료했는가?

□ 디지털 홍보물 영상 슬라이드 모션그래픽 등을 준비했는가?

□ 설치업체와 디자인 규격을 공유했는가?

□ 인쇄 시안 사전 점검(색상, 오탈자 등)을 마쳤는가?

□ 현장 설치물과 SNS 콘텐츠를 연계해 오프라인과 온라인을 통합적으로 홍보했
  는가?

#부스에서시선강탈 #사람몰리는비주얼 #발길을붙잡는디자인

14 웹 홈페이지

**스마트한 홈페이지 제작
시간 절약, 퀄리티 높이는
웹사이트 솔루션**

코딩 없이, 드래그 앤 드롭으로
내 손안에 웹사이트를!
템플릿을 활용해 기본적인 구조를 설정하면,
누구나 전문적인 웹사이트를 만들 수 있습니다.

홈페이지는 회사 브랜드를 가장 직관적으로 보여주는 창구이자 신뢰를 주는 첫인상입니다. 혹시 노코드(No-Code) 홈페이지 제작을 들어 보셨나요? 노코드는 코딩 없이 시각적인 인터페이스를 활용해 손쉽게 웹사이트를 만드는 방식으로, 브랜드를 소개하고 싶은 사람들에게 특히 적합합니다. 아직 규모가 작고 1~2인이 운영하는 디자인 회사라면 개발자 없이도 직접 구축할 수 있는 노코드 홈페이지 제작이 현실적이면서 효율적인 선택이 될 수 있습니다. 코드를 몰라도 괜찮아요. 기획과 감각이 있다면 홈페이지를 만들 수 있습니다.

단, 아래와 같이 웹개발 연동이 필요한 경우 개발 외주를 고려해야 합니다.

∨ 복잡한 예약 / 결제 시스템이 있는 홈페이지
∨ 회원 로그인, 대시보드 기능을 고려한 홈페이지
∨ 쇼핑몰 기능이 있는 홈페이지

퀵 미팅
Quick Meeting

소요기간 1일

– 홈페이지 목적(타겟 대상 / 예상 방문자 / 서비스 설명 등) 확인
– 브랜드 컨셉 / 참고 사이트

견적서 발송

소요기간 1일

– 디자인 방향, 작업 범위, 일정, 수정 횟수 등 확정 견적서 발송

웹빌더 선택 및
디자인 자료수집

소요기간 4일

– 웹빌더 종류와 기능 비교 후 목적에 맞는 툴 선택
– 로고, 텍스트, 이미지, 포트폴리오 자료 등 확인
– 기존 도메인 여부 및 웹호스팅 상황 확인

기획안 및
와이어프레임
설계

소요기간 5일

– 홈페이지 구성안 / 메뉴 구조 설계
– 페이지 수 / 섹션 구조 결정
– 주요 콘텐츠 흐름 설계(예: 히어로 〉소개 〉포트폴리오 〉문의)
– 추가 이미지 제작

웹빌더
활용제작

소요기간 7일

– 선택된 툴(Webflow, Wix, Framer 등)에서 실 제작
– 반응형 적용(모바일 / 태블릿)
– 이미지 최적화 / 폰트 세팅
– 버튼, 메뉴, 페이지 간 연결 완성
– SEO 기본 설정 / SNS 썸네일 / 파비콘 설정 등

최종 점검 테스트

소요기간 5일

– 전체 페이지 링크 점검
– 클라이언트 테스트 후 수정사항 반영(1~2회 제한)
– 도메인 연결 가이드 or 직접 연결
– 운영 방법 간단 매뉴얼 제공(PDF or 영상)

도메인 연결	– 최종 제작 사이트를 클라이언트가 사용하는 도메인과 연결
	– SSL 인증, SEO 기본 설정 등 적용
소요기간 2일	– 안정적 사이트 확인
납품	– 작업 된 사이트 주소, 관리자 접근 방법, 사후 수정 범위 안내
	– 백업 여부, 추가 요청 처리 조건 등
소요기간 1일	

전체 소요 기간은 클라이언트의 피드백 속도에 따라 달라질 수 있으며, 디자인의 난이도, 요청 범위, 수정 횟수, 자료 제공 시점, 내부 승인 절차 등 다양한 요소에 의해 유동적으로 변동될 수 있습니다.

Step 2 웹빌더 사이트

웹빌더(Web Builder)란, 코딩 지식이 많지 않아도 쉽게 웹사이트를 제작할 수 있도록 도와주는 소프트웨어나 서비스를 말합니다. 쉽게 말해 '드래그 앤 드롭으로 블록을 끌어다 놓기만 하면 홈페이지가 완성되는 툴'이라고 생각하시면 됩니다. 예전에는 홈페이지 하나 만들려면 HTML, CSS, 자바스크립트 같은 언어를 배우거나 전문 개발자를 찾아야 했습니다. 하지만 웹빌더는 이 과정을 혁신적으로 단축시켰습니다. 텍스트 박스를 넣고 싶으면 끌어다 놓고, 이미지를 추가하고 싶으면 또 하나 놓으면 되죠. 덕분에 디자이너나 창업가는 복잡한 코드를 건드리지 않아도 기획과 감각만으로 브랜드를 담은 웹사이트를 만들어낼 수 있습니다.

더 흥미로운 건 웹빌더가 단순히 '홈페이지 제작 툴'을 넘어섰다는 점이에요. 이제는 템플릿 기반 디자인, 반응형 웹, 전자상거래 기능, SEO 최적화까지 제공하면서 작은 디자인 스튜디오나 1인 창업자에게도 충분히 전문적인 결과물을 가능하게 해줍니다. 규모가 크지 않은 디자인 창업 초기라면 개발자에게 거액을 투자하지 않고도 자신의 브랜드 웹사이트를 직접 구축할 수 있을 뿐만 아니라, 클라이언트의 웹사이트 제작까지도 실현할 수 있습니다. 브랜드의 첫인상을 세상에 보여줄 수 있는 가장 현실적이고 효율적인 선택지 웹빌더 사이트 몇 개 알아볼게요.

사이트	화면	특징
WIX		템플릿 다양, 직관적 에디터, 초보자 친화적
Webflow		디자이너 친화적, 반응형 강력, 자유도 높음

사이트	화면	특징
아임웹	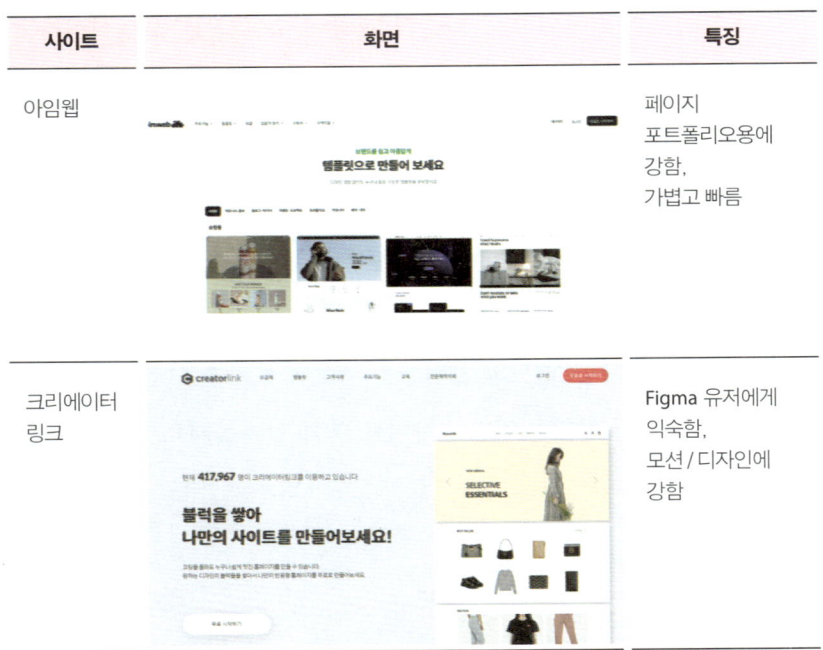	페이지 포트폴리오용에 강함, 가볍고 빠름
크리에이터 링크		Figma 유저에게 익숙함, 모션/디자인에 강함

　　이렇게 웹빌더를 활용하면 개발 리소스 없이도 바로 웹사이트를 배포할 수 있어 일정 지연에 대한 걱정을 줄일 수 있습니다. 또한 클라이언트 미팅 중 실시간으로 시안을 공유할 수 있어 설득력 있는 제안이 가능하고, 도메인 연결이나 수정, 업데이트 역시 손쉽게 진행할 수 있어 유지 관리 측면에서도 효율적입니다. 따라서 운영 목적에 맞는 가장 적합한 툴을 선택하는 것이 중요하며, 관리자 페이지를 통해 클라이언트가 직접 사이트를 운영하고 수정할 수 있도록 설계하는 것이 필요합니다. 구체적인 구현 방식은 클라이언트와 상담하며 결정하면 됩니다.

Q. 웹빌더는 어떤 프로젝트에 적합한가요?

웹빌더는 홍보용, 소개용, 포트폴리오용처럼 비교적 단순하고 직관적인 목적에 가장 적합합니다.

개인 포트폴리오 웹사이트는 나만의 작품과 경력을 한눈에 보여줄 수 있는 공간으로 활용할 수 있고, 브랜드 제품의 프로모션을 위해 집중적으로 홍보하는 페이지로 적합합니다. 또한 클라이언트 제안서나 프레젠테이션용 웹페이지는 실시간으로 내용을 보여주고 설명할 수 있는 동적인 제안 자료로 활용할 수 있으며 이벤트나 행사 홈페이지는 참가자 모집과 일정 안내, 소통 창구의 역할을 합니다.

실전 TIP

너무 복잡한 기능, 예를 들어 대규모 전자상거래, 사용자 맞춤형 기능, 방대한 데이터베이스 연동 같은 경우에는 웹빌더만으로는 한계가 있습니다. 이런 프로젝트는 결국 전문 개발자와 CMS, 프레임워크 기반 제작이 필요합니다.

보조 디자인 툴	내용
	웹빌더만으로도 홈페이지 제작은 가능하지만, 디자인 퀄리티와 전문성을 높이려면 추가 프로그램 활용 능력이 필요합니다. 일러스트레이터로 로고, 아이콘, 배너 등 벡터 기반 디자인 제작할 수 있으며 이미지 편집, 합성, 보정은 포토샵으로 진행합니다. 배경 제거, 색상 보정, 사진 리터칭 등 다양한 그래픽 작업이 필요할 때가 많습니다. 더 꼼꼼하게 홈페이지를 제작하고 싶을 시 피그마 프로그램에서 시안을 뽑고 이 시안을 바탕으로 웹빌더에 바로 구현할 수 있습니다.

Step 4 **홈페이지 중요사항 체크**

클라이언트 입장에서 실제 브랜드 가치와 성과를 좌우하는 건 콘텐츠예요. 빌더 템플릿은 누구나 쓸 수 있지만, 텍스트 카피·사진·스토리텔링은 그 회사만의 색을 담아야 합니다. 결국 사람 눈길을 끄는 건 이미지와 글이거든요. 이미지는 톤을 통일하고, 필요 없는 배경은 지우고, 해상도를 살려야 하죠. 제품은 클로즈업이나 전후 컷을 쓰면 더 설득력이 있고, 브랜드 컬러를 일관되게 쓰면 정체성이 확 드러납니다. 만약 업로드할 사진이 일관성이 없고 제각각이라면 디자인 회사는 사진 촬영도 과감하게 진행해야 해요. 제품컷, 인물컷, 공간컷 등을 브랜드 컨셉에 맞춰 처음부터 촬영하여야 고퀄리티 확보가 가능합니다. 사진이나 이미지 보정 작업이 더 중요할 수 있습니다.

웹빌더를 활용하여 홈페이지를 만들 때의 몇 가지 중요한 사항을 함께 확인해 봅시다.

클라이언트 업종에 맞는 템플릿 선택

디자인 중심인지, 기능 위주인지에 따라 적합한 툴이 다릅니다. 디자인 스튜디오, 포트폴리오, 컨설팅 등 업종 특성에 맞는 템플릿을 고르는 것이 효과적입니다.

핵심 시각 요소

사이트에서 방문자의 시선을 가장 먼저 끄는 주요 비주얼 요소를 제작해야 합니다. 페이지 상단의 히어로 배너와 콘텐츠의 일관성을 유지합니다.

행동 유도 장치

"문의하기", "상담 신청" 버튼을 눈에 잘 띄게 넣어두어야 합니다.

도메인 연결 및 SEO 기능 확인

브랜드 아이덴티티 강화를 위해 도메인 연결이 쉽고, 검색엔진 최적화가 지원되는지 체크하세요.

반응형 디자인 여부

모바일 대응은 필수입니다. 다양한 기기에서 문제없이 보여야 합니다.

외부 플러그인 연동 가능성

문의 폼 등 필요한 기능을 추가할 수 있는지 확인하세요.

정기 요금과 트래픽 제한

사용량과 예산에 맞는 요금제를 선택하는 것도 중요합니다.

실전 TIP

제작물은 무조건 상업적 사용이 가능하게 해주어야 합니다. 폰트 저작권과
이미지 저작권 모두 상업적으로 이용이 가능한 무료 이미지를 사용하세요.
유료 이미지 사용 시 해당 이미지의 구매 및 라이선스 비용은 의뢰인이 부담
합니다. 클라이언트가 보내준 이미지 및 소스의 저작권에 관한 법적 문제는
책임지지 않는다고 꼭 명시해 주세요.

Q. 유지보수 비용이 따로 발생하나요? 도메인 연결이나 호스팅 세팅도 별도인가요?

기본적으로 납품 후 1개월 정도는 간단한 수정 범위 내에서 무상
지원이 포함되는 경우가 많습니다. 글자 수정이나 이미지 교체 등이 해
당됩니다. 이후에는 정기 유지보수 비용이 별도로 책정됩니다. 정기 유

지보수는 월 구독 형태의 유지관리 서비스로 별도 안내해 드리는 게 좋습니다.

유지보수 범위에는 콘텐츠 교체, 디자인 소폭 변경, 오류 수정 등이 포함되며, 새로운 페이지 추가나 대규모 디자인 변경은 별도 견적이 발생합니다. 클라이언트에게 별도 비용으로 안내할 때, 적정 가격 설정은 작업의 난이도와 범위, 시장 시세 등을 반영해야 합니다.

1. 월 유지보수 서비스(구독형)

기본형(텍스트 / 이미지 간단 수정, 월 2~3회 대응)

표준형(간단 수정 + 배너 교체 + 일부 섹션 변경)

고급형(디자인 수정, 기능 대응 포함)

※ 유지보수는 "반응 속도", "작업 횟수", "작업 범위" 기준으로 급수가 나뉩니다.

2. 도메인 연결

웹빌더 자체는 무료로도 시작할 수 있지만, 자체 도메인 연결은 유료 요금제(프리미엄 플랜) 이상을 결제해야 가능합니다. 도메인 자체는 별도로 구매해야 하며, 구매처는 가비아, 카페24, Google Domains 등 다양합니다.

3. 호스팅 세팅

웹빌더는 호스팅이 기본 포함되어 있어 별도 서버 세팅은 필요 없습니다. 다만 사이트 용량 업그레이드나 방문자 트래픽 확대가 필요할 경우, 웹빌더 유료 요금제 업그레이드 비용이 추가로 발생할 수 있습니다.

웹빌더로 홈페이지를 제작할 때는 제작 툴, 페이지 수, 수정 횟수, 도메인 연결과 호스팅, 유지보수 범위 등 세부 사항을 사전에 합의하는 것이 필수입니다.

- 제작 범위: 의뢰인과 합의한 페이지 수, 제작 툴(Wix 등), 작업 기간, 수정 횟수
- 비용 및 납부 조건: 총 제작 비용, 계약금과 잔금 비율, 납부 시점
- 유지보수: 납품 후 간단 수정 가능 기간, 정기 유지보수 여부 및 비용
- 도메인 및 호스팅: 연결 및 세팅 비용, 소유권 명시
- 저작권: 완성된 디자인과 콘텐츠의 소유권, 소스 접근 권한

계약서

제1조(제작 범위)
의뢰인은 제작자(ㅇㅇ디자인)에게 웹사이트 제작을 의뢰하고, 제작자는 다음의 조건에 따라 웹사이트를 제작한다.

1. 페이지 수: 최대 5페이지(메인 포함)
2. 제작 툴: Wix
3. 작업 기간: 계약 체결일로부터 최대 15일
4. 수정 횟수: 1차 납품 후 2회 이내 간단 수정 포함

제2조(비용 및 납부)
1. 총 비용: ㅇㅇ원(부가세 별도)
2. 납부 방식: 계약금 50%, 잔금 50%(최종 납품 직전 납부)

제3조(유지보수)

납품 후 1개월간은 무상으로 간단한 수정이 가능하다.

이후 정기 유지보수는 별도 협의하며, 기본 기준은 월 10만 원으로 한다.

제4조(도메인 및 호스팅)

1. 도메인 연결 및 호스팅 세팅은 별도의 비용이 발생한다.

2. 도메인 및 호스팅의 소유권은 의뢰인에게 귀속된다.

제5조(저작권 및 소유권)

완성된 웹사이트의 디자인과 콘텐츠의 저작권 및 소유권은 납품 후 의뢰인에게 귀속된다.

제작자는 납품 완료 후 해당 웹사이트의 소스 및 접근 권한을 보유하지 않는다.

제6조(기타사항)

본 계약에 명시되지 않은 사항은 의뢰인과 제작자가 상호 협의하여 별도 서면 합의로 정한다.

계약과 관련하여 발생하는 분쟁은 상호 협의로 해결하며, 협의가 어려운 경우 관할 법원에 따른다.

Step 6 최종 납품

웹빌더로 제작한 홈페이지의 최종 납품은 단순히 사이트를 완성해 전달하는 것과는 다릅니다. 먼저 모든 링크와 버튼, 이미지, 영상, 폼 등이 정상적으로 작동하는지 확인하고, 모바일·태블릿·데스크톱 등 다양한 디바이스와 브라우저에서 레이아웃과 호환성을 점검해야 합니다.

이후 클라이언트가 소유한 도메인과 호스팅을 연결하고, SSL 인증서를 적용해 보안을 확보합니다. 또한 최종 콘텐츠를 점검하고, 클라이언트가 직접 수정·업데이트할 수 있도록 관리자 계정을 전달하며, 간단한 운영 가이드도 함께 제공하는 것이 중요합니다. 마지막으로 클라이언트가 사이트를 최종 확인하고 승인하면 잔금 지급과 함께 납품이 완료됩니다.

□ 홈페이지 목적과 구조를 명확히 정의했는가?

□ 웹빌더 유료 플랜(광고 제거, 도메인 연결, 용량 확장 등) 가입 여부를 확인했는가?

□ 템플릿이나 레이아웃을 선택하고 콘텐츠를 배치했는가?

□ PC와 모바일 화면에서 레이아웃과 기능을 점검했는가?

□ 도메인을 연결하고 SSL 인증과 기본 SEO 설정을 완료했는가?

□ 클라이언트와 도메인 연결, 호스팅 비용, 소유권을 명확히 했는가?

□ 클라이언트와 계약 내용을 충분히 공유하고 이해했는가?

□ 사이트가 안정적으로 운영될 준비가 되었는가?

#코딩없이 #클릭만으로는홈페이지 #디지털노마드

4장

진심을 다해 만나고

납품하자

킥오프 미팅

클라이언트와 함께
꿈을 설계하는 시작

킥오프 미팅(Kick-off Meeting)은 프로젝트가
시작되기 전 클라이언트와 갖는 첫 공식 만남입니다.
이 자리에서는 세부 결정보다 큰 방향을 정하고
기대치를 맞추며 협업 방식을 공유합니다.

프로젝트를 시작하는 건 마치 새로운 여행을 준비하는 것과 닮았어요. 여행을 떠나기 전, 우리는 함께하는 동행자와 모여 묻곤 하죠. "어떤 여행을 하고 싶어?", "어디로 가고 싶어?", "이 여행에서 얻고 싶은 건 뭐야?"

킥오프 미팅은 바로 그런 시간입니다. 서로의 기대와 목적, 목표를 나누고 같은 방향을 바라보며 여정을 설계하는 순간이죠. 사실 가장 설레는 순간입니다. 출발 전에 서로의 생각을 맞추면 여행은 불필요한 갈등 대신 즐거운 경험으로 채워집니다. 프로젝트도 마찬가지예요. 긴 여행의 첫 페이지를 여는 일이죠. 어때요? 설레나요? 그럼 함께 가보시죠.

Q. 첫 만남, 너무 떨려요. 무슨 이야기를 해야 하죠?

아, 벌써 첫 만남이라니 저도 떨립니다. 킥오프 미팅은 클라이언트와의 첫 인연을 맺는 특별한 순간이니까 그 마음 충분히 이해가 갑니다. 소개팅을 한다고 생각해 볼까요? 처음 만나서 인사를 나누고 어떤 분야에 관심이 있는지 어떤 공감대를 형성할 수 있는지 찾아가잖아요. 만약 소개팅에서 서로의 느낌이 맞지 않는다면 애프터는 없을 테니까요. 비유가 웃겼나요?

킥오프 미팅도 마찬가지라고 생각하면 됩니다. 첫 만남에서 '이 사람과 함께 하고 싶다!'라는 느낌을 주는 게 중요해요. 클라이언트는 당신의 눈빛, 태도, 말투, 전문성, 그리고 프로젝트에 대한 책임감을 보고 판단할 거예요. 그렇다면 어떤 이야기를 해야 좋을까요? 먼저 클라이언트의 이야기를 들어 보세요. 호감이 가는 대화법에서는 경청 70% 대화 30%의 비율을 이야기합니다. 그만큼 적극적으로 듣고 공감하는 게 중요해요. 대화 속에서 궁금한 점은 부드럽게 질문을 던져보세요. 그럼 '이 사람이 내 이야기에 집중하고 있구나' 하고 느끼며 호감도가 급상승할 테니까요. 그다음 본인이 이야기할 차례가 되면 자신을 간단히 소개하면서 전문성을 보여주세요. 자기소개는 너무 잘난 척하는 느낌보다는 겸손하고 따뜻한 인상을 주는 게 좋지만, 구체적인 프로젝트 경험이나 맥락을 간단히 언급하면 신뢰가 생겨요. 또한 '내가 잘한다'보다는 '상대와 함께 한다'는 태도가 더 신뢰를 줍니다. 마지막으로 프로젝트에 대한 대화를 자연스럽게 꺼내 보세요. "저는 디자인을 통해 브랜드의 진정한 메시지와 정체성을 담아내는 것을 좋아합니다", "대표님은 어떠신가요?" 이쯤 되면 분위기가 따뜻해지고 살짝 달아올랐겠죠?

Q. 킥오프 미팅 전에 뭘 준비하면 좋을지 막막해요.

킥오프 미팅은 프로젝트의 첫인상이자 앞으로 함께 걸어갈 여정을 시작하는 자리예요. 이번 프로젝트를 어떻게 함께 구상할 것인지 방향을 맞추는 시간이라고 할 수 있죠. 그래서 가볍게만 볼 수는 없지만, 그렇다고 과하게 겁먹을 필요도 없어요. 막막할수록 준비를 많이 해가면 덜 떨린답니다.

먼저 클라이언트에 대해 알아가세요. 클라이언트의 회사, 브랜드, 이력, 포트폴리오, 시장에서의 포지션, CEO 세계관, 이 회사 혹은 이 브랜드가 어떤 분위기를 가지고 있고 어떤 방향을 지향하는지 등을 리서치해보는 겁니다. 대화 속에서 아주 작은 관심만 보여도 첫 대화의 온도는 확 달라질 거예요. 상대는 느끼거든요. 우리한테 관심이 많구나, 라는 것을요.

상대를 조사했다면, 두 번째는 나에 대해 준비해 가는 거예요. 간단한 자기소개와 회사 포트폴리오를 꼭 준비하세요. 홈페이지가 있더라도 인쇄된 책자로 직접 전달하는 편이 훨씬 효과적입니다. 클라이언트가 시간을 내어 홈페이지를 일일이 찾아보는 경우는 드물기 때문에 손에 잡히는 자료가 오히려 더 큰 관심과 신뢰를 이끌어낼 수 있어요.

그리고 마지막은 우리에 대한 사전 조사예요. 가장 중요하죠. 미팅의 목적은 원하는 결과를 도출해 내는 것에 있어요. 꼭 확인하고 싶은 사항, 예를 들어 일정, 예산, 작업 방식 등 핵심 질문을 미리 정리해 둔다면, 중요한 내용을 빠뜨리지 않고 논의할 수 있습니다.

특히 중요한 점은 클라이언트가 어떤 고민을 가지고 있을지 예측해 보고 이 문제를 어떤 방식으로 해결해 주는 것이 좋을지 미리 생각해 보는 거예요.

아! 그리고 대화 중 메모를 할 수 있게 태블릿PC가 있다면 함께 준비해 가세요. 중요한 내용을 바로 기록하면서 정리할 수 있고, 필요하다면 간단한 아이디어 스케치나 자료를 즉석에서 보여줄 수도 있어 대화의 집중도를 높일 수 있습니다.

Q. 이제 미팅 실전, 협업해야 할 중요 포인트는 뭐가 있을까요?

클라이언트와 프로젝트 협업의 흐름을 명확하게 잡고 오는 것이 중요해요. 서로를 알아가는 시간이기도 하지만, 동시에 프로젝트의 비전과 목표, 그리고 실제 작업 방식을 함께 맞춰가는 과정이기도 합니다.

먼저 클라이언트가 구체적으로 무엇을 이루고 싶어 하는지 파악해야 해요. 클라이언트가 목표에 대한 이야기를 꺼내지 않는다면 "이번 프로젝트로 가장 중요하게 달성하고 싶은 목표가 무엇인가요?"라는 질문을 던져보는 것도 좋습니다. 클라이언트의 비전, 브랜드 아이덴티티, 타겟층, 그리고 성과 지표(KPI) 등을 알아야 명확한 디자인 솔루션을 제시해 줄 수 있습니다.

목표가 파악되면, 우리가 제공할 수 있는 서비스와 가치를 자연스럽게 설명하세요. 예를 들어, "저희는 이런 브랜딩과 어플리케이션 디자인으로 브랜드 이미지를 강화할 수 있습니다." 같은 식으로 말이죠.

그다음은 프로젝트 작업 범위에 대한 대화입니다. 어디까지가 우리의 책임인지, 어떤 자료를 제공받을 수 있는지, 외부 협력자나 파트너가 필요한지 등을 명확히 정리해 두어야 나중에 애매한 상황을 막을 수 있습니다.

일정도 구체적으로 협의해야 합니다. 프로젝트 전체 일정뿐 아니라 초안 제출일, 피드백 반영 후 수정본 제출일, 최종 납품일 등 세부 일정까지 확정하는 것이 좋습니다. 커뮤니케이션 방식도 미리 합의하세요. 이메일, 메신저, 협업 툴, 전화 등 어떤 방식을 선호하는지 합의하고, 회의 주기나 보고 포맷까지 정리해 두면 협업 효율이 높아집니다.

마지막으로는 견적 이야기입니다. 불편하더라도 반드시 언급해야 하는 부분이에요. 견적과 지불 조건(선금·중도금·잔금 비율), 수정 범위(예: 2회까지 무료, 이후 추가 비용 발생), 추가 작업 발생 시 비용 처리 방식까지 분명히 해두세요. 이후 계약서에 반영할 수 있도록 메모도 꼼꼼히 남기면 좋습니다.

여기에 더해, 저작권과 사용 범위, 보안 및 비밀 유지, 포트폴리오 활용 여부, 피드백 라인과 최종 의사결정권자까지 확인하면 훨씬 안정적인 협업이 가능합니다.

앞서 강조했지만, 미팅 중에는 내가 이야기하는 시간보다 듣는 시간이 많아야 합니다. 질문하고 공감하며 신뢰를 줄 수 있는 대화를 하세요. 첫 만남에서는 부드럽고 따뜻한 태도로 편안함을 주되, 미팅 후에는 전문가다운 프로페셔널한 이미지를 남기는 것이 중요합니다.

실전 TIP

요약하면, 클라이언트의 큰 그림 파악–프로젝트의 범위와 역할–일정 관리–커뮤니케이션 방식–금액 및 계약 조건에 대한 대화입니다. 추가로 저작권, 리스크 관리, 피드백 프로세스 등까지 협업하면 그야말로 완!벽!

Q. 킥오프 미팅이 끝난 후 해야 할 일은 무엇인가요?

킥오프 미팅이 끝났다면, 이제 주도적으로 프로젝트의 첫발을 내딛기 위한 작업을 시작해야 합니다. 이 단계에서는 나눈 대화들을 잊지 않도록 바로 문서로 정리하는 것이 중요합니다. 시간이 지나면 세부 내용이 흐려지기 때문에 빠르게 기록해두는 습관이 필요해요.

미팅 중 메모했던 내용을 바탕으로 주요 논의 포인트를 리스트업 하세요. 예를 들어, "오늘 미팅에서 논의한 바와 같이 프로젝트의 주요 목표는 ( )이고, 타겟층은 ( )이며, 작업 범위는 ( )부터 ( )까지입니다. 다음 미팅은 ( )월 ( )일 ( )시에 예정되어 있습니다."라는 식으로 정리해 클라이언트가 잊기 전에 확인 메일을 보내는 것이 좋습니다.

이렇게 요약 정리한 메일을 발송하는 이유는 서로가 기억하기 위해서 한 번 더 정리하고 기록으로 남기는 용도도 있지만, 클라이언트에게 꼼꼼함과 프로페셔널한 이미지를 전달하기 위함도 있습니다. 메일 말미에 "추가로 논의하고 싶은 점이나 수정할 부분 있으시다면 편하게 말씀 주세요"와 같은 문구를 추가한다면 따뜻한 이미지를 줄 수 있습니다. 아래 메일의 예시를 보고 활용하면 좋겠네요!

메일 보내기

제목: [프로젝트명: "OO 브랜드 디자인 프로젝트" 킥오프 미팅 정리 및 확인]

안녕하세요, 대표님.
OO회사 홍길동입니다.
오늘 진행된 'OO 브랜드 디자인 프로젝트' 킥오프 미팅에서 논의된 주요 내용을 정리하여 공유드립니다. 혹시 빠진 부분이나 수정할 점이 있다면 편하게 말씀 부탁드립니다.

■ 미팅 주요 내용 정리

프로젝트 주요 목표: 브랜드 인지도를 강화하고 신규 고객 유입 확대
타겟층: 20~30대 초반의 MZ세대, 트렌드에 민감한 소비자층
작업 범위: (B.I 개발 및 매뉴얼 진행)브랜드 아이덴티티 강화 → 홍보 디자인(포스터·SNS 콘텐츠) → 최종 결과물 납품
프로젝트 일정: 기획안 및 스토리보드 제출 3월 31일 → 1차 기본형 디자인 초안 제출 4월 11일 → 피드백 반영 1차 수정안 제출 4월 15일 → 2차 응용형 디자인 디자인 제출 5월 9일 → 최종 납품 6월 13일(상황에 따라 일정은 변동될 수 있습니다.)
커뮤니케이션 방식: 주요 진행 사항은 이메일 공유 후 문자 발송
다음 미팅 일정: 4월 1일(화) 오후 2시, ZOOM 화상회의

추가로 논의하고 싶은 부분이나 수정할 사항 있으시다면 언제든 편하게 말씀해 주세요.

오늘 귀중한 시간 내주셔서 다시 한번 감사드립니다.
함께 멋진 결과물을 만들어갈 수 있도록 최선을 다하겠습니다.

감사합니다.
홍길동 드림.

이렇게 메일 전송이 완료되었다면, 내부적으로 프로젝트 계획을 세워야 합니다. 작업 일정을 토대로 필요한 리소스를 확인하고 팀원 혹은 협력자에게 미팅 내용을 공유하고 역할 분담을 해야 합니다. 프로젝트 진행 중에 예상 가능한 리스크도 체크해보는 것도 좋아요. 예를 들어 제공해 주기로 한 자료를 주지 않는다거나, 클라이언트의 피드백이 많이 지연된다거나 하는 경우들요. 이럴 때 어떻게 대응할지 방법을 미리 예측해 보는 것도 좋습니다.

우리 다시 한번 리마인드 해요.

킥오프 미팅 후 체크리스트

☐ 킥오프 미팅 내용 요약 및 이메일 전송

미팅에서 논의한 주요 목표, 작업 범위, 일정 등을 간결하게 정리하여 클라이언트에게 이메일로 공유, 추가 의견이나 수정사항 요청 문구 포함, 프로젝트 관련자 참조 이메일 함께 전송

☐ 클라이언트 자료 확인

클라이언트에게 받기로 한 자료가 있다면 시기를 재확인하고, 필요시 리마인더 전송

☐ 커뮤니케이션 협업 툴 확정

이메일, 잔디 등 협업툴, 드라이브, 문자 등 소통 방식에 대한 협의

☐ 프로젝트 계획 수립

작업 일정 타임스케줄 공유, 팀원 역할 분배

☐ 클라이언트와 지속적 릴레이션쉽

☐ 첫 만남에서 클라이언트의 이야기를 충분히 경청했는가?

☐ 프로젝트 목표와 기대치를 자연스럽게 대화 속에서 확인했는가?

☐ 클라이언트 조사와 자기소개와 포트폴리오, 그리고 대화 기록용 태블릿PC는 챙겼는가?

☐ 미팅 직후 주요 논의 포인트를 빠짐없이 정리하고 확인 메일을 발송하였는가?

☐ 내부적으로 역할 분담과 프로젝트 계획을 수립했는가?

#킥오프미팅 #확인메일보내기 #프로젝트계획수립

일정 조율

**일정부터 맞춰야
마음도 맞추지**

좋은 디자인은 아웃풋만큼이나
과정의 리듬이 중요합니다.
일정을 명확하게 조율하지 않으면
수정의 굴레에서 벗어나기 힘들어지고
결국 신뢰도 흐트러집니다.
처음부터 작업 시간과 피드백 시기,
납품일을 함께 설계하고 시작해 보세요!

오케스트라 연주회 가보셨나요? 수십 명의 연주자가 각자 다른 악기를 들고 있지만 지휘자의 손끝에 맞춰 정확히 박자를 맞출 때 그 아름다운 하모니는 참 환상적이죠?

프로젝트 일정도 하모니입니다. 클라이언트와의 박자, 회사 내부에서 다른 프로젝트와 중복 진행으로 인한 박자, 팀원 간의 협업 리듬이 맞아야 비로소 조화로운 결과물이 나옵니다. 만약 누군가의 박자가 조금이라도 어긋난다면 전체 진행이 꼬이고, 결국 프로젝트의 완성도에도 영향을 주게 됩니다. 그래서 일정 조율은 단순히 날짜를 정하는 일이 아니라, 모두가 같은 흐름 속에서 안정적으로 움직일 수 있도록 맞춰가는 과정이라고 볼 수 있습니다.

Q. 일정 조율을 왜 하나요?

일정 조율은 디자인 프로젝트의 심장박동이라고 생각하면 쉬울 것 같아요. 리듬이 맞지 않는다면 프로젝트가 숨 가쁘게 흘러가기도 하고 반대로 너무 루즈해지기도 해요. 심하면 멈춰버릴 수도 있기 때문에, 일정을 명확하게 세운다는 것은 클라이언트와 우리가 같은 목표를 향해 박자를 맞춰가는 과정이라고 볼 수 있습니다.

디자인 창업을 하고 나면 여러 프로젝트를 동시에 진행해야 할 일이 생깁니다. 그렇기에 일정 조율은 더욱 중요합니다.

명확한 일정이 있으면 우리는 작업에 몰두할 수 있고, 클라이언트는 정해진 기한을 기다리며 안정감과 신뢰를 가질 수 있습니다. 내가 클라이언트라고 한번 가정해 보세요. 명확한 일정이 없다면 '프로젝트는 어디까지 진행된 걸까? 언제 결과를 말해주지? 언제까지 기다려야 하지?'라는 불안이 생기고, 결국 신뢰가 무너지게 됩니다.

잘 짜인 일정은 작업 범위를 분명히 하고, 피드백과 수정에 필요한 시간 등을 예측할 수 있게 해줍니다. 시간 관리가 아니라 클라이언트와의 관계를 더 단단하게 하는 과정입니다. 일정이 맞아야 마음도 잘 맞는 법이니까요.

Q. 클라이언트와 일정 조율하는 구체적 방법을 알려주세요.

킥오프 미팅에서 프로젝트의 전체적인 스케줄을 정했잖아요? 이젠 세부 일정을 나누어 타임라인을 구체적으로 그려볼 차례입니다. 예를 들어 "이 프로젝트는 총 4개월 정도 예상합니다. 레퍼런스 조사 및 전략 수립 1개월, 기본형 디자인 개발 1개월, 응용형 디자인 개발 1개월, 이후 피드백을 반영한 교정 디자인 2~3주가 소요됩니다. 따라서 최종 납품은 4개월 후인 ○월 ○일이 됩니다"라는 식으로 큰 그림을 제시하면 좋습니다. 이때는 클라이언트의 주요 일정과도 반드시 맞춰봐야 합니다.

세부 일정을 구체화했다면, 실행 가능한 단계로 나누어 각 데드라인을 정하세요. 예를 들어 "기본형 디자인 개발 시안은 ○월 ○일까지 드리고, 피드백은 3일 안에 주시면 바로 수정 들어가겠습니다"처럼 구체적으로 조율하는 것이 좋습니다. 클라이언트가 관련 자료를 제공해야 한다면, 그 시점도 명확히 합의하세요. "브랜드 리서치 자료와 사진 파일은 언제쯤 보내주실 수 있나요?"라는 질문으로 확인하면 됩니다.

마지막으로, 모든 질문과 답변은 반드시 문서로 기록해야 합니다. 요즘은 회의를 녹음해 텍스트로 변환하고 요약해 주는 AI 툴도 많으니 활용해 보세요.

또한 글로만 제시하기보다 표나 인포그래픽으로 정리해 클라이언트에게 공유하면 더욱 명확합니다. 일정을 다 정했다면 지키는 것은 기본이겠죠. 특히 마감일이 다가오면 오후보다 오전에 전달하는 것이 기다리는 입장을 배려하는 태도가 됩니다.

실전 TIP

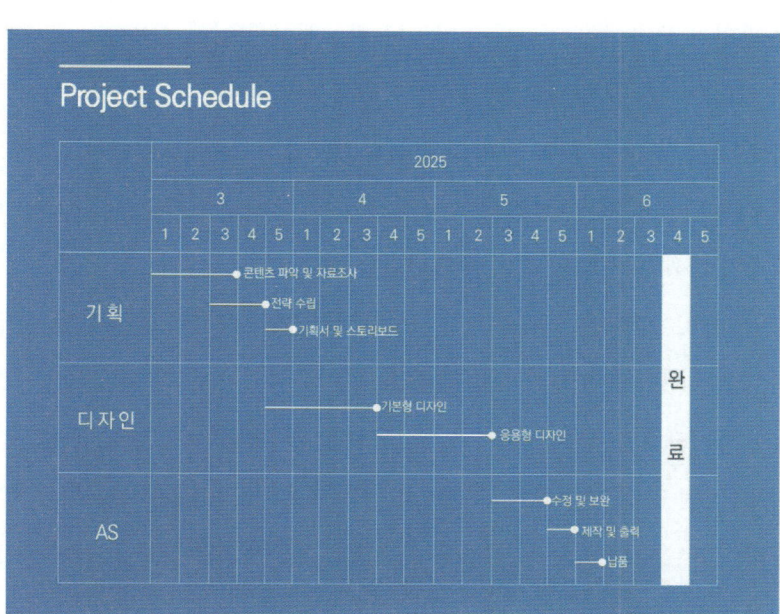

Q. 일정이 자꾸 늦춰져요.

일정 지연은 프로젝트에서 흔히 발생할 수 있는 일입니다. 하지만 당황하지 말고 침착하게 대처해 봐요. 킥오프 미팅에서 우리는 이미 예상되는 리스크와 대응방법을 논의해 두었을 테니까요.

먼저, 지연이 된 원인을 파악해보세요. 클라이언트가 자료를 늦게 보냈는지, 아님 우리 작업이 생각보다 늦어졌는지를 우선 파악해 보는 거예요.

만약 클라이언트 측에서 자료나 피드백이 늦어진 경우에는 정중하게 리마인더를 보내세요. 예를 들어 "안녕하세요 대표님. 브랜드 리서치 자료와 사진 파일 준비 상황을 확인드리고 싶어 연락드립니다. ○일까지 전달해 주시면 일정 진행에 무리가 없을 것 같습니다"처럼 부드럽지만 분명하게 요청하는 것이 좋습니다.

반대로 디자인 작업에서 지연이 생겼다면, 솔직하게 상황을 설명하고 새로운 타임라인을 제안하세요. "현재 작업에서 디자인 디테일을 보완하느라 2일 정도 추가 시간이 필요할 것 같습니다. 양해 부탁드리며, 수정된 일정표를 함께 전달드리니 확인 부탁드립니다." 이렇게 하면 클라이언트도 비록 일정 약속은 못 지켰지만, 퀄리티 확보를 위한 과정임을 이해할 수 있습니다.

따라서 일정 지연을 최소화하려면 애초에 스케줄을 잡을 때 약간의 버퍼 타임을 두는 것이 좋습니다.

Q. 피드백에 대한 일정 관리는 너무 어렵네요.

학교 다닐 때 교수님의 피드백을 받았던 경험을 떠올려 보세요. 어떤 과제는 몇 가지만 고치면 끝났지만, 어떤 과제는 전체 디자인 컨셉을 흔들 만큼 수정이 많았죠. 프로젝트 피드백도 마찬가지예요. 그래서 피드백 일정은 늘 예측하기 어렵고, 자칫 꼬이기 시작하면 프로젝트 전체가 흔들릴 수 있습니다.

이와 같은 이유로 피드백의 타이밍과 프로세스를 초기에 명확히 설정하는 것이 무엇보다 중요합니다. 예를 들어 "디자인 초안을 드린 후 3일 안에 피드백을 주시면 다음 단계로 바로 넘어갈 수 있습니다"라는 식으로 제안하고 이 내용을 계약서에 명시해 두는 게 좋아요. 또한 피드백 횟수도 기본 몇 회로 정하고 추가 피드백이 발생하면 비용이 추가된다는 점까지 명확히 해두어야 무한 반복을 막을 수 있습니다.

또 피드백을 받을 때는 반드시 구체적으로 받는 것이 좋습니다. "전체적으로 허전하다.", "좀 더 멋지게 해주세요."라는 식으로 모호하게 받으면 일정은 끝없이 늘어질 수 있습니다. 이때는 디자인 작업 전에 "타이포그래피를 키워서 밀도감을 올려보는 방향으로 시안 보여드리겠습니다." 등 구체적인 안을 먼저 제시해 보는 것도 일정을 줄일 수 있는 방법입니다. 또한 피드백을 받은 뒤 수정본을 보낼 때는 디자인 의도를 설명하며 전달하는 것이 효과적입니다. "왼쪽 상단 부분은 컬러 대비를 통해 강조하여 주목성을 높였으며, 헤드라인 타이포그래피를 키워서 허전해 보이는 센터 부분을 채우고 헤드라인의 추가 카피 한 줄 추가하여 레이아웃상 밀도감을 높였습니다."

이렇게 설명을 곁들이면 클라이언트도 작업 의도를 이해하고, 이후 피드백을 더 명확하게 줄 수 있습니다.

마지막으로, 피드백이 어느 정도 범위인지, 소요 시간이 얼마나 되는지 확인하는 절차도 필요합니다. "이 피드백을 반영하려면 2일 정도 걸릴 것 같습니다. 괜찮으실까요?"라는 식으로 물어보면, 일정과 기대치를 동시에 관리할 수 있습니다.

결국 피드백 일정 관리의 핵심은 구체성, 문서화, 그리고 범위 설정입니다. 이 세 가지를 지키면 피드백은 더 이상 변수가 아니라 프로젝트 완성도를 높여주는 동력이 될 수 있습니다.

Q. 일정 조율 중 클라이언트와 의견 대립이 생겼어요, 어쩌죠?

의견 대립이 없으면 좋겠지만, 만약 대립이 생긴 경우에는 오히려 잘 풀어낸다면 신뢰를 더 쌓을 수 있는 기회가 될 수도 있습니다. 먼저 클라이언트의 의견을 끝까지 경청하고 이해하려는 자세를 가지는 게 중요해요. 예를 들어 클라이언트가 비현실적인 마감 일정을 요구한다면, "혹시 ○○브랜드 런칭 일정 때문에 빠르게 진행되어야 하는 걸까요?"라고 물어보며 배경을 파악해 보세요.

경청을 한 후에 우리의 입장을 전문가답게 설명하면 됩니다.

"현재 디자인에서 좀 더 디벨롭해서 퀄리티 높은 디자인 작업을 하기 위해서는 최소 이 정도의 시간이 필요합니다. 대신 언제까지 초안을 드리고, 언제까지는 최종본을 완성할 수 있도록 마무리하겠습니다"라고 구체적 대안을 함께 제시하는 거예요. 이렇게 제안할 때 클라이언트의 목표를 존중하면서 여러분의 전문성도 같이 어필해 보세요.

그럼에도 불구하고 의견이 좁혀지지 않는다면 중간안을 찾아보세요. 일정을 당기기 위해서는 작업 범위 일부를 줄이거나 추가 리소스를 투입하는 방법을 알려드리고 선택지를 주게 하는 방법입니다. 예를 들어 "말씀하신 일정에 맞추려면 작업 범위 일부를 조정해야 할 것 같습니다. 어플리케이션 시스템에서 목업 품목을 일부 줄이고, 핵심 품목 베리에이션으로 먼저 제작해서 ○일까지 전달해 드리겠습니다. 이후 나머지 SNS 콘텐츠 디자인은 일정을 조율해 완성하는 방식은 어떨까요?"

이 또한 조율된 내용은 모두 문서화하여 이메일로 보내세요.

항상 의견 대립은 있을 수 있으니 이럴 땐 감정적이기보다 좀 더 'T'스럽게 침착하고 분석적으로 대응한다면 클라이언트도 이해할 수 있을 거예요.

□ 구체적 일정을 세우고, 표로 정리했는가?

□ 일정에 피드백 포함 여유 시간을 확보했는가?

□ 피드백 횟수와 기간을 계약서에 명시했는가?

□ 피드백을 구체적으로 받고, 수정 의도를 설명했는가?

#일정조율 #피드백버퍼타임 #의견대립

디자인 창업의 모든 것

시장가 조사 및 객단가 높이기

객단가는 '제안력'에서 결정된다

클라이언트는 '무엇을 얼마나 해줄 수 있는지'보다
'왜 이만큼의 가치가 있는지'를 더 듣고 싶어 합니다.
견적은 금액이 아니라 설득이라는 것 기억하세요.
제안이 구체적일수록, 가격도 당당해질 수 있습니다.

옷 쇼핑할 때 그런 경험 있으시죠? 어떤 브랜드의 옷은 특별히 원단이 독보적이거나 디자인이 개성 있지 않은데도 괜히 좋아 보이고, 비싼 금액을 주고도 사고 싶어질 때가 있습니다. 반면 어떤 옷은 아무리 저렴해도 왠지 손이 잘 가지 않죠. 이 차이를 만드는 요인이 뭘까요? 브랜드가 전달하는 '가치의 이야기'입니다. 프로젝트 견적도 마찬가지예요. 클라이언트는 '무엇을 얼마나 해줄 수 있는가'보다 '왜 이만큼의 가치가 있는가'를 더 궁금해합니다. 결국 객단가는 제안력에서 결정된다는 말이죠.

견적은 금액이 아니라 설득력입니다. 설득의 심리를 알아야 할 것 같아 어렵다고 느껴질지도 모르지만, 할 수 있습니다. 가보죠.

Q. 견적서를 쓰려고 하는데 시세를 모르겠어요.

창업 후 첫 견적서는 누구에게나 쉽지 않은 과정입니다. 특히 처음일수록 시장 시세를 제대로 파악한 뒤 견적서를 작성하는 것이 중요합니다. 시세를 모른다면 너무 낮은 금액을 불러 손해를 보거나, 터무니없이 높은 금액을 써내려 클라이언트를 놓칠 수 있기 때문이죠. 그럼 어디서부터 조사하면 좋을까요?

먼저 프리랜서 플랫폼부터 확인해 볼게요!

개인 소비자를 대상으로 하는 크몽, 숨고, 프리모아, 탈잉, Fiverr 같은 플랫폼에서 비슷한 경력과 비슷한 프로젝트 / 포트폴리오를 가진 프리랜서 디자이너들이 어떤 가격에 어떤 디자인 서비스를 하는지 조사해 보세요. 예를 들어 B.I. 디자인의 기본형 개발, 응용형 개발, 매뉴얼 개발 등이 각각 어느 정도의 비용으로 책정되어 있는지 리스트업해 보세요.

실전 TIP

개인 소비자를 대상으로 하는 플랫폼의 견적은 낮은 가격으로 형성되어 있어, 사업자등록이 없는 개인에게는 유리할 수 있지만, 기업간의 거래 환경에서는 적합하지 않을 수 있습니다.

그다음은 업계 네트워크를 활용하는 방법입니다.

오프라인 네트워크 모임이나 디자인 협회 활동을 통해 다른 디자이너들 혹은 디자인 창업자와 대화를 나누며 자연스럽게 시세를 파악할 수 있습니다. 또한 Behance, Dribbble, 노트폴리오 같은 온라인 디자이너 커뮤니티에서 포트폴리오를 살펴보고 가격대를 추정할 수 있습니다. 사업자등록증을 보유하고 있는 디자인 회사라면, B2B, B2G 거래의 시장 기준 가격에 맞는 견적을 제시하는 것이 중요하니 업계 네트워크가 중요하겠습니다.

또 하나 중요한 것은 클라이언트의 산업과 규모를 조사하는 것입니다.

소규모 개인 카페와 대규모 프랜차이즈 카페의 브랜딩 개발은 예산이 전혀 다르듯, 업종·업태·기업 규모에 따라 디자인 예산은 크게 달라질 수 있습니다. 또한 서울과 지방, 국내와 해외 브랜드 사이에도 차이가 존재하므로 내가 디자인하는 '시장'이 어디인지 명확히 조사하는 것이 필요합니다. 이는 견적서 작성뿐 아니라 이후 디자인 진행 과정에서도 큰 도움이 됩니다.

추가로 공식 자료도 조사해 보는 겁니다.

한국디자인진흥원(KIDP)이나 각종 산업디자인 연구자료를 참고하면 산업 전반의 흐름을 알 수 있습니다. 또 나라장터(G2B, www.g2b.go.kr)에서 디자인 용역 입찰 공고를 검색하면 공공기관이 디자인 프로젝트에 어느 정도의 예산을 배정하는지 확인할 수 있습니다. 다만 공공조달은 민간 시장보다 가격 편차가 클 수 있으니 참고 자료로만 활용하는 것이 좋습니다.

경력이 충분하지 않은 디자이너가 과도하게 높은 금액을 제시할 경우, 클라이언트는 합리성을 의심할 수 있습니다. 반대로 일정 규모 이상의 기업에 지나치게 낮은 금액을 제시하면 전문성과 신뢰성에 대한 평가가 부정적으로 작용할 수 있습니다. 참 어렵죠.

결국 중요한 것은 프리랜서 플랫폼, 업계 네트워크, 공공기관 자료를 종합적으로 비교·분석한 뒤, 우리의 작업 스타일과 경력 수준에 맞는 '적정 가격대'를 설정하는 것입니다. 이렇게 하면 견적서가 단순히 금액을 적는 문서가 아니라, 시장 이해와 자기 포지셔닝이 반영된 전략적 제안서가 될 수 있습니다.

조사 방법	구체적 활용법	내가 정리할 사항
프리랜서 플랫폼	크몽, 숨고, 프리모아, 탈잉, Fiverr 등에서 비슷한 경력·포트폴리오 디자이너들의 가격 확인	→서비스 유형(예: BI 기본형 / 응용형 / 매뉴얼 개발)을 기준으로 가격 기록
업계 네트워크	Behance, Dribbble, 노트폴리오 등 온라인 커뮤니티 및 오프라인 모임에서 시세 탐색	→실제 대화·커뮤니티에서 들은 평균 단가 메모
공공기관 자료	한국디자인진흥원 연구자료, 나라장터(G2B) 디자인 용역 입찰 사례 참고	→공공 시세와 민간 시세 비교 메모
클라이언트 산업·규모 조사	업종(스타트업, 대기업 등)과 브랜드 규모(로컬 vs 글로벌)에 따른 차이 확인	→업종 / 규모별로 예상 예산 범위 정리
최종 분석	여러 자료를 종합해 내 경력·작업 스타일·포지션에 맞는 적정 가격 산출	→시장 평균 + 내 강점 반영한 금액 적어두기

4장 진심을 다해 만나고 납품하자

여러 출처(플랫폼·네트워크·공식자료)를 교차 조사해 내 경력과 작업 스타일에 맞는 '시장 기준 가격'을 설정해 주세요.

Q. 저는 경력이 없는데 가격을 낮춰야 할까요?

첫 디자인 외주 작업할 때 참 고민되던 부분이었어요. '경력이 없으니 당연히 낮게 받아야 하나?'라는 생각이 들 수 있지만, 꼭 그럴 필요는 없습니다. 경력이 없더라도 작업이 클라이언트에게 충분한 가치를 제공한다면 제값을 요구하는 태도가 중요합니다.

다만, 초보 창업자는 포트폴리오가 적을 수 있기 때문에 첫 견적은 시장가의 '중하위권' 정도에서 시작하는 것이 현실적일 수 있습니다.

이때 클라이언트에게는 '경력이 없으니 싸게 해준다'가 아니라, '첫 프로젝트이기에 합리적인 비용으로 진정성 있는 결과를 제공한다'는 메시지로 어필해야겠죠?

경력은 부족하지만, 꼼꼼한 리서치와 최신 트렌드를 반영한 맞춤형 디자인으로 만족도를 높일 수 있다는 자신감을 보여주세요.

그리고 작업 경험과 계약이 쌓일수록 점차 가격을 상향 조정하는 전략을 추천합니다.

Q. 같은 디자인이라도 누군가는 10만 원, 누군가는 100만 원을 받는데 차이는 뭘까요?

같은 디자인일지라도 가격 차이는 10배, 때로는 그 이상까지도 벌어질 수 있습니다. 그 이유는 단순히 결과물이 아니라 경력, 가치, 제안력, 그리고 디자이너의 브랜딩이 다르기 때문이에요.

예를 들어 볼까요? 잭슨 폴록의 「No.5」라는 작품을 보면, 어떤 이는 '이 정도라면 나도 할 수 있겠다'라고 생각할 수 있습니다. 하지만 그 그림의 가치는 단순한 액션 페인팅 기법을 넘어, 폴록이 쌓아온 시간, 예술적 맥락, 시대적 영향력, 그리고 그의 삶의 스토리가 함께 담겨 있기 때문에 수천억 원의 가치를 인정받는 것이죠.

디자인도 마찬가지예요. 흰색 라운드 티셔츠를 떠올려 보면, 어떤 브랜드는 3만 원, 또 다른 브랜드는 50만 원 이상을 받기도 합니다. 브랜드가 없는 티셔츠는 3천 원에 팔리기도 하고요. 옷을 입는 것은 단순한 '의(衣)'가 아니라, 브랜드와 가치를 함께 입는 행위이기 때문입니다.

디자인 역시 디자이너의 경험, 연구 과정, 클라이언트와 함께 만든 스토리가 가격을 결정합니다. 처음에는 경력과 포트폴리오의 부족으로 낮은 가격을 받을 수 있지만, 시간이 지나면서 전문성과 네임밸류가 쌓이면 클라이언트가 지불하는 금액 또한 점점 높아집니다.

로고 디자인을 예를 들어 설명하면 똑같은 로고처럼 보일지라도 그 안에는 디자이너가 쌓아온 보이지 않는 시간과 스토리가 녹아 있고, 기업의 가치와 신념이 담겨있으며, 그것이 결국 10배 이상의 가치를 만들어내는 것입니다.

그런 날을 기대해 보세요!

Q. 객단가를 높이고 싶어요.

디자인의 객단가는 결국 결과물이 아니라 어떻게 제안하고 설득하느냐에서 결정됩니다. 시장을 분석하고 경쟁사와의 차별점을 찾아 방향을 제시할 때, 클라이언트는 '디자인'이 아니라 '디자인 솔루션'을 받는다고 느낍니다. 시안 역시 한두 개로만 끝내지 않고 다양한 배리에이션을 보여주면, 눈앞의 결과물이 아닌 미래의 확장성을 함께 제안하는 셈이 됩니다. 여기에 컬러 시스템이나 간단한 브랜딩 가이드를 곁들이면 디자인은 브랜드 운영의 출발점으로 격이 올라갑니다. 마지막으로 그 안에 스토리를 담아내 보세요. 브랜드의 철학과 이야기가 디자인 속에 녹아들면 클라이언트는 결과물을 넘어 경험을 산다고 느끼게 됩니다.

결국 객단가는 당신이 얼마나 가치 있게 풀어내는가에 따라 달라지는 것이죠. 아래 표의 예시처럼 제안법의 대화를 보고 적용해 볼 수 있겠죠?

객단가 높이는 전략법	내용	구체적 제안법
방향성 & 차별화 전략	시장 리서치를 기반으로 경쟁사와 구분되는 브랜드 아이덴티티 확립	"예쁘기만 한 디자인이 아니라, 시장 조사와 분석을 통해 브랜드만의 차별화된 아이덴티티를 제안드립니다."
시안 & 배리에이션	기본 시안 2~3개 제공 + 확정 시 다양한 배리에이션 확장	"베이직 패키지에서 2~3가지 시안을 제 시하고, 확정된 시안은 다양한 응용 배리에이션으로 확장해 제안드립니다."
컬러 & 브랜딩 가이드	컬러 시스템 (메인·서브·포인트) + 적용 시뮬레이션 및 브랜딩 가이드 제공	"메인·서브·포인트 컬러를 포함한 컬러 시스템과 실제 적용 시뮬레이션, 브랜딩 가이드북까지 함께 제안드립니다."
스토리텔링	브랜드 철학과 가치를 시각적 경험으로 전달	"브랜드 철학과 가치를 시각적으로 담아내어, 단순한 결과물이 아닌 경험을 전달하는 디자인을 제안드립니다."

실전 TIP

객단가를 높이는 나만의 전략을 구체적으로 설정하는 것이 좋습니다.

Q. 객단가 높이기 위해 어필할 부분이 또 있을까요?

객단가를 높이기 위해서는 디자인 실력만으로는 부족합니다. 전략적 접근과 문제해결, 부가 서비스 제공, 시장 맥락 반영, 전문적 전달 방식, 장기적 파트너십 등 고객이 체감할 수 있는 가치를 함께 어필해야 합니다. 이를 위해서는 객단가를 높이는 견적서와 함께, 클라이언트가 직면한 문제를 체계적으로 분석한 제안서를 제시하는 것이 가장 큰 설득력을 발휘합니다. 아직 견적이 확정되지도 않았는데 분석하고 제안서를 쓰고 일을 해야 하냐고요? 객단가를 높이고 싶다면 하는 것을 추천합니다. 또한 납품 후에도 체계적인 후속 관리를 제공한다는 부분을 어필하면 자연스럽게 다음 프로젝트와 높은 객단가로 연결됩니다. 객단가 상승은 결과물이 아닌 '처음 보여주는 신뢰와 가치'에서 시작된다고 볼 수 있습니다.

객단가 높이는 필승법	내용	어필 방식
전략적 제안	단순 제작이 아닌, 클라이언트의 문제를 분석하고 해결 방안을 포함한 제안서 제공	"본 제안서는 고객사의 니즈와 업계 기준을 종합적으로 검토하여, 전략적 디자인 솔루션을 담아보았습니다."
나의 브랜딩	특정 분야·스타일에 강점을 드러내도록 나의 브랜딩 어필	"저는 디자인만 하는 사람이 아니라, F&B 시장에 특화된 브랜드 디자이너예요. 제 작업을 통해 업계에서 확실히 차별화된 이미지를 가지실 수 있을 거예요."
커뮤니케이션 능력	클라이언트 니즈를 정확히 이해하고 소통 과정에서 신뢰를 주는 능력	"디자인은 일방향 작업이 아니라 대화의 결과물이라 생각합니다. 요청 의도를 깊이 이해하고, 과정마다 명확하게 공유드리며 불필요한 시행착오를 줄여드리겠습니다."

객단가 높이는 필승법	내용	어필 방식
사후관리	납품 후에도 컬러 가이드, 사용 매뉴얼, 간단 수정 등 후속 관리 제공 능력	"디자인은 납품이 끝이 아니라 시작이라고 생각합니다. 이후에도 활용하시기 쉽도록 컬러 가이드와 사용 매뉴얼을 제공하고, 필요시 간단한 수정도 책임지겠습니다."

□ 시세조사를 통해 시장 평균가를 파악하고 견적서를 작성했는가?

□ 클라이언트와의 커뮤니케이션 방식과 사후관리 계획을 분명히 했는가?

□ 객단가를 높이는 구체적인 디자인 전략을 세웠는가?

□ 디자인 작업을 '가치 제공'으로 어필할 수 있는 근거를 마련했는가?

#객단가 #시장가조사 #제안력

견적서 이렇게 쓰면 될까요?

왜 이 가격인지 말해주는 순간
전문가처럼 보이는 마법

견적은 디자인의 가치를 설득하는
첫 대화라고 생각해 보세요.
항목, 범위, 방식, 시간까지 근거 있게 설명하면
클라이언트는 전문성에 반응하게 됩니다.

레스토랑에서 '트러플 쉬림프 파스타'를 먹으려고 해요. 가격은 5만 원. 비싼 편인가요, 저렴한 편인가요? 비싸고 싼 차이는 어디서 나오는 걸까요? 단순히 면과 소스 때문은 아닙니다. 향이 깊은 트러플의 원산지는 어디인지, 사용된 새우가 얼마나 신선한지, 그 재료를 다루는 셰프의 솜씨가 어느 정도인지 등 구체적 항목에서 우리는 비싼지 저렴한지를 판단합니다.

견적서도 마찬가지예요. 그냥 '로고 디자인 300만 원'이라고만 적혀 있으면 비싸 보일 수 있습니다. 하지만 그 안에 담긴 시장 조사, 컨셉 개발, 컬러 가이드, 적용 시뮬레이션 같은 과정을 구체적으로 보여주면 가격의 근거가 분명해집니다. 그 안에 담긴 전문성의 무게가 가격을 설득력 있게 만드는 것이죠. 그럼 견적서에 들어갈 항목부터 알아볼까요?

Q. 견적서에 어떤 항목을 넣어야 하나요?

이전 객단가에서 제안력을 발휘했다면 프로페셔널한 견적서를 보여줄 차례예요.

견적서를 작성할 때는 몇 가지 기본 구조만 지켜주면 훨씬 신뢰도가 높아집니다. 상단에는 프로젝트명을 간결하게 적고, 수신처와 담당자, 견적일을 함께 명시하면 됩니다. 특히 "○월 ○일까지 유효합니다"라는 문구를 넣어두면 빠른 회신을 받을 수 있죠.

또한 공급자 정보(상호명, 대표자, 사업자등록번호 등)를 정확히 기재하고, 전체 금액은 VAT 포함 여부까지 분명하게 표시하는 것이 중요합니다. 금액 산출 과정에서는 노무비·재료비·경비 같은 큰 항목 안에 세부 내용을 넣어주면 가격에 대한 의문이 줄어듭니다. 마지막으로 원가 산출 근거와 지불 조건(예: 계약 시 50% 선금, 납품 후 50% 잔금)을 명확히 적어두면 전문가다운 신뢰를 줄 수 있습니다. 여기에 나열된 항목들이 절대적인 정답은 아닙니다. 프로젝트의 성격과 진행 방식에 따라 얼마든지 조정이 가능합니다. 중요한 것은 가격의 근거를 명확하게 보여주는 구조를 갖추는 것입니다.

따라서 표의 기본 항목을 토대로, 프로젝트 상황에 맞게 항목을 추가하거나 빼면서 자신만의 신뢰할 수 있는 견적서를 만들어 보는 것이 좋습니다.

항목	내용	작성 팁
프로젝트명	견적서 상단에 프로젝트명을 간결하게 작성	프로젝트 성격을 바로 알 수 있게 짧고 명확하게
수신 / 담당자 / 견적일	수신 회사명, 담당자 성함·직책, 견적일 작성	"견적일은 ○월 ○일까지 유효합니다." 문구 추가 시 빠른 회신 유도
공급자 정보	상호명, 대표 이름, 사업자등록번호, 주소, 전화, 팩스 등	기본 정보는 빠짐없이, 최신 정보로 기재
전체 견적 금액	세부 금액의 총합 (VAT 포함 / 불포함 명시)	숫자만 적기보다 "총액 ○○원 (VAT 포함)" 형식으로
상세 견적 내용	노무비, 재료비, 경비 등 카테고리별 세부 항목 작성	예: 기획·분석·자료수집, 디자인, 매뉴얼 편집, 보고서 작성, 자문비, 폰트 / 이미지 라이선스 등

항목	내용	작성 팁
원가 산출	순 용역원가, 일반 관리비, 이윤, 총 용역원가, 단수 정리 등	합산 근거를 단계별로 제시해 신뢰도 확보
지불 조건	선금 및 잔금 비율, 지불 시기 명시	"계약 시 50% 선금, 최종 납품 후 50% 잔금"처럼 구체적으로

실전 TIP

먼저 항목별로 정리해 보세요!

Q. 견적서 양식은 어떻게 만드나요?

졸업 후 이력서 작성해 본 적 있나요? 같은 맥락입니다. 양식과 디자인이 깔끔하고 정리된 견적서는 '이 디자이너라면 프로젝트도 믿을 수 있겠다'는 인상을 줍니다. 그래서 세심하게 준비해야 합니다.

먼저 엑셀 같은 문서 표를 활용한 구조가 직관적이니 참고하세요. 견적서를 매번 일러스트레이터나 캔바에서 제작한다면, 프로그램을 열고 저장하는 과정만으로도 긴 시간이 소요됩니다. 견적서는 가벼운 문서 형식으로 준비하면 빠르게 수정하고 공유할 수 있어 효율적입니다. 여기에 회사의 브랜드 로고와 컬러를 견적서에도 반영하면 훨씬 디자이너스럽게 보일 거예요.

상단에는 견적서 제목, 하단에는 회사 로고를 배치해 깔끔하게 디

견 적 서

프로젝트명 OOO 이미지통합계획
수신 주식회사
담당자 OOO 책임 귀하
견적일 2025년 3월 12일

<table>
<tr><td colspan="2">공급자</td></tr>
<tr><td>상   호   명</td><td>OOO디자인연구소</td></tr>
<tr><td>대   표</td><td>OOO</td></tr>
<tr><td>사업자등록번호</td><td>000-00-00000</td></tr>
<tr><td>주   소</td><td>경기도 OO시 OOOOOO</td></tr>
<tr><td>전   화</td><td>000-000-0000</td></tr>
</table>

견적금액 (VAT 별도)

사천일백구십삼만 원
41,930,000 원

	부문	내용	단위	수량	단가	금액	구성비
		이미지통합 개발방향 협의 / 기획 및 컨텐츠 선정	인	5	300,000	1,500,000	3.6%
		사례조사 및 분석	인	3	300,000	900,000	2.1%
		세부지침 검토 및 자료수집	인	5	300,000	1,500,000	3.6%
		BASIC DESIGN	인	12	500,000	6,000,000	14.3%
1	노무비	APPLICATION SYSTEM	인	12	500,000	6,000,000	14.3%
		MANUAL 편집	인	10	500,000	5,000,000	11.9%
		중간 보고서 작성	인	5	300,000	1,500,000	3.6%
		문제점 협의 및 검토	인	3	300,000	900,000	2.1%
		최종 보고서 작성(매뉴얼 편집)	인	5	300,000	1,500,000	3.6%
		소계				24,800,000	59.1%
2	재료비	유인물비	식	1	5,930,000	5,930,000	14.1%
		소계				5,930,000	14.1%
		상표출원 및 등록.대행 (일괄수행)	식	1	3,000,000	3,000,000	7.2%
3	경비	디자인 선호도조사	인	100	10,000	1,000,000	2.4%
		자문비	인	10	200,000	2,000,000	4.8%
		기타경비	식	1	1,302,000	1,302,000	3.1%
		소계				7,302,000	17.4%
4	순 용역원가 (1 + 2 + 3)					38,032,000	90.7%
5	일반관리비 (4의 5% 이내)					1,901,600	4.5%
6	이윤 (4 + 5의 5% 이내)					1,996,680	4.8%
7	총 용역원가 (4 + 5 + 6)					41,930,280	100.0%
8	단수정리					- 280	0.0%
	총 용역비					41,930,000	100.0%

자인해 보세요. 폰트는 읽기 쉬운 고딕체나 명조체를 추천하며, 캘리그라피 서체는 피하는 게 좋습니다.

클라이언트에게 보낼 때는 반드시 PDF로 변환해 전달하세요. PDF 서체와 레이아웃이 깨지지 않아 어디서든 동일하게 보입니다. 보내는 파일명도 클라이언트가 쉽게 검색할 수 있도록 명확하게 작성하세요.

예시: '프로젝트명_클라이언트명_견적서_250301.pdf'

견적서 양식이 어렵게 느껴진다면, 옆의 샘플을 참고하세요!

실전 TIP

명확하면서도 감각적인 회사 견적서 양식을 엑셀로 만들어 보세요. 미리 양식을 만들어놔야 본 프로젝트 시 빠르게 견적서를 회신해 줄 수 있습니다.

Q. 클라이언트가 견적서의 가격에 의문을 제기하면 어떻게 대응해야 하나요?

견적서를 받은 후 클라이언트가 단가가 왜 이렇게 높은지 문의하는 경우가 있어요. 이는 세부 견적에 대한 이해가 충분히 전달되지 않았다는 뜻입니다. 이럴 때는 침착하고 프로답게 대응해야 합니다.

먼저, 클라이언트가 의문을 가진 구체적인 항목이 무엇인지 파악하세요. 예를 들어 "어떤 부분이 궁금하시거나 부담되시나요?"라고 되물으며 의도를 확인합니다. 가격이 높다는 말은 곧 가치 대비 합리적인지에 대한 의문이 담겨있기 때문입니다.

의도를 알았다면 그 항목을 구체적으로 설명해 줘야 합니다. 예를 들어 "사례 조사 및 분석 비용은 이런 과정 때문에 책정되었고, 베이직 디자인에는 3개 시안, 2회 수정, 브랜드 컬러 가이드가 포함됩니다"

그럼에도 가격이 높다고 한다면 서비스 범위를 조정하는 제안이 효과적입니다. "예산이 부담되신다면 시안을 2개로 줄이고 컬러 가이드를 제외하는 방식으로 조정 가능합니다"처럼요. 추가로 '특정 항목은 서비스로 제공하겠다.'는 제스처를 보이면, 클라이언트의 신뢰를 얻는 데 도움이 됩니다.

자, 그럼 자신감을 갖고 견적서를 작성해 보세요!

Q. 초보 창업자가 견적서를 작성할 때 많이 실수하는 부분이 있나요?

초보 창업자가 견적서를 쓰는 일은 클라이언트와 첫 킥오프 미팅할 때만큼 떨리는 일이죠. 한 장의 문서가 곧 회사의 신뢰와 전문성을 보여주기 때문에, 작은 실수 하나가 전체 이미지를 흔들 수 있죠. 사실 돈은 참 민감하고 중요하잖아요?

특히 초보일수록 전체 금액만 툭 던져 적거나, 구두 합의로만 예산을 확정하는 등의 실수를 하기가 쉽습니다. 또 작업 범위를 모호하게 쓰거나 예상치 못한 추가 비용을 간과하는 경우도 많습니다. 이런 실수는 결국 클라이언트의 불신으로 이어질 수 있기 때문에, 사전에 꼼꼼히 점검해야 합니다.

아래 표는 초보 창업자가 흔히 하는 실수와 이를 예방하기 위한 간단한 개선 방법을 정리한 체크리스트입니다. 이 내용을 참고해 견적서를 작성한다면 클라이언트와의 첫 협상에서도 한층 더 프로페셔널한 이미지를 줄 수 있을 것입니다.

실수 유형	설명	개선 방법
너무 막연한 작성	전체 금액만 적고 세부 항목을 생략하면 클라이언트가 금액 산출 근거를 이해하기 어려움	잘 모를수록 항목을 세분화하여 작성하는 습관 들이기
말로만 예산 확정, 문서화 누락	구두로만 합의하면 추후에 기억이 달라질 수 있음	견적서뿐 아니라 진행 과정 전체를 반드시 문서로 남기기
작업 범위 불명확	'디자인 작업'처럼 포괄적으로 적으면 신뢰도 하락	'시안 3개, 수정 2회 포함, 추가 수정 시 회당 50,000원' 등 명확히 수치화
작업 외 비용 누락	VAT, 인쇄비, 수수료 등 추가 비용을 고려하지 않음	VAT 포함 여부 명시 + 출력·폼보드 등 예상 부대비용까지 반영

너무 어려웠나요? 견적서는 첫걸음과 같아요. 겁먹지 마시고 차근차근 창업의 길로 나아가 봐요!

□ 견적서 항목을 분류하고 금액을 작성했는가?

□ 나만의 견적서 양식을 감각적으로 만들고 깔끔하게 정리했는가?

□ 견적서 세부 항목에 대한 충분한 이해를 통해 설득할 준비가 되었는가?

□ 초보 창업자의 견적서 작성 시 실수들을 확인했는가?

#견적항목 #견적서양식 #실수를줄이자

05 컨셉팅도 설득이다

**단어 하나에 담긴 세계관,
컨셉은 '감'이 아니라 '방향'**

컨셉은 흔히 말하는 '느낌적 느낌'이 아닙니다.
어떤 색을 쓸지, 어떤 폰트를 고를지,
어떤 레이아웃으로 할지조차
정리된 방향이 있어야 합니다.

컨셉팅은 상황에 맞는 설득의 언어입니다.

사람들은 산에 오를 때는 등산복을 입고, 전시 오프닝에 갈 때는 단정하면서도 개성이 드러나는 옷을 고르며, 상견례에 나설 때는 예의를 갖춘 격식 있는 정장을 준비합니다. 장소와 맥락에 맞는 의상이 필요한 것처럼 디자인의 컨셉 또한 목적과 상황에 맞는 '방향'을 잡아야 합니다. 단어 하나에 담긴 세계관, 그 안에서 펼쳐지는 서사와 이미지들이 결국 프로젝트의 설득력을 결정합니다. 디자이너들이 컨셉, 컨셉, 자주 말하잖아요? 정말 컨셉이 중요해서랍니다.

Q. 컨셉이란 쉽게 무엇인가요?

컨셉의 사전적 정의는 '개념, 관념'입니다. 하지만 이것만으로는 다소 추상적이죠. 그래서 좀 더 쉽게 설명해 볼게요.

앞서 장소에 맞는 옷에 컨셉을 비유했는데요. 오늘 옷을 선택한다고 가정해 봅시다. 먼저 '상황'을 생각합니다. 결혼식에 가는지, 여행을 가는지, 회사에 가는지에 따라 선택지가 달라지고, 같은 상황이라도 누구를 만나는가에 따라 또 달라집니다.

여기에 나에게 어울리는 컬러, 핏, 스타일이 더해지면 선택은 다시 달라집니다. 상의를 정했다면, 그에 어울리는 하의·구두·가방·헤어스타일까지 점진적으로 퍼져 나가죠. 이런 선택의 방향성을 잡아주는 것이 바로 컨셉입니다. 모든 결정의 길잡이가 되는 것이죠.

프로젝트나 브랜드도 마찬가지입니다. 어떤 느낌을 담을지, 어떤 고객을 만날지, 어떤 이야기를 만들어낼지를 보여주는 가이드라인이 컨셉입니다. 초록색 커피 브랜드를 떠올려 볼까요? 벌써 특정 브랜드가 떠오른다면, 그건 이미 그 컨셉이 깊이 스며들었다는 증거입니다. 브랜드가 고객에게 어떤 인상을 주고 어떤 가치를 담을지를 제시하는 것, 그것이 컨셉의 역할입니다.

정리하면, 컨셉은 디자인의 Why와 How를 연결하는 첫걸음입니다.

Q. 컨셉에 들어가는 요소는 뭐가 있나요?

컨셉은 하나의 요소만으로 정의되기 어렵습니다. 여러 가지 줄기가 모여야 비로소 한 그루의 나무가 완성되듯, 컬러·타이포그래피·레이아웃·이미지·톤앤매너와 같은 요소들이 서로 어우러져 하나의 컨셉을 만들어냅니다. 컬러가 감정을 불러일으키고, 타이포그래피가 브랜드의 성격을 드러내며, 레이아웃이 흐름과 균형을 잡습니다. 여기에 이미지와 그래픽이 분위기를 더하고, 톤앤매너가 고객과의 소통 방식을 결정합니다. 이 모든 줄기들이 뿌리와 가지처럼 연결되어야 비로소 브랜드라는 나무가 자라나는 것입니다. 따라서 컨셉은 브랜드의 세계관을 지탱하는 뼈대이자 방향을 제시하는 기준이라고 할 수 있습니다.

요소	설명	실전 팁
컬러 (Color)	브랜드의 감정과 톤을 결정하는 핵심 요소. 웜톤·쿨톤의 온도감, 같은 색이라도 페일톤·덜톤 등 톤에 따라 다른 인상을 줌.	클라이언트와 협의하여 브랜드 정체성에 맞는 색상을 세심하게 선택
타이포그래피 (Typography)	서체는 브랜드의 성격을 드러냄. 고딕체=현대적, 명조체=클래식·안정감, 캘리그라피=개성·감성적	타겟 연령층·브랜드 성격 고려 → 가독성과 조화를 중시
레이아웃 (Layout)	요소들의 배치로 전체 조화를 형성. 같은 요소도 배치에 따라 깔끔·역동적 등 다른 인상.	시선의 흐름과 정보 우선순위를 고려한 설계 필요
이미지 & 그래픽 (Image & Graphic)	사진, 패턴, 아이콘, 캐릭터 등 시각적 요소로 분위기 강화. 실사=사실적, 벡터=단순·부드러움, 캐릭터=친근·감성.	브랜드 톤에 맞는 적절한 그래픽 요소 활용
톤앤매너 (Tone & Manner)	브랜드가 고객과 소통하는 태도·분위기 정의. 유쾌 / 재치, 신뢰 / 전문성, 친근 / 따뜻함 등	디자인 요소뿐 아니라 브랜드 전체 아이덴티티를 결정하는 기준

실전 TIP

브랜드를 하나 정해서 위 요소들에 대한 본인의 생각을 정리해 보세요. 컨셉에 대한 이해와 해석을 풀어내는 연습도 디자인 디벨롭 과정입니다.

Q. 컨셉이 없다면 어떤 문제가 생길 수 있나요?

앞서 컨셉의 요소에 대해 이야기했는데, 만약 컨셉이 없다면 어떤 일이 일어날까요?

넓고 넓은 바다에서 내비게이션 없이 항해하는 배를 떠올리면 좋을 것 같네요. 처음 방향성을 정하지 않으면 나중에 바뀌는 클라이언트의 마음에 디자인 수정 지옥이 찾아올지도 모릅니다. 결과물을 본 클라이언트가 "이건 아닌 것 같네요"라고 한다면 다시 원점으로 돌아가야 하니까요. 방향이 없으니 기준이 없고, 기준이 없으니 피드백도 애매해지게 됩니다. 클라이언트에게 먼저 질문을 해보세요. "어떤 분위기를 원하시나요?", "타겟층은 누구인가요?" 등의 질문을 통해 파악한 후 답에 따라 세부 질문을 하는 방식으로 크게 포괄적인 질문에서부터 세부적인 질문까지 점진적으로 나아가면서 컨셉의 방향성을 잡아보세요.

컨셉이 없는 브랜드는 고객이 쉽게 기억하지 못합니다. 또한 문제 해결자로서의 창업자 입장에서도 디자인의 일관성을 유지하기 어렵고, 프로젝트가 지연되거나 완성도의 저하로 이어질 위험이 커집니다. 결국 컨셉은 클라이언트와 디자이너가 같은 비전을 공유하고 같은 목표를 향해 나아가도록 이끄는 기준입니다.

Q. 컨셉팅 과정에서 클라이언트의 의견을 어느 정도 반영하나요?

컨셉팅은 디자이너가 전문가라고 해서 일방적으로 정하는 것은 아닙니다. 전문가로서 감각과 논리적 뒷받침이 된다고 해도 클라이언트의 브랜드 철학과 비즈니스 목적이 충분히 반영이 되어야 합니다. 예를 들어 'MZ 세대의 트렌디하고 감각적인 이미지'를 원한다면 그에 맞는 방향성을 디자이너가 제안하되, 클라이언트의 의견을 경청하고 필요하다면 설득하는 과정까지 포함해야 합니다. 만약 클라이언트가 원하는 타겟층과 컬러가 맞지 않는다면, "이 타겟층에게 이 컬러는 부담스러울 수 있어요. 대신 따뜻한 오렌지 컬러와 차분한 회색의 대비를 주는 건 어떠세요? 이 레퍼런스처럼요." 이렇게 전문가답게 설득력 있는 대안을 제시해보세요. 만약 클라이언트가 강하게 밀고 가는 부분이라면 큰 틀의 방향성을 해치지 않는 선에서 수용하세요. 수용할 부분은 수용하고 전문가의 시각을 더한다면 클라이언트도 참여감을 느끼고, 결과물 또한 일관성을 유지하며 완성도 높게 마무리할 수 있습니다.

Q. 컨셉팅이 잘 된 사례가 있나요?

컨셉은 단일한 아이디어가 아니라 다양한 요소가 유기적으로 결합해 만들어내는 총체적 경험입니다. 컬러, 타이포그래피, 레이아웃, 이미지, 톤앤매너 같은 시각적 언어가 모여 하나의 나무를 이루듯, 각각의 요소들은 전체를 지탱하는 줄기이자 가지가 됩니다.

특히 브랜드 공간에서 컨셉은 더욱 명확하게 드러납니다. 젠틀몬스터를 예로 들어 볼게요! 사진에서 보이는 팝업스토어는 제품만 판매하는 장소가 아니라 브랜드 세계관을 압축적으로 체험하는 공간으로 표현했어요. 차갑고 미래적인 금속 소재, 보라색 포인트컬러, 그리고 초현

실적인 조형물까지, 각각의 요소가 따로 존재하는 것이 아니라 하나의 무드를 공유하며 관람자에게 일관된 메시지를 전달하고 개성 있는 느낌을 자아내게 하죠.

즉, 공간 전체가 브랜드의 이야기를 시각적으로 풀어낸 무대가 되는 것입니다. 이때 중요한 것은 특정한 오브제 하나의 독창성이 아니라 공간 전반에 흐르는 일관된 톤과 무드입니다. 컬러의 통일성, 소재의 질감에서 오는 감각, 동선과 시선의 흐름까지가 모두 합쳐져 하나의 컨셉을 완성합니다.

결국 컨셉이란 단순한 오브제나 감각적 선택이 아니라 브랜드가 구축한 세계관을 경험하게 만드는 전체적 구조와 분위기라 할 수 있습니다.

□ 컨셉의 요소들을 일관성 있게 정리했는가?

□ 브랜드 세계관이 드러나도록 구성했는가?

□ 컨셉이 타겟에게 어떻게 경험될지 충분히 고려했는가?

□ 컨셉을 설명할 때 한 문장으로 압축해 표현할 수 있는가?

#컨셉팅 #방향성 #브랜드경험

06

커뮤니케이션,
파일준비와 송부

전달 방식까지 디자인하는 사람이
진짜 프로

디자인 실력만큼 중요한 건 실무 커뮤니케이션입니다.
작업을 마치는 것으로 끝나지 않고,
어떻게 정리해 어떻게 전달하느냐까지가
진짜 납품의 마무리입니다.
여러분의 프로페셔널함을 보여주세요.

"디자인최종최종최종.ai"

익숙한 파일명 아닌가요? 여러분의 컴퓨터 바탕화면은 어떤 모습인가요? 혹시 폴더와 파일들이 쫙 깔려있지는 않은가요? 우리의 하드에는 '최종본'이라는 이름을 가진 파일이 열댓 개쯤 줄지어 있습니다. 사실 '최종'은 늘 수정의 또 다른 시작일 뿐이니까요.

이처럼 어떤 이름으로 저장했는지, 어떤 형식으로 폴더를 정리했는지, 어떤 방식으로 전달했는지가 곧 우리의 언어이자 태도입니다. 디자인은 결과물에서 끝나는 게 아니거든요. 그것을 어떻게 포장하고 전달했느냐까지가 디자인인 거죠.

깔끔하게 정리된 폴더, 읽기 편하고 명확한 파일명, 그리고 소통방식이 곧 우리의 또 다른 작품입니다. 최종본을 보내는 그 짧은 순간에도 우리는 정리하는 습관과 전달하는 태도로 우리의 전문성을 보여줄 수 있습니다.

Q. 실무 커뮤니케이션에서 가장 중요한 요소는 무엇인가요?

프로젝트 계약을 하기 전의 커뮤니케이션은 좀 더 부드럽고 친근했다면, 지금부터 실무 프로젝트는 부드럽고 친근한 이미지에 프로페셔널하고 책임감·신뢰감 있는 방식을 구사해야 해요. 초반에는 특히 클라이언트가 여러분을 믿고 맡길 수 있도록 좀 더 명확하고 꼼꼼해져야 합니다. 디자인 시안을 보여주는 날도 정확하게 명시해 주는 것이 좋습니다.

"1차 디자인 시안은 7월 1일 화요일 오후 2시까지 메일로 보내드리겠습니다"라고 구체적인 시간과 날짜, 보내는 방식 등을 이야기해 줍니다. 그 후에 정해진 날짜와 시간은 당연히 지켜야겠죠. 사소한 약속이라도 1~2분 늦어진다면 신뢰감이 깨질 수 있으니 유의하세요. 수정 요청이 있다면 수정해야 할 작업 범위를 체크한 후 지킬 수 있는 날짜를 제안하세요. "이 부분을 수정 반영하려면 이틀 정도 작업 시간이 필요할 것 같습니다. 괜찮으신가요?"처럼 제안하며 조율하세요. 이때 말투도 중요합니다. 겸손하면서도 프로페셔널한 톤을 유지하는 게 중요해요. "대표님의 의견을 반영해 7월 3일 수요일까지 메일로 전달드리도록 하겠습니다. 감사합니다." 만약 약속한 시간 내에 작업이 완료되지 않을 것 같다면 날짜가 다가오기 전에 연락을 미리 취하는 것이 좋습니다. "현재 어떤 상황이며, 작업에 디테일을 위하여 하루 정도 추가 시간이 필요할 것 같습니다. 괜찮을까요?"처럼요.

Q. 작업 파일을 정리할 때 기준이 있나요?

정해진 기준이 따로 있는 것은 아니지만 처음부터 폴더 정리와 파일명 정리를 잘해놓는다면 작업하는 당사자도 혼란스러워지지 않을 수 있습니다.

수정을 거듭하면서 작업량이 많아지고 나면 혹, 다시 예전의 디자인대로 돌아가달라는 피드백이 있을 수도 있습니다. 만약 다른 이름으로 저장하지 않았다면 예전 디자인을 찾을 수가 없겠죠. 그래서 폴더와 파일명을 구조화하는 게 좋습니다.

폴더명은 '프로젝트명'으로 하고 안에 새로운 폴더를 생성하여 '레퍼런스', '아이디어 스케치', '디자인', '견적서' 등 성격이 비슷한 파일들끼리 분류합니다. 이때 파일명도 구조화하는 것이 좋은데 날짜와 버전을 포함해 이름을 생성하는 방법이에요.

"OO브랜드BI디자인_v01_250701.ai"처럼 패턴을 만든다면 작업 순서와 시간을 한눈에 확인할 수 있습니다. 또한 작업자의 파일과 클라이언트 발송용 파일 형식을 분리하는 게 좋습니다. 클라이언트는 일러스트, 포토샵과 같은 프로그램이 없을 확률이 높기 때문에 모바일에서도 확인할 수 있는 파일로 변환하여 보내는 것이 좋습니다. 작업 소스(ai, psd)파일과 전송용 파일(jpg, pdf)을 구분하여 저장해 놓으세요.

이렇게 처음부터 구조화한다면 많은 작업에도 파일을 금방 찾을 수 있어서 유용하답니다.

Q. 클라이언트에게 파일을 전달하기 전에 확인해야 할 사항은 무엇인가요?

작업하는 것만큼이나 파일 전달도 떨리는 순간이죠. 잘못 보내면 어쩌나 걱정되기도 하고요. 전달 전에는 꼭 몇 가지를 점검하세요.

우선 최종 용도에 맞는 해상도와 컬러모드인지 확인하세요. 인쇄와 웹은 기준이 다르니까요. 또, 파일 형식이 협의한 대로 되어 있는지 점검하고, 여러 개라면 압축해 깔끔히 정리하세요. 그리고 중요한 건 피드백 반영 여부입니다. 수정 요청이 빠진 채 전달되면 다시 일을 반복해야 하

디자인 창업의 모든 것

니까요. 마지막으로 폰트 깨짐 같은 기본적인 오류도 꼭 체크하세요.

체크 항목	확인할 부분	실전 팁
해상도 & 컬러모드	- 인쇄용: 300dpi / CMYK - 웹·모바일용: 72ppi / RGB	"최종 용도가 어디인지" 꼭 확인 후 맞춰서 저장하기
파일 형식	- 협의된 형식(PDF, JPG 등) 으로 전달 - 편집 파일 요청 시 원본 (AI, PSD 등)도 포함	여러 파일은 .zip 압축 후 보내면 깔끔
피드백 반영 여부	- 요청된 수정사항이 모두 반영되었는지 확인	피드백이 반영된 부분에 대한 설명과 기 대효과까지 첨언
폰트 깨짐 확인	- 파워포인트·한글 등에서 클라이언트 PC에 폰트 미 설치 시 깨짐 발생	사용 폰트 → 반드시 저장/삽입 옵션 체크

Q. 효율적인 파일 송부 방법이 있을까요?

효율적인 파일 송부 방법으로는 다양한 플랫폼을 활용하는 것이 좋습니다. 예전에는 메일 전송이 일반적이었다면, 최근에는 클라우드 서비스를 이용한 공유가 트렌드입니다. 구글 드라이브, 네이버 Mybox, Onedrive, Dropbox 등 클라우드 서비스를 활용하면 대용량 파일도 빠르고 안전하게 공유할 수 있습니다. 클라우드 서비스는 링크 공유 기능을 통해 파일 접근 권한을 설정하거나 만료 날짜를 지정할 수 있어 보안성과 편리함을 높여줍니다. 이때 링크 권한을 '보기 기능', '편집 가능 기능' 등으로 접근할 수 있도록 설정도 가능합니다. 클라이언트가 메일을 선호할 경우, 첨부파일 크기 제한을 고려해 파일을 압축하거나 분할하여 전송하고, 문자나 메신저를 통해 "요청하신 수정사항을 메일로 전송하였으니 확인 부탁드립니다"와 같은 메시지를 보내 클라이언트가 메일을 놓치지 않도록 안내해 주세요. 또한, 중요한 파일의 경우 클라이언트가 파일을 정상적으로 수신했는지 확인 요청을 하는 것도 좋은 방법입니다. 추가로 유료 클라우드 서비스 외에 SendAnywhere나 WeTransfer 같은 무료 대용량 파일 전송 서비스도 있으니 일회성 공유에 유용하게 사용할 수 있습니다.

구글 드라이브

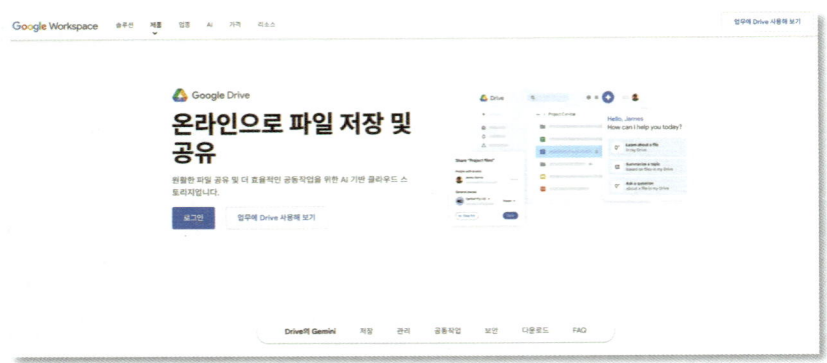

디자인 창업의 모든 것

네이버 MYBOX

Microsoft Onedrive

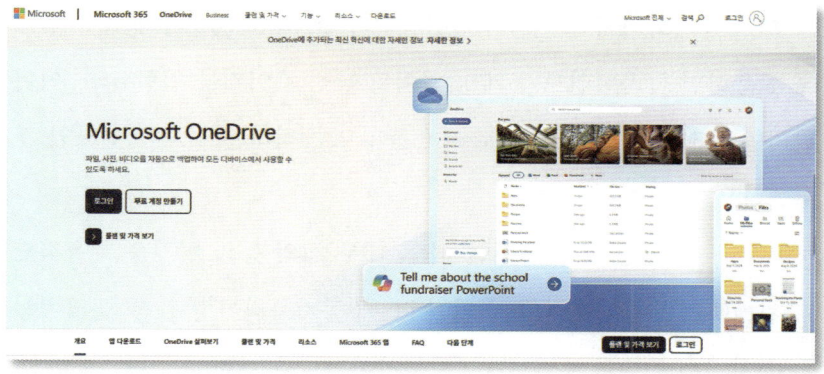

Q. 프로페셔널해 보이기 위한 도구나 템플릿이 있나요?

프로페셔널한 이미지를 위해 도구와 템플릿을 사용하면 작업 효율도 높아지고 신뢰를 쌓을 수 있어요. 노션(Notion), 구글 캘린더, 그리고 기타 협업 도구를 예로 들어 볼게요!

노션은 프로젝트 관리와 협업을 체계적으로 지원하는 강력한 올인원 툴입니다. 작업 프로세스를 타임라인, 테이블 등으로 정리하고, 관련 파일을 업로드한 후 클라이언트를 멤버로 초대해서 사용하는 툴입니다. 클라이언트는 실시간으로 작업 진행 상황을 확인하고 즉각적인 피드백을 남길 수 있습니다. 이는 클라이언트와의 협업뿐 아니라 팀 내 소통에도 효율적입니다. 대표나 팀 리더는 노션을 통해 여러 프로젝트의 진행 상황, 디자이너별 작업 분배, 마감일을 한눈에 파악할 수 있으며, 실시간 피드백과 알림 기능을 통해 빠른 대응이 가능합니다. 노션은 템플릿 커스터마이징이 자유로워 작업 스타일에 맞게 조정할 수 있고, 모바일과 PC에서 동기화되어 접근성이 뛰어납니다. 또한, 노션의 공개 공유 링크를 활용하면 클라이언트가 계정 없이도 특정 페이지를 열람할 수 있어 편리합니다. (요즘은 노션으로 포트폴리오 제작하는 것도 트렌드인 것 아셨나요?)

구글 캘린더는 미팅, 시안 제출, 내부 회의 등의 일정을 효율적으로 관리하는 도구입니다. 모바일과 PC에 동기화되어 팀원 및 클라이언트와 일정을 공유할 수 있습니다. 클라이언트와 캘린더를 공유하면 마감일과 주요 일정을 함께 확인할 수 있으며, 알림 설정으로 일정 누락을 방지할 수 있습니다. 구글 캘린더의 초대 기능을 사용하면 클라이언트와의 미팅을 자동으로 등록하고, Zoom이나 Google Meet 링크를 연동해 원활한 화상 회의를 지원할 수 있습니다.

마지막으로 모든 도구 사용 시 일관된 브랜드 컬러, 로고, 서체를 적용해 통일감을 주는 것이 중요합니다. 이렇게 협업 도구와 템플릿을 활용하면 준비부터 납품까지 체계적이고 프로페셔널하게 보일 것입니다.

□ 파일명을 구조화해서 저장했는가?

□ 파일 전송 전 해상도, 컬러 모드 등을 확인했는가?

□ 대용량 파일전송이 가능한 클라우드 서비스를 활용했는가?

□ 프로페셔널해 보이는 협업툴을 사용해 보았는가?

#커뮤니케이션 #파일관리 #협업툴

07

피드백과 모디파잉

수정 요청에 지치지 않으려면, 기준부터 잡고 보자

수정은 피할 수 없는 과정이지만,
방향을 잃으면 디자이너도 지치고
클라이언트는 혼란스러워집니다.
처음 설정한 기준 위에서 정리해 나간다면
수정은 지치는 반복이 아니라
완성도를 높이는 과정이 됩니다.

수정은 디자이너에게 숙명 같은 과정입니다. '이번엔 진짜 최종이겠지'라고 생각해도 다시 수정이 오고, 또 오죠. 그래서 피드백과 수정의 과정은 늘 피곤하고 힘든 단계입니다. 하지만 생각을 조금 바꿔보죠. 수정은 단지 비평을 하기 위한 것이 아니라 더 나은 완성도를 찾아가기 위함이니까요. 중요한 건 기준입니다. 처음 세운 컨셉과 목표가 흔들리지 않는 선에서 수정은 디테일을 다듬는 중요한 지점입니다. 디자이너와 클라이언트가 동일한 기준 위에서 대화를 나눈다면, 소모되는 시간이 아닌 성장을 위한 에너지로 사용될 수 있습니다. 그럼 그 기준이 뭔지부터 알아볼까요?

Q. 피드백을 받을 때 처음 설정한 기준이란 게 뭔가요?

피드백을 여러 번 거쳐 수정사항이 많아지면 방향성이 모호해지는 경우가 종종 있습니다. 그래서 디자인은 실제 작업하는 시간보다 생각하는 시간, 다시 말해 기획과 컨셉의 방향성을 잡는 과정에서 좀 더 신중하게 접근해야 해요. 그렇지 않으면 길을 잃어버리거든요.

예를 들어, B.I 디자인이라면 '이 브랜드는 고급스럽고 친환경 이미지를 목표로, 초록색과 흰색을 주조로 하여 미니멀한 스타일을 유지한다'가 초기 컨셉의 기준이 될 수 있어요. 이 기준은 피드백이 산으로 갈 때 중심을 잡아주기도 합니다. 만약 클라이언트가 "더 화려했으면 좋겠다"라고 제안하면, "화려한 이미지를 원하시면 과감한 장식은 피하고, 지금 디자인에서 미니멀한 컨셉은 유지하되 레이아웃에서 세련된 변화를 줄까요?"라며 이 기준을 다시 상기시킬 때 활용할 수 있죠.

이처럼 우리가 '컨셉팅'에서 정했던 요소들을 기억해 보세요. 클라이언트와 프로젝트를 진행하기 전 함께 합의한 목표와 방향성, 스타일, 핵심 메시지, 스토리 등이 있었죠. 초기 방향성이요. 이 방향성은 서로가 동의한 '공식' 같은 거예요. 공식은 곧 기준이 되고요. 기준 없이 수정을 하다 보면 어느새 다른 곳에 도착해 있는 끔찍한 일이 벌어질 수 있으니 이때 처음 설정한 기준을 문서화한 파일을 보여주며 중심을 잡아주는 게 좋습니다.

여기까지 오고 나니 왜 모든 과정을 문서화하는 것이 중요한지 감이 오나요?

Q. 클라이언트의 피드백을 전문가답게 정리하는 방법은 무엇인가요?

이전 질문에서 효율적인 협업툴 노션을 예로 들었는데요. 피드백을 노션에서 페이지별로 체계적으로 정리한다면 작업 효율성이 매우 좋아집니다. 예를 들어 아래 그림처럼 노션에서 시안별 날짜와 페이지를 설정해 둔다면, 수정 과정을 한눈에 확인할 수 있고, 예전 시안도 쉽게 찾아볼 수 있어요.

'oo프로젝트 B.I 디자인

📄 디자인 1차 시안_250701
📄 디자인 2차 시안_250705
📄 디자인 3차 시안_250708

파일명 규칙은 체계적이고 직관적인 인상을 남겨 클라이언트와 협업할 때 신뢰를 줄 수 있습니다. 스스로 나중에 파일 정리할 때도 훨씬 편리합니다.

한국어 버전
001_제1차 수정안_250701
002_제2차 수정안_250705
003_제3차 수정안_250708

영문 버전
001_LogoDesign_v01_250701
002_LogoDesign_v02_250705
003_LogoDesign_v03_250708

클라이언트는 생각나는 대로 순서 없이 이야기할 수 있지만, 듣는 우리는 중요한 내용을 하나도 놓쳐서는 안 되겠죠? 녹음 목적과 사용 범위를 클라이언트에게 명확히 전달 후 음성 녹음을 하는 것도 효율적입니다. 녹음을 했다면 녹음 파일을 글로 변환해 주는 '다글로' 같은 어플리케이션을 활용해 보세요. 이 앱은 녹음을 텍스트로 변환해 주고, 필요에 따라 요약까지 제공해 줘서 시간 절약에 큰 도움이 됩니다. 그다음, 변환된 피드백을 리스트화하여 정리하고, 항목별로 하나씩 수정해 나가면 작업 흐름이 한결 수월해져요. 추가로, 리스트에 우선순위를 매기거나 마감일을 설정하면 피드백 반영이 더 체계적으로 진행될 수 있어요.

Q. 수정 요청이 많을 때 우선순위를 정하는 기준은 무엇인가요?

수정 요청이 쌓이면 어디서부터 손을 대야 할지 막막할 수 있어요. 우선순위는 중요도와 효율성을 중심으로 다음과 같이 정해요. 이 과정은 클라이언트와의 신뢰를 유지하며 프로젝트를 원활히 진행하는 데 핵심적인 역할을 해요. 아래에서 기준을 자세히 살펴볼게요.

클라이언트의 강조점

클라이언트와 대화 속에서 이 부분만큼은 꼭 바꿔 달라고 강하게 강조한 부분이 있다면, 그 부분부터 수정하는 것이 클라이언트 만족도를 높이고 신뢰를 강화하는 데 가장 효과적이에요. 예를 들어 "광고 포스터에서 헤드라인 문구를 좀 더 강조해 주세요"라는 요청이 있다면, 다른 수정보다 먼저 반영하세요. 이 과정에서 클라이언트의 우선순위를 명확히 문서화하면 혼선이 줄어 들어요.

프로젝트 컨셉팅 확인

초기 설정한 컨셉팅에 부합하는지 꼼꼼히 점검해 봐야 해요. 클라이언트의 수정 요청에만 몰두하다 보면 원래 목표 지점과의 연관성이 멀어질 수 있으니, 초기 컨셉과 일치하는지 지속적으로 따져봐야 합니다. 기존에 잡은 키비주얼(Key Visual)이나 스타일프레임(Style Frame)이 있다면 이를 응용하며 확장해 나가면 컨셉의 일관성을 유지하는 데 도움이 돼요.

작업 난이도와 작업 소요 시간

수정 요청이 많을 경우, 작업 난이도에 따른 소요 시간을 미리 계산해 계획을 세우는 게 중요합니다. 레이아웃을 리디자인하거나 복잡한 그래픽 작업처럼 소요 시간이 오래 걸릴 것으로 보이는 일은, 작업 시간에 따라 우선순위 표를 작성하고 클라이언트와 사전에 공유하는 게 좋아요. 예를 들어 간단한 텍스트 수정은 하루 안에, 복잡한 레이아웃 조정은 3일 소요로 분류해 계획을 세우세요. 이렇게 예측 가능하게 움직이면 클라이언트도 일정 조율에 협조적일 거예요.

프로젝트 마감일과의 연계성

마감 기한에 근접한 경우, 남은 시간과 수정 요청의 급박성을 고려해 우선순위를 조정하는 것도 중요해요. 만약 다음 날 마감인데 중요한 수정이 있다면, 다른 요청을 잠시 미루고 급한 사항을 먼저 처리하세요. 이 기준은 시간 압박 속에서도 프로젝트의 품질을 유지하는 데 큰 도움이 되며 클라이언트와의 신뢰를 지키는 데도 중요해요. 마감일을 구글 캘린더에 표시하고 수정 요청을 시간대별로 배분하면 효율성이 더 높아질 거예요.

Q. 클라이언트가 뭘 요청하는지 도무지 모르겠어요.

클라이언트의 피드백이 모호하면 수정도 잘못된 방향으로 흘러갈 수 있습니다. 클라이언트의 말을 이해하지 못했다고 해서 프로답지 못해 보인다는 생각은 하지 마세요. 오히려 디자인적 감각은 클라이언트보다 우리가 더 전문가일 수 있으니까 이해가 안될 경우 이해가 안 된다고 솔직하게 말하는 것이 나중에 오해 없이 소통할 수 있습니다.

먼저 이해한 부분을 다시 확인하는 게 좋습니다. "대표님께서 좀 더 생동감 있게 표현되었으면 좋겠다고 한 부분에서 컬러 부분의 색조를 밝게 하여 표현하는 것이 맞을까요?" 클라이언트가 "그건 전문가께서 알아서 해주셔야죠. 제 느낌은 그렇습니다"라고 모호한 피드백을 주었을 때는 "그럼 컬러 부분과 레이아웃 부분에서 대표님께서 원하시는 생동감을 표현해서 보여드리도록 하겠습니다. 원하시는 레이아웃과 색상조합이 있다면 편하게 자료를 보여주시면 좀 더 명확하게 반영하도록 하겠습니다"라고 명확하게 이야기하세요. 자료를 보내주지 않는 경우, 작업 전에 레퍼런스를 찾은 후 "말씀하신 부분의 샘플을 찾아보았는데 이 방향이 맞는지 확인 한번 부탁드립니다"라고 하여 작업 전에 미리 시각적 대안을 제시하는 것도 좋습니다.

마지막으로 피드백에 대한 내용을 요약하며 "제가 이해한 바로는 색상을 밝게 하고, 사진 실사 이미지를 추가하라는 말씀이신가요? 맞는지 확인 부탁드립니다"라며 해석한 바를 공유하세요.

만약 메일 혹은 문자로 피드백을 받았을 경우 "피드백 주신 부분에서 궁금한 점이 있어 조금 더 논의하고 싶습니다. 전화 혹은 미팅 괜찮으신가요?"라고 하여 소통 창구를 확장하는 것도 좋습니다.

피드백을 이해하지 못하는 경우는 종종 발생합니다. 같은 디자이너들끼리도 소통이 어려울 때가 있는데 전문 분야가 다른 경우는 더 그렇습니다. 하지만 열린 마음으로 한번 더 이해하려고 노력하고, 이해한 것을 다시 확인하는 절차가 지나고 보면 시간을 더 절약하는 방법입니다.

Q. 수정 과정에서 클라이언트와 갈등이 생겼는데, 어쩌죠?

클라이언트 혹은 실무 담당자와 커뮤니케이션을 하면서 이견은 충분히 있을 수 있습니다. 다만 동일한 목표 지점에 같이 도달하고자 하는 의견 교환임을 잊지 마시고, 감정적 갈등관계로 발전하지 않도록 주의하면 됩니다.

먼저 담당자의 불만 혹은 의견에 집중해 보세요. "이 디자인은 원래 의도와 다른 것 같아요. 기대 이하예요"와 같이 디자인 퀄리티에 대한 지적이 있을 수도 있어요. 이 상황에서도 당황하지 말고 충분히 경청한 후 일정 부분 공감을 표하며 "아, 그렇게 생각하실 수도 있겠네요. 구체적으로 어떤 부분이 기대와 달랐는지 얘기해주실 수 있을까요? 특히 색상인가요, 레이아웃 부분인가요?" 구체적으로 물어보며 문제를 좁혀나가야 합니다.

그럼 클라이언트가 "컬러도 레이아웃도 젊고 트렌디한 느낌을 기대했는데 전반적으로 그런 무드가 안 느껴지는 것 같아요"라고 구체적 의견을 제시하게 됩니다.

이때 여러분이 "그럼 그래픽 이미지를 트렌디한 이미지로 교환하고 레이아웃을 역동적으로 배치하면서 색상을 밝은 톤으로 조정하면 어떨까요?"라며 타협안을 제시하면 됩니다.

만약 여전히 의견이 좁혀지지 않는다면, 내부 팀원이나 제3자의 객관적인 의견을 받아들이는 것도 방법입니다. 외부 시각을 통해 갈등을 협력으로 전환한다면 클라이언트와의 신뢰를 지키면서 동시에 더 나은 디자인 퀄리티에 도달할 수 있습니다. 또한 갈등 상황일수록 감정적으로 대응하기보다는 논리적 근거를 제시하는 것이 중요합니다.

실전 TIP

전문가 자문 인터뷰나 의견 조사를 진행해 그 결과를 수치와 데이터로 문서화해 보세요. 객관적 근거를 제시하면 설득력이 강화되고, 감정적 대립 대신 합리적인 협의로 이끌어갈 수 있습니다.

디자인 작업에서는 클라이언트가 아이디어를 계속 고민하다 보니, 전문가의 제안보다 새로운 의견을 자꾸 생각한다거나 다른 방향성을 제시하는 경우가 발생합니다. 이런 상황에서는 수정 방향, 대안 제시, 합의된 내용을 반드시 문서화해 두세요. 피드백 요약본을 메일로 발송하고, 수정 파일 전달 시 기한을 명확히 안내한다면 불필요한 오해를 줄일 수 있습니다.

□ 피드백 시 기준을 다시 상기시키며 조율했는가?

□ 피드백을 수정 버전별로 정리하고 시안별 날짜를 기록했는가?

□ 수정 요청이 많을 땐 우선순위를 정하여 작업했는가?

□ 의견이 좁혀지지 않는다면, 객관적 근거를 제시할 방법을 고려했는가?

□ 합의된 내용을 문서화하고 공유했는가?

#피드백 #모디파잉 #디자인완성

시간을 줄이자! 방향성이다!

08

디자인은 손보다 머리부터 움직여라

많이 제작하는 것보다, 정확한 방향을 먼저 잡는 게
시간을 아끼는 지름길입니다.
방향 없이 시안을 여러 개 만드는 건
결국 다시 돌아오는 반복 작업이 될 수 있습니다.
작업 시작 전, 머리로 충분히 정리한 후
핵심 키워드와 방향성을 클라이언트와 맞추세요.

디자인 창업의 모든 것

디자인에서 가장 큰 낭비는 손이 바쁘게 움직였는데도 결국 되돌아가야 하는 상황입니다. 시안을 여러 개 만들어놓고 "이건 아닌 것 같아요"라는 말을 듣는 순간, 이미 소중한 시간이 흘러간 뒤죠. 그래서 디자인은 손보다 머리부터 움직여야 합니다.

작업을 시작하기 전에 충분히 생각을 정리하고 핵심 키워드를 뽑아 클라이언트와 공유하는 게 중요합니다. 이 과정에서 서로의 기대와 목표를 맞추면 수정이 줄어들고 시간은 자연스럽게 절약됩니다. 단순히 많은 시안을 제시하는 것이 능력이 아니라, 정확한 방향성을 잡아 효율적으로 도달하는 것이 진짜 프로의 방식입니다.

우린 전문가니까요!

Q. 작업 시작 전 스스로 체크할 사항은 무엇인가요?

디자인 작업을 시작하기 전 스스로 체크리스트를 정하고 확인하는 과정은 시간 낭비를 막고 효율적인 작업을 하게 해줍니다. 먼저 클라이언트와 합의한 컨셉을 다시 떠올려 볼게요. 이래서 컨셉팅이 매우 중요합니다! 잊을 만하면 등장하는 게 컨셉이니까요. 컨셉이 작업에 반영될 수 있도록 프로젝트 브리프를 검토하여 주요 요구사항과 일정을 확인하세요. 초보 창업자일수록 기술적인 준비도 중요합니다. 디자인을 하기 위한 프로그램(Adobe Photoshop, Illustrator 등), 최신 버전, 필요한 플러그인, 유료 폰트 등이 다 설치되어 있는지 확인하세요. 유료 폰트나 유료 이미지 컷의 경우 컨셉에 맞아야 하기 때문에 클라이언트와 미리 협의한 후 구매하는 방향이 좋습니다.

또한 파일 관리에 대한 사항도 사전에 정리해야 합니다. 작업 폴더, 레퍼런스 자료, 최종 결과물을 체계적으로 분류해 두면 협업 시 혼란을 줄일 수 있어요. 작업 장비와 백업 시스템(외장하드, 클라우드)도 점검하세요.

실전 TIP

1. 컨셉 확인
2. 프로그램 및 툴 점검
3. 타임라인 설정
4. 디자인 자료 준비
5. 파일 관리 및 백업 체계 점검

Q. 핵심 키워드는 어떻게 뽑아야 하죠?

핵심 키워드는 클라이언트와의 컨셉팅에서 도출된 방향성을 3~5개 단어로 압축하는 거예요. 지금 제가 챕터별로 창업에 관련된 내용을 쓰고 마지막에 해시태그 3개를 담는 것과 같은 맥락이에요. 이 책의 핵심 키워드는 #디자인 #초보창업자 #안내서라고 할 수 있겠네요. 도출된 컨셉에서 이 디자인으로 무엇을 말하고자 하는지 좀 더 명확히 하기 위함이에요. 예를 들어 로고 디자인을 하기 위해 '바다', '지구', '생명'과 같은 키워드를 뽑았다고 해보죠. 어떤 색상과 어떤 이미지가 떠오르나요?

이 단어를 통해 시각적으로 어떻게 표현될지 떠올려 보세요.

핵심 키워드는 디자인 전체의 기준점이자 방향 제시 도구입니다. 색상·타이포그래피·그래픽 요소까지 모두 이 키워드에서 출발한다고 보면 됩니다. 실무에서는 이 키워드를 바탕으로 무드보드나 레퍼런스 보드를 구성하는 것이 효과적이에요. 아무래도 글로 설명하는 것보다 추상적인 단어를 실제 이미지, 패턴, 컬러 팔레트로 구체화하면 클라이언트와의 소통도 쉬워지고, 불필요한 수정도 줄일 수 있으니까요. 아래 그림은 3개의 핵심 키워드로 찾아본 레퍼런스 보드입니다. 레퍼런스 사이트를 참고하여 키워드에 맞는 보드를 구성하니 텍스트보다 전달력이 훨씬 좋죠?

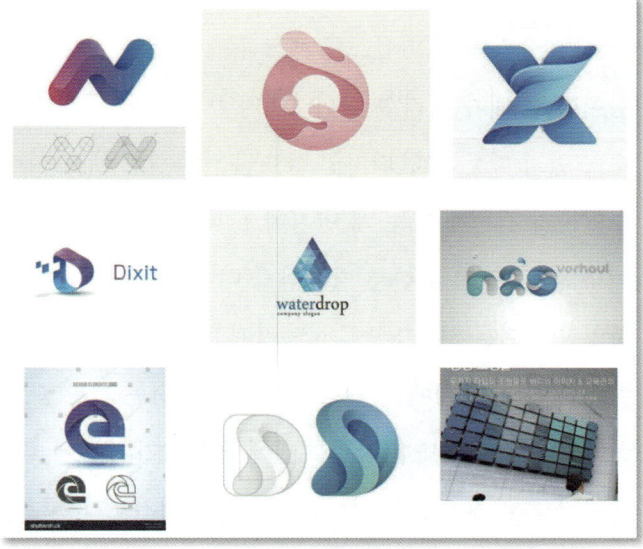

출처: 핀터레스트(kr.pinterest.com)

이처럼 키워드의 감정어를 시각언어로 번역하여 표현하는 과정에서 중심을 잡아주는 역할을 하는 것이 핵심 키워드입니다. 다시 말해, 핵심 키워드는 디자이너와 클라이언트 모두가 '이 프로젝트가 어디로 가고 있는지' 한눈에 확인할 수 있답니다.

Q. 디자인 시안 작업 전 레퍼런스 체크, 체크, 또 체크?

디자이너들은 강박적으로 레퍼런스 체크를 합니다. 어떤 그래픽디자이너는 매일 아침 출근하면 레퍼런스 사이트부터 본다고 해요. 내가 놓친 디자인이 있는지, 좀 더 감각적인 새로운 디자인이 있는지 확인을 하는 거죠. 인간의 뇌는 무한히 상상하는 능력이 있기에 새로운 정보를 입력하고 새로운 아웃풋을 끊임없이 뿜어내요. 트렌드를 반영하기 위한 것이 첫 번째 이유라면, 레퍼런스를 체크하는 두 번째 이유는 중복을 피하기 위함이에요. 내가 생각한 아이디어가 누군가가 이미 표현한 아이디어일 수도 있기 때문이죠. 디자인 상표권을 출원할 때도 이미 비슷한 디자인이 있는지 검색해 보는 게 먼저예요. 따라서 비슷한 컨셉의 디자인도 많이 살펴보고, 전혀 다른 방향성의 디자인도 많이 살펴봄으로써 새로운 창의적 표현을 하게 되는 거죠. 이때 단순히 많은 양을 검색하고 보는 것이 중요한 건 아니에요. 질적으로 잘 점검하는 것도 중요해요. 레퍼런스를 체크하는 시간 또한 작업 시간에 포함되기 때문에 효율적으로 관리해야 한답니다. 레퍼런스 사이트로는 핀터레스트, 비핸스, 비메오, 노트폴리오와 같은 플랫폼이 있어요.

디자이너들이 자주 활용하는 사이트니까 참고하시고, 자세한 사이트는 부록에 적어둘게요.

마지막으로 저장한 레퍼런스를 무드별로 분류해 놓고 적용할 수 있는 부분을 체크해 보세요. 방향성이 좀 더 선명해질 거예요.

Q. 아이디어 스케치와 스타일프레임이란?

핵심 키워드를 선정했다면, 이제 아이디어 스케치 단계로 넘어가야죠. 키워드는 말 그대로 컨셉의 한 단어 요약, 감정언어입니다. 언어를 그림으로 바꾸는 첫 단계가 아이디어 스케치입니다. 아이디어 스케치도 작업 목적과 유형에 따라 여러 종류로 구분할 수 있어요.

4장 진심을 다해 만나고 납품하자

러프 스케치(Rough Sketch)

러프하다는 의미가 '대충, 거친'이라는 뜻을 가지고 있기에 빠른 시간 안에 머릿속에 있는 표현들을 밖으로 끄집어내는 단계예요. 정교하고 정리되지 않아도 괜찮아요. 전체적인 흐름을 잡는 것이라고 보면 됩니다.

썸네일 스케치(Thumbnail Sketch)

유튜브 볼 때 그 썸네일 아시죠? 본격적인 영상을 보기 전 우리는 썸네일을 보고 영상을 볼지 안 볼지 생각하죠. 마찬가지로 본편이 있다면 예고편과 같은 스케치라고 보면 됩니다. 보여주고자 하는 여러 컷을 작게 그려 아이디어로 뽑아내는 단계입니다.

컨셉 스케치(Concept Sketch)

선택된 러프 스케치 중에서 발전 가능성이 있는 스케치 1-2개를 골라 좀 더 정제된 형태로 표현한 스케치라고 보면 됩니다. 이 스케치만으로도 클라이언트가 방향을 이해할 수 있어야 합니다. 이때 색상, 톤앤매너, 키워드를 반영하여 그리는, 키비주얼로 넘어가기 전 단계라고 보면 됩니다.

키비주얼 및 스타일프레임(Key Visual & Style Frame)

키비주얼은 주로 평면 그래픽 디자인에서 프로젝트의 핵심 이미지를 대표하는 시각 요소로 사용됩니다. 반면 스타일프레임은 모션그래픽 작업에서 움직임이 들어가기 전, 멈춰있는 한 컷을 통해 전체적인 톤과 무드를 보여주는 역할을 합니다. 이렇게 구분되지만 두 개념 모두 프로젝트의 전체적인 감도와 방향성을 시각적으로 확정 짓는 핵심 도구라는 점에서 비슷한 의미를 가집니다. 클라이언트는 이 단계를 통해 결과물의 분위기를 사전에 예측할 수 있고, 디자이너는 제작 단계에서 불필요한 시행착오를 줄일 수 있습니다.

실전 TIP

아이디어 스케치 → 컨셉 스케치 → 키비주얼 및 스타일프레임의 과정을 통해 시간을 줄이고, 프로젝트 완성도를 높여요!

Q. 경쟁사와 겹치지 않는 디자인을 하려면?

클라이언트의 산업에 대한 조사를 어느 정도 맞춘 이후지만 그래도 경쟁사 디자인 조사는 수시로 해야 합니다. 동일한 산업군의 브랜드와 콘텐츠는 많이 노출된 경우에 무의식적으로 비슷하게 디자인이 될 가능성이 높기에 분석에 분석을 거듭하여 비슷하지 않도록 방향을 탐색해야 합니다. 이미 아이디어 스케치와 스타일프레임 단계에서 "이건 경쟁사와 어떤 점이 다르며, 어떤 점을 강조할 것인가?"를 수없이 자문했을 거예요.

단순히 색상만 바꾸는 것이 아니라, 브랜드의 스토리와 기획 차원에서의 차별화가 핵심이라는 거죠. 주유소 브랜드를 떠올려 보세요. 서로 겹치지 않는 색상을 사용하고 있죠. 어떤 브랜드는 빨강, 또 다른 브랜드는 초록, 혹은 파랑과 노랑을 사용합니다. 이는 시각적 구분을 통해 소비자가 단번에 브랜드를 인식하도록 하기 위함이죠. 경쟁사의 색을 피하는 건 고객의 기억 속에서 명확하게 자리 잡기 위한 전략적 차별화인 것이죠. 이처럼 경쟁사와는 다른 방향을 명확히 살리면서도 우리 브랜드만의 독창성을 잊지 않도록 개성 있는 디자인을 해보세요.

□ 디자인 작업 전 체크리스트를 점검했는가?

□ 핵심 키워드를 뽑았는가?

□ 오늘도 레퍼런스 체크를 했는가?

□ 아이디어 스케치부터 키비주얼까지 단계적으로 디자인을 제작했는가?

□ 경쟁사와 겹치지 않는 독창적인 디자인을 기획했는가?

#아이디어스케치 #레퍼런스체크 #경쟁사분석

09 디자인 디벨롭, 스토리보드

스토리보드는 디자이너의 실무적 무기가 된다

스토리보드는 전체 구조와 디자인의 의도를
한눈에 확인할 수 있는 중요한 도구입니다.
디자인 결과가 잘 나왔는지 확인하기 전에,
디자인이 왜 이렇게 흘러가야 하는지를
먼저 보여주는 것,
그게 바로 스토리보드의 힘입니다.

한 장의 그림은 수십 번의 설명보다 강력합니다. 디자인도 마찬가지예요. 결과물만으로는 '왜 이렇게 되었는지'를 설명하기 어렵지만 스토리보드는 그 과정을 한눈에 보여주죠. 디자이너의 상상과 전략을 시각화한 것으로써, 클라이언트와의 대화에서 신뢰를 얻고, 제작 과정에서 명확한 기준이 되기도 합니다. 디자인을 '보여주기' 전에 '설득하기' 위한 가장 효과적인 커뮤니케이션 도구가 스토리보드입니다.

Q. 디자인 개발 과정에서 스토리보드의 역할은 무엇인가요?

스토리보드는 디자인 개발 과정에서 결과를 유추할 수 있는 방향의 도구입니다. 디자인 작업 여정이 시간과 노력이 많이 들어가기 때문에 효율적으로 자원을 쓰면서 좋은 아웃풋을 도출하기 위해 반드시 거쳐야 하는 단계라고 볼 수 있습니다.

UX/UI 디자인을 예를 들어 설명해 볼게요.

'문제인식→UX리서치→UX설계→UI디자인'의 과정을 거치는데 UX리서치 단계에서는 사용자 인터뷰와 설문, 경쟁 서비스 분석, 페르소나 설정, 고객여정 맵 작성, 문제 정의, UX 목표 수립 등의 세부 단계를 거치게 되고 UI설계 단계에서는 플로우차트, 메뉴 구조도, 시나리오 작성, 와이어프레임 제작의 세부 단계를 거치게 됩니다. 마지막 UI디자인 단계에서는 컬러시스템, 타이포그래피, 버튼과 아이콘 구성, 반응형 설계 프로토타입 제작, 디자인 시스템 구성 등의 디자인 제작을 합니다.

스토리보드는 바로 이 두 번째 단계인 UX설계에서 진행하며, UI디자인에 들어가기 전 전체 구성을 시각적으로 정리하는 역할을 합니다.

이번에는 영상 디자인을 예를 들어 설명해 볼까요.

'스토리보드 기획 및 제작→스타일프레임 제작→영상제작 및 피드백→성우믹싱 및 편집→최종본 검수'

큰 틀에서 스토리보드 기획 단계가 있어야 스타일프레임을 제작할 수 있습니다. 작업의 뼈대를 잡는다고 보면 됩니다. 시안 제작 전에 스토리보드로 흐름을 점검한다면 수정 횟수가 현저히 줄어들어 효율적이에요. 정리하면, 스토리보드는 디자인이 왜 이렇게 흘러가야 하는지를 설명하는 논리적 근거입니다.

Q. 스토리보드와 시안의 차이가 무엇인가요?

스토리보드는 기획서, 시안은 결과물 미리보기입니다. 영상 편집을 하기 전, 글로 시나리오를 작성한 후 그다음 스토리보드를 그리고 스토리보드가 픽스되면 스타일프레임, 스타일프레임이 픽스되면 진짜 무빙콘텐츠로 들어갑니다.

시안은 디자인 프로그램을 사용해서 디테일을 표현한 완성도 높은 결과물이라면 스토리보드는 설계도에 가깝다고 볼 수 있겠네요.

Q. 스토리보드가 필요한 분야가 따로 있나요?

보통 영상 디자인, 모션그래픽 분야에서는 스토리보드가 필수적 단계이고, UX, UI 디자인에서는 와이어프레임이 스토리보드 역할을 합니다. 게임 디자인에서도 게임 설계와 플레이 경험을 구체화하는 데 스토리보드가 구체적 설계자 역할을 합니다. 스토리보드를 통해 게임 그래픽 디자이너와 프로그래머 간 원활한 소통을 하게 되니까요.

브랜드 / 패키지 등 평면 그래픽의 경우에는 일반적으로 스토리보드를 따로 구성하지 않고 아이디어 스케치 후 시안 작업으로 바로 들어가는 경우가 많습니다. 주로 움직이는 콘텐츠에는 스토리보드를 통해 무빙을 예상하게 하는 기획 단계인 스토리보드가 많이 활용된다고 볼 수 있습니다.

Q. 스토리보드는 어떻게 구성하나요?

스토리보드는 프로젝트의 전체 흐름을 한눈에 볼 수 있도록 체계적으로 구성해 의도를 명확하게 전달하는 역할을 합니다.

각 섹션이나 씬별 번호로 순서를 구분하고 영상 촬영본이나 이미지를 활용해 어떤 샷을 보여줄지 구체화합니다. 또한 장면의 내용과 자막을 간략히 작성하여 시각적인 구성을 보완하고, 내레이션·인터뷰·배경음악·효과음 등 오디오 요소도 함께 기재합니다. 마지막으로 각 장면에 머무르는 시간을 기록하면, 전체 영상의 흐름과 리듬을 보다 명확하게 설계할 수 있습니다.

디자인 창업의 모든 것

구분	비디오	구성	오디오	시간
S#2-5	※ 관내 미술수업 연계 자료 화면 ※ 수업을 받은 학생들 중에서 우수한 학생들을 선별해서	- 구성 : APAP7 안양 굿즈 데이 보고영상 - 내용 : 아트캠프 소개 - 3. APAP7 프레 프로젝트 소개 / 진진아 교수님 인터뷰 외 관내 미술수업 연계 내용소개 - CG : 텍스트 자막	-Audio : ~~10월~~에 안양시 관내 중고등학교 미술수 업을 연계해서 안양 굿즈 데이, 그러니까 이모티콘 수업에 대한 교안을 주고 선생님들께서 사전에 수 업을 진행하셨고요. 수업을 받은 학생들 중에서 우 수한 학생들을 선별해서 지금 현재 아트캠프를 진 행하고 있습니다.	20" (1'50")
S#3-1	DDP에서 진행되고 있는 '쟝 줄리앙 전시회'를 보고	- 구성 : APAP7 안양 굿즈 데이 보고영상 - 내용 : 아트캠프 소개 - 3. 아트캠프 프로 그램 소래 / 1회차(DDP '쟝 줄리앙 전시 회') - CG : 텍스트 자막	-Audio : 아트캠프는 총 3회로 진행되고 있는데요, 첫날에는 안양시의 아이디어 발상을 위해서 버스투 어로 진행이 되었는데, DDP에서 진행하고 있는 '쟝 줄리앙 전시회'를 보고 다시 안양으로 넘어와서 안양예술공원의 작품들을 관람했었고요.	30" (2'20")
S#3-2	야요이 쿠사마의 작품 '옐로, 안양 위 드러브'라는 작품도 있고	- 구성 : APAP7 안양 굿즈 데이 보고영상 - 내용 : 아트캠프 소개 - 3. 아트캠프 프로 그램 소래 / 1회차(안양예술공원, 애니메 이션(gif) 수업) - CG : 텍스트 자막	-Audio : 평춘에도 광장히 유명한 공공예술작품들 이 있는데요, 야요이 쿠사마의 작품 '옐로, 안양 위 드러브'라는 작품도 있고, 안젤라 블록의 '현화'라 는 작품도 있는데요. 그 작품들도 (학생들과 함께) 관람을 하고 그리고 파빌리온에 가서 마지막 애니 메이션 수업을 했었고요.	20" (2'40")
S#3-3	이러한 아이디어 발상을 통해서 제작하는 단계,	- 구성 : APAP7 안양 굿즈 데이 보고영상 - 내용 : 아트캠프 소개 - 3. 아트캠프 프로 그램 소래 / 2, 3회차(스케치, 굿즈 제작) - CG : 텍스트 자막	-Audio : 2~3회에서는 이러한 아이디어 발상을 통 해서 제작하는 단계, 그러니까 구체화하는 단계를 진행하고 있습니다. 그리고 2~3회에 나온 작품들을 토대로 실제 굿즈 시제품으로 완성이 되는 프로젝 트입니다.	20" (3'00")

Q. 클라이언트에게 스토리보드를 어떻게 보여주고 설명하나요?

스토리보드도 디자인 시안과 마찬가지로 보통 2~3가지 안을 클라 이언트에게 제시합니다. A안, B안처럼 구성을 달리하여 PDF로 정리한 뒤 메일로 전달하고, 시안별 핵심 내용을 메일 본문에 함께 설명해 주면 이해하기가 쉽습니다.

스토리보드는 디자이너만 알아볼 수 있게 만들면 안 됩니다. 클라 이언트가 직접 보고, 읽고, 따라갈 수 있도록 직관적이고 명확하게 구성 해야 합니다. 만약 글이나 이미지로 설명하기 부족하다면 영상 링크나 간단한 데모를 첨부하는 것도 좋은 방법입니다.

마지막으로, 스토리보드를 보시고 이해가 되지 않는 부분이나 추가 의견이 있다면 편하게 말씀해달라는 멘트를 남기면, 클라이언트와의 소통을 한층 부드럽게 이어갈 수 있습니다.

Q. 스토리보드를 수정해야 할 상황이 생기기도 하나요?

그럼요, 물론이죠. 스토리보드는 디자인의 예측 설계도이자 가이드라인일 뿐, 절대적인 완성본은 아닙니다. 실제 디자인 제작에 들어가면 예측한 대로만 흘러가지는 않습니다. 항상 변수가 있기 마련이죠.

위 스토리보드의 예시가 영상 디자인이었으므로 다시 영상을 예로 설명해 볼게요.

스토리보드대로 촬영을 했는데, 생각보다 장면의 연결이 매끄럽지 않거나 메시지가 약하게 느껴질 수도 있습니다. 이럴 때는 추가 장면을 넣거나 다시 촬영해야 할 수도 있어요. 혹은 계획했던 연출이 현장 상황, 배우의 동선, 공간 제약 등으로 인해 의도와 다르게 흘러갈 수도 있습니다. 이럴 경우에는 스토리의 순서를 재구성하거나 컷을 새롭게 배치하는 조정이 필요합니다.

최초에 기획한 스토리보드와 달라진다고 해서 반드시 잘못된 것은 아닙니다. 오히려 유연한 수정 과정을 거쳐 더 좋은 결과물이 나올 수도 있으니까요. 중요한 것은 원안의 방향성을 유지하되, 상황에 맞춰 융통성 있게 재수정하는 태도입니다. 다만 재수정이 필요할 땐 클라이언트와 협의하며 진행해야겠죠?

□ 스토리보드와 시안의 차이를 이해했는가?

□ 각 씬과 섹션의 순서가 명확히 구분되어 있는가?

□ 스토리보드 핵심 내용을 메일 본문이나 첨부 설명으로 공유했는가?

□ 스토리보드가 클라이언트도 쉽게 이해할 수 있도록 직관적으로 구성되었는가?

#스토리보드 #디자인설계도 #디자인디벨롭

최종 흐름 파악

나무가 아닌 숲을 봐라

한 컷, 한 장면이 아닌
처음부터 끝까지 이어지는 흐름을 보세요.
진짜 완성은 전체를 조망하는
디자이너의 시선에서 나옵니다.

디자인 창업의 모든 것

디자인은 한 장면, 한 요소만 잘한다고 완성되지 않습니다.

메이크업할 때 눈이 제일 중요하다고 해서 눈만 강조하면 얼굴 전체가 조화롭지 못하죠. 디자인도 마찬가지로 특정 요소 하나만 돋보여서는 완성도가 떨어집니다. 잘 그려진 나무 한 그루가 아니라, 숲 전체를 보는 눈이 필요하죠.

스타일프레임의 한 컷, 한 장면이 아무리 멋져도 그것이 유기적으로 연결되지 않으면 결국 산만한 결과물이 됩니다. 부분이 아닌 전체를 보는 순간, 디자인은 완결된 경험이 됩니다.

Q. 디자이너는 디자인만 잘하면 되는데 최종 흐름을 파악해야 하나요?

초보 창업자의 경우 전체 프로젝트를 매니지먼트하는 PM역할을 하기에 전체 흐름을 파악하는 것은 당연한 일입니다. 하지만 디자이너가 디자인만 잘하면 충분하다고 생각하고 전체 맥락을 놓치는 경우가 자주 발생합니다. 그러나 이는 큰 착각이에요. 디자인을 예로 들어 생각해 볼게요. 디자인의 요소에는 색상, 타이포그래피, 이미지 등이 있죠. 근데 개별 요소는 너무 훌륭하고 컨셉에 맞게 잘 구성되어 있지만, 전체 조화가 안 된다고 상상해 보세요. 전체를 보지 못하고 요소만 보면 발생할 수 있는 끔찍한 결과입니다.

다른 예로 UX/UI 디자인을 볼게요. 버튼이나 아이콘 하나가 아무리 예쁘게 디자인되어 있어도, 사용자가 전체 경로를 따라가기 어렵다면 그 UI는 실패한 프로젝트가 되는 겁니다.

최종 흐름을 파악하면 각 요소가 어떻게 연결되는지, 클라이언트의 목표가 달성되고 있는지 점검할 수 있어요.

또한 전체 맥락을 이해하고 전체 플로우를 조망하는 능력이 없다면 자신이 담당한 업무는 잘 수행했음에도 불구하고 최종 결과가 엉성해 보이는 상황도 생깁니다. 그래서 단순히 '디자인 잘하기'가 아닌 '목적에 맞는 디자인하기'여야 합니다.

서두에 작성했던 예시처럼 숲 전체를 바라보지 못한다면, 나무 한 그루를 아무리 잘 그려도 결국 큰 의미를 가지지 못할 수 있습니다.

Q. 전체 프로젝트에서 흔히 간과되는 부분이 있다면 무엇인가요?

창업 초기에는 혼자 모든 일을 다 하다가 프로젝트가 많아지고 디자이너 고용을 하고, 이후 더 확장이 되면 디자이너와 회계담당자 등 추가 고용이 이루어지게 됩니다.

혼자 일을 할 때는 전체 프로젝트에 다 관여하기에 흐름을 모를 리가 없겠죠. 하지만 회사의 볼륨이 커질수록 흐름 파악은 매우 중요한 일이 됩니다.

한 클라이언트와 한 개의 프로젝트만 한다면 그 프로젝트에 몰입하여 최선을 다하면 되지만, 클라이언트도 여러 군데, 프로젝트도 여러 개가 된다면 작업하는 디자이너도 이 일 하다가 저 일 하다가 전환하며 일을 해야 해요.

꼭 여러 프로젝트가 아니라도 하나의 프로젝트에서도 전체 흐름 파악은 매우 중요합니다. 예를 들어 웹사이트의 메인 페이지에서 상세 페이지로 넘어갈 때 UX(사용자경험)는 매우 중요한데 UX없이 UI 디자인을 하게 되면 결국 일을 처음부터 다시 해야 할 수도 있다는 거죠.

업무상 흐름 외에도 일정 흐름 파악 또한 중요합니다. 전체 큰 타임 스케줄 안에서 세부 일정이 나와야 각 팀의 작업이 전체 납품 기한을 맞출 수 있습니다.

마지막으로는 컨셉의 흐름 파악입니다.

디자인이 시간상 너무 길게 연기되면 빠르게 마무리 하고 싶은 마음에 브랜드 아이덴티티를 간과하여 혹은 매뉴얼대로 일을 처리하지 않고 급하게 넘기는 경우가 발생해요. 이때도 항상 차분하게 제일 중요하게 생각한 목표가 무엇인지를 생각하며 세부 작업을 해야 합니다.

실전 TIP

업무 시작 전 전체 프로젝트 흐름과 일정 계획을 사전에 명확히 파악하세요. 이를 통해 단계별 우선순위를 설정하고, 자원과 시간을 효율적으로 배분할 수 있어요.

Q. 프로젝트 진행 과정을 누구나 알 수 있는 방법이 있나요?

요즘은 AI가 대세다 보니 이 부분은 좀 더 명확해졌네요. 위 질문에서 전체 흐름을 파악하기 위한 공통의 툴이 있다면 서로 헷갈릴 일이 없으니까요. 챕터 '4-06'에서 다룬, 프로페셔널해보이는 툴로 충분히 흐름 파악이 된답니다.

구글 공유문서, 노션, 구글 캘린더, 클라우드 드라이브 같은 플랫폼을 활용하면 실시간 업데이트가 가능해요. 특히 노션 같은 경우는 프로젝트별 보드를 만들어 진행 상황을 카드 형식으로 관리할 수 있고, 구글 캘린더는 일정과 데드라인을 시각적으로 한눈에 확인할 수 있습니다. 잔디(JANDI) 어플을 사용하는 방법도 있어요. 한국 기업과 스타트업이 많이 활용하는 협업 메신저로, 카톡처럼 친숙하지만 업무 전용으로 최적화된 툴입니다. 프로젝트별 주제를 채널로 나누어 대화하고, 필요한 파일을 바로 업로드하여 관리할 수 있어요. 또한 메시지 검색 기능과 업무 알림 기능이 강력해서, 팀원들이 놓치기 쉬운 업무 흐름도 쉽게 추적할 수 있습니다. 디자인 프로젝트라면 시안 파일을 잔디 채널에 올리고 "1차 시안 완료 → 피드백 반영 중 → 최종본 준비 중"처럼 단계를 기록해 두면 팀원 전체가 지금 어떤 단계에 있는지 직관적으로 파악할 수 있습니다. 단, 잔디는 서버 기반으로 운영되기 때문에 기본 기능 외에 확장 기능을 활용하려면 유료 요금제를 사용해야 한다는 점 참고하세요.

이렇게 프로젝트 진행 과정을 공유하는 이유는 팀원과 클라이언트 모두에게 신뢰를 주기 위함이에요. 클라이언트에게도 '이 프로젝트가 현재 어느 단계까지 왔다'는 걸 정리해 보내면, 불필요한 불안감을 줄이고 오히려 전문성을 인정받을 수 있으니까요.

Q. 흐름 파악이 제대로 되지 않아 어려웠던 예시가 있다면?

학생들과 함께한 영상 실무 프로젝트에서 겪었던 사례입니다. 이 프로젝트에서는 기획팀, 촬영팀, 편집팀으로 나뉘어 활동을 했어요. 기획팀은 기획서를 작성하고, 스토리보드를 그려 촬영팀에 전달했으나, 본인의 역할을 다했다고 판단하고 촬영 현장에는 참여하지 않았죠. 그러나 본격적으로 촬영에 들어가니 문제가 발생했어요. 스토리보드의 일부 장면이 모호해 이해하기 어려웠고, 기획된 전체 러닝타임과 실제 촬영과 맞지 않아 재조정이 필요했어요. 이때 기획팀에 다시 연락하면 스토리보드를 재작성해야 하고 시간이 지연될 가능성이 커서, 촬영팀이 알아서 추가 촬영을 하게 된 거죠. 여기서 기획팀과 전화로 소통을 했으나 실제 촬영장에서의 변수와 기획팀의 의견 조율이 힘들어 의견 대립이 생긴 거예요. 이렇게 편집팀에 전달된 촬영본은 스토리보드와 많이 달라졌어요. 편집팀은 스토리보드와 달라진 촬영본으로 편집 방향을 정하기 어려워졌고, 이를 기획팀과 소통해야 하는지 촬영팀과 소통해야 하는지 알 수 없는 상황이 되니 전체 프로젝트가 흔들리기 시작했어요.

전체 프로젝트가 흔들리면 서로 다른 팀의 탓만 하게 됩니다. 좋지 않은 사례죠. 본인의 파트(나무)만 보고 전체 맥락(숲)을 간과한다면 시간과 리소스를 낭비하는 결과를 낳습니다. 결국 기획팀과 재논의하여 재촬영을 하고 편집을 새로 하게 되었거든요.

이처럼 팀 간 협력과 맥락에 대한 이해도가 떨어지지 않도록 파트별 관찰자의 역할도 함께 해야 한다는 사실을 서로가 인지하고 있어야 합니다.

Q. 프로젝트가 끝나야만 전체 흐름을 알 수 있는데 처음부터 적용하려면 중요한 건 무엇인가요?

4부에서는 실제 클라이언트를 만나고, 프로젝트에 대한 계약을 하여 프로젝트를 진행하는 실무 과정입니다. 이 과정에서는 가장 중요한 게 '커뮤니케이션'입니다.

인생도 살다 보면 예측할 수 없는 상황들이 많죠? 프로젝트는 그 일부입니다. 얼마나 많은 변수들과 상황들이 있겠어요. 그렇기 때문에 창업자의 경우 사람을 만나러 가는 일들이 하루의 전체 일과가 되는 경우가 많습니다. 내부 회의와 외부 미팅의 반복이죠.

하나의 프로젝트를 온전히 끝내면 그제서야 어떤 부분을 놓쳤고, 뭐가 중요했는지 보입니다. 지나고 나서 '그 시절에 내가 이걸 좀 더 했더라면…' 하고 후회해 본 적 있지 않나요? 이제 처음 창업을 하는 단계에서 전체를 다 관망할 수는 없겠지만, 최대한 리스크를 줄일 수 있는 방안이 있다면 준비를 해두는 게 좋습니다.

전체 프로젝트 일정표, 회의록의 문서화, 피드백 시기 등 전체 흐름을 시각화한 다이어그램을 만들어 팀과 공유하고 단계별 커뮤니케이션을 늘 생활화하세요.

그리고 중간에 변경 사항이 생기면 팀과 클라이언트와 협력해 빠르게 대응할 수 있는 유연함이 있어야 합니다.

커뮤니케이션, 일정 관리, 사전 점검, 유연성이 있다면 전체 흐름을 파악하며 원활한 프로젝트를 수행할 수 있을 겁니다.

□ 프로젝트의 전체 흐름을 파악했는가?

□ 단계별 우선순위와 자원 배분을 명확히 설정했는가?

□ 프로젝트 진행 상황을 공유할 협업 툴을 설정했는가?

□ 각 파트별 작업물과 전체 흐름이 일치하는지 점검했는가?

#협업툴 #커뮤니케이션 #최종흐름파악

11 덜어내고 또 덜어내라

디자인은 덜어낼수록
본질이 드러난다

디자인에서 가장 중요한 것은 무엇을 보여줄지보다,
무엇을 보여주지 않을지를 결정하는 능력이기도 합니다.
디자인 초기에는 '다 넣었는데,
아무것도 안 보인다'라는 말을 듣기도 합니다.
따라서 잘 된 디자인은 '채우는 기술'이 아니라
'비우는 용기'에서 시작됩니다.
브랜드가 전하고자 하는 핵심 가치에 집중하세요!

혹시 이런 경험 있지 않나요? 열심히 디자인해서 이것저것 다 넣었는데, 정작 클라이언트가 "너무 복잡하기만 해요"라고 했던 순간요. 힘 빼고 비워야 하는데, 우리는 자꾸 밀도감이 없다는 핑계로 채우려 하죠. 이 챕터는 바로 그 이야기예요.

디자인에서 '덜어내기'는 브랜드의 핵심을 더 선명하게 보여주는 기술이에요. 불필요한 장식은 지우고, 꼭 필요한 메시지만 남겼을 때 비로소 디자인은 뚜렷하게 살아납니다. 디자인은 잘 꾸미는 사람이 아니라 잘 비울 줄 아는 사람이 오래 갑니다. 이 챕터를 읽고 나면, 왜 '비움'이 곧 디자인의 본질을 드러내는 힘인지 감이 오실 거예요.

Q. 디자인에 여백이 왜 중요한가요?

여백을 빈 공간으로 접근하면 안돼요. 집에 인테리어를 한다고 가정해 볼까요. 비어 있는 공간 하나 없이 모든 가구들과 소품들이 빼곡히 채워있다면 어떤 느낌이 들어요? 여백은 디자인에서 본질을 더 돋보이게 하는 하나의 디자인 요소입니다. 네, 디자인 요소요. 여백도 디자인입니다. 너무 복잡하게 얽혀있고 요소가 너무 많다면 무엇을 강조하는지 알 수가 없어요. 오히려 아무것도 강조하지 않는 셈이 됩니다.

세계적인 디자이너 디터 람스(Dieter Rams)는 이를 잘 활용했죠. "Less, but better"이 그의 디자인 철학입니다. 좋은 디자인은 최대한 덜어대는 것이라고 말한 것처럼 브라운에서 그가 한 디자인은 기능을 최소화하고 여백을 활용하여 사용자가 직관적으로 이해할 수 있게 디자인

했죠. 지금 봐도 참 현대적이란 느낌이 들지 않나요?

애플의 아이폰 역시 같은 맥락이에요. 키패드를 없애고 화면 전체를 터치스크린으로 바꾼 혁신은 단순한 기술 발전이 아니라, '덜어내기'라는 철학의 구현이었습니다. 불필요한 것을 과감히 지워냈기에, 오늘날 우리가 당연하게 쓰는 스마트폰 경험이 가능해진 거죠.

안도 다다오의 건축은 또 어떨까요. 그는 공간을 가득 채우는 대신, 과감히 비워낸 공간을 통해 더 환상적인 경험을 선사합니다. 콘크리트 벽 사이로 들어오는 한 줄기 빛, 비워둔 공간이 만들어내는 긴장과 울림은 오히려 가득 채운 건축물보다 더 강렬한 인상을 남깁니다.

결국 메시지는 명확합니다. 덜어낼수록 더 잘 보인다.

여백은 강조하고 싶은 것을 더 강력하게 합니다.

Q. 비우는 과정에서 디자이너의 '용기'가 필요한 이유는 무엇인가요?

앞서 여백을 강조했지만, 비우려면 어떤 것이 중요하고 어떤 부분을 강조해야 하는지를 아는 사람이 비울 수 있습니다. 스스로가 그 포인트를 모른다면 정작 중요한 부분을 덜어낼 수도 있거든요.

클라이언트 사례를 들어 설명할게요. 어떤 클라이언트가 광고 디자인 한 컷에 모든 정보를 다 넣고 싶어 했어요. "이 제품은 이런 기능도 있고, 우리 회사가 이런 프로모션도 하고, 리뉴얼된 부분을 강조도 해야 하고…"라고 하시면서요. 이때 디자이너의 용기가 필요한 상황입니다. "대표님, 이 모든 정보를 넣으면 제품의 핵심 매력이 묻힐 수 있어요. 대신 주요 기능 3개만 강조하고 나머지는 상세 페이지에서 자세히 보여주는 것은 어떨까요?"라고 제안하는 거예요. 이는 클라이언트의 요구사항을 무시하는 게 아니라, 디자인의 효과성을 우선시하는 거예요.

하지만 많은 정보들이 꼭 들어가야만 하는 경우도 있어요. 상세 페이지처럼 이 제품이 가지는 기능과 프로모션, 리뷰 등 고객이 놓치지 말아야 하는 정보일 경우에는 시각적으로 잘 정리해서 우선순위별 디자인을 해야 합니다.

클라이언트가 강력하게 본인의 주장을 할 때, 모든 요구사항을 다 수용하는 것이 좋은 대안은 아닙니다. 좋은 사례들을 잘 정리해 두었다가 클라이언트에게 보여주면서 의견을 제시해 보는 것도 한 방법이에요.

Q. 불필요한 요소를 구분하는 기준은 어떻게 세우는 게 좋나요?

가장 쉬운 방법이 있습니다. 바로 핵심 키워드를 다시 살펴보는 거죠. '4-08. 시간을 줄이자! 방향성이다!'에서 알려드린 것처럼 '이 디자인을 통해 고객에게 전달하고자 하는 핵심 메시지는 무엇이며 컨셉은 무엇인가'를 항상 자문해야 합니다. 핵심 가치에 맞지 않는 요소들이 있다면 과감히 제거하세요.

또 단순하게 예쁘기만 한 요소가 사용자를 혼란스럽게 하는지 점검해야 해요. 디자인은 단지 예쁜 것이 목적이 아니라 사용자를 편리하게 하는 문제해결의 가치가 포함되어 있다는 본질적 목적성도 잊으면 안 됩니다. 또한 맥락 파악을 잘해야 합니다. 디자인은 '감'이 아니라 논리적 접근이 필요한 분야입니다. 갑자기 디자인에서 '논리'라고 하니 의 아할 수도 있는데 인간의 감정과 효율을 논리적인 맥락으로 풀어내는 과정이라고 보면 됩니다.

균형, 대비, 강조, 조화, 반복, 정렬, 비율 등의 원칙을 통해 고객을 감정적으로 설득하는 고도의 전략이니까요.

Q. 클라이언트가 "이것도 넣어주세요"라고 하면요?

클라이언트의 광고 디자인 사례처럼 더 많은 디테일을 요구할 경 우가 있습니다. 이때는 눈으로 보여주는 방법이 가장 확실해요.

예를 들어 시안A와 시안B를 보여주세요. 하나는 클라이언트의 요 구사항을 수용한 디자인, 다른 하나는 디자이너가 추천하는 디자인, 혹 여력이 된다면 둘의 절충안 시안C도 함께 보여주면 직관적으로 판단할 수 있습니다. 보여줄 때 추가 설명도 함께 해주는 것이 좋습니다. "시안A 의 경우 대표님의 의견에 따라 고객에게 보여주고자 하는 기능설명, 프 로모션, 광고 카피 등을 다 표현한 사례이고요, 시안B의 경우 이 제품에 서 가장 강조하고 싶은 1가지 위주로 표현하였습니다." 만약 클라이언 트가 여전히 결정을 내리지 못한다면 데이터를 근거로 설득하는 방법도 있습니다. 간단한 설문조사나 A/B 테스트를 통해 실제 사용자 반응을 확인하면, 감각이 아닌 데이터로 선택할 수 있겠죠. 이 과정에서 클라이 언트도 "내가 원하는 것"과 "고객이 실제로 반응하는 것"이 다를 수 있 음을 체감하게 됩니다. 사실 디자이너의 추천 시안도 대중이 원하는 것과는 다를 수 있어요. 우린 대중의 눈을 따르는 게 곧 시장성과 직결되기 때문에, 개인적 취향이나 미적 선호가 아니라 소비자의 실제 반응과 행동 데이터를 기준으로 판단해야 합니다. 그래야 결과물이 단순히 '멋진 디자인'에 그치지 않고, 브랜드와 고객을 효과적으로 연결하는 실질적인 성과로 이어질 수 있습니다.

Q. 비웠는데도 잘 된 디자인 사례는 뭐가 있을까요?

일본 브랜드 무지(Muji)는 '무인쇄' 디자인으로 유명하죠. 무색무취의 디자인이 오히려 브랜드 아이덴티티가 된 사례죠. 결과적으로 품질이 본질이라는 이미지가 각인이 되어 미니멀 라이프의 상징과도 같은 브랜드가 되었습니다.

구글도 비워서 오히려 기억에 잘 남는 브랜드입니다. 포털 사이트라고 하면 메인 페이지에 배너광고, 뉴스, 이벤트 등 너무 많은 정보들이 많은 것이 일반적이었다면 구글은 과감하게 다 비워내고 구글 로고와 검색창만 남겼습니다.

검색 포털 사이트라는 본질만 남긴 거죠. 우린 정보에 이미 지쳐있다 보니 이런 깔끔함이 오히려 더 신선한 시대가 되었죠.

우리는 매일 아침 눈을 뜨고 밤에 잠들기 전까지 수많은 정보에 노출됩니다. 끝없는 광고, 알림, SNS, 메일 등이 때로 '시각적 폭력'처럼 다가오기도 하죠. 그러나 뇌는 그 모든 정보를 기억할 수 없고, 결국 흐릿하게 사라져 버립니다. 그래서 역설적으로 덜어내는 디자인, 즉 전략적

비움이야말로 사람들의 기억 속에 오래 남는 길이 됩니다.

비운다는 것은 오히려 더 돋보이게 하기 위한 전략적 비움이라는 것!

□ 여백을 단순한 빈 공간이 아닌 디자인 요소로 활용했는가?

□ 핵심만 남기고 덜어낸 디자인이 브랜드와 메시지를 더 선명하게 전달하는가?

□ 클라이언트의 요구사항을 담은 비교 시안을 준비했는가?

□ 덜어낸 후에도 사용자 경험과 기능성 측면에서 문제는 없는가?

#덜어내기 #전략적비움 #비우는용기

12 인쇄할 거면 마감처리

디자인이 인쇄되는 순간까지
디자이너 책임이다

화면 속에서 완벽했던 디자인도,
종이에 인쇄되는 순간부터
예상치 못한 결과가 나올 수도 있습니다.
용지의 질감, 색감 차이, 마감 방식 하나에 따라
완전히 달라집니다.
최종 인쇄 결과에 대한 책임을 가지는 것,
디자이너의 책무입니다.

"아이폰에서 본 색깔이랑 왜 인쇄된 색이 다르죠? 무조건 아이폰에서 본 색상처럼 맞춰주세요." 충격적이지만, 직접 겪은 일입니다. 이 말 속에는 사실 많은 오해가 숨어 있어요. 아이폰은 빛으로 색을 내고 인쇄는 잉크로 색을 표현하기 때문에 두 세계가 완벽히 같을 수는 없습니다. 하지만 클라이언트는 그 차이를 알기 어려워, 결국 디자이너에게 '왜 다르냐'는 질문으로 돌아옵니다.

그래서 디자이너는 현실로 구현되는 인쇄 과정까지 설명하고 관리해야 하는 책임을 지게 됩니다. 용지, 코팅, 마감 방식 하나에 따라 색이 달라지고, 인쇄의 결과물은 그때마다 다른 얼굴을 하니까요.

이 챕터에서는 바로 그 순간, 디자이너가 어떻게 대응해야 하는지, 그리고 인쇄와 마감에서 반드시 확인해야 할 포인트를 함께 이야기하려 합니다.

Q. 화면에서 본 디자인과 인쇄물이 다르게 보이는 이유는 뭔가요?

초보 디자이너들이 가장 당황해하는 부분이기도 합니다. 화면에서는 색감도 쨍하고 완벽했는데 인쇄물을 받아보니 칙칙한 색상, 뭐가 잘못된 거지? 쉽게 풀어보자면 컴퓨터 화면은 빛을 통해 색을 구현하는 방식이고, 종이는 잉크로 색을 구현하는 방식입니다. 컴퓨터 화면은 빛을 통해 색을 구현합니다. 빨강(R), 초록(G), 파랑(B)의 빛을 조합해 내는 RGB 모드이기에 밝고 쨍한 발색이 가능해요. 반면 종이는 잉크를 사용하는 CMYK 모드라서, 동일한 색이라도 상대적으로 톤이 낮고 차분하게 보일 수밖에 없습니다. 특히 네온컬러, 형광색, 강렬한 블루·그린 계열은 화면과 인쇄 차이가 극명하게 드러납니다.

여기에 모니터 환경도 변수입니다. 모니터의 밝기, 색 영역, 캘리브레이션 여부에 따라 같은 파일도 다르게 보일 수 있죠. 그래서 인쇄 결과물을 예측하려면 모니터 캘리브레이션을 하거나 반드시 인쇄를 거쳐 테스트해 봐야 합니다.

실무에서는 디자인 시안 단계에서부터 클라이언트에게 "이 색은 화면에서 보이는 것과 인쇄 시 색감이 다를 수 있습니다"라는 안내를 미리 해두세요. 또 중요한 색상일수록 팬톤(Pantone) 컬러칩이나 실제 인쇄 샘플을 보여줘야 나중에 얼굴 붉힐 일이 없답니다.

화면과 인쇄물의 색이 다르게 보이는 이유는 표현 매체(RGB vs CMYK)의 차이, 모니터 환경, 용지와 잉크 특성 때문입니다. 따라서 디자이너는 이 차이를 클라이언트에게 미리 이야기해 두는 것도 방법입니다.

Q. 색상모드와 해상도가 미치는 영향?

RGB는 디지털 화면(웹. 앱, 영상, 디지털 아트)에 해당하는 색상모드입니다. 색상이 굉장히 밝고 다양하고 화려하지만, 인쇄 시 색 범위가 좁아지는 로스가 생겨요. 디지털 아트 전시에 가면 굉장히 화려한 색상의 향연을 본 적이 있죠? 똑같은 이미지를 인쇄한다면 색상 범위가 좁아지는 감색현상이 일어나요.

CMYK는 잉크를 기반으로 하는 인쇄(책, 브로슈어, 포스터, 패키지)를 위한 색상모드입니다. RGB는 합하면 합할수록 밝아져서 흰색으로 귀결되지만, CMYK는 모두 섞으면 검정이 됩니다. C-M-Y-K는 인쇄 시 서로 연동됩니다. 예를 들어 립스틱 광고 포스터를 인쇄하는 경우, 립스틱의 빨간색이 좀 더 쨍한 빨간색으로 나왔으면 좋겠다고 요청을 한다면 M과 Y의 값을 더 주기 위해 모든 색상이 붉은 기가 생겨 버립니다.

따라서 이를 방지하기 위해서는 별색을 추가로 사용해야 합니다. 별색은 말 그대로 추가하는 색상이기에 다른 색상에는 영향을 주지 않는 별도의 색상이에요. 그러나 인쇄 비용이 많이 올라가는 단점이 있습니다.

해상도 dpi는 Dots Per Inch의 약자로 인치당 점의 개수예요. 주로 인쇄 기반으로 하는 경우 프린터가 종이에 잉크 점(dot)을 얼마나 빽빽하게 찍는지에 따라 고해상도처럼 보이게 해요. 즉 밀도를 말합니다. 지금은 거의 볼 수 없는 종이 신문을 기억해 볼까요? 해상도가 그렇게 좋지는 않았던 것 같죠? 점을 덜 빽빽하게 찍어 저품질의 인쇄를 통해 빠르고 저렴한 가격에 정보를 볼 수 있었죠. 그에 반해 고품질인 잡지책을 떠올려 보면, 점이 거의 보이지 않을 만큼 매끈하게 사진 혹은 그래픽 이미지가 인쇄되어 있을 거예요. dpi가 높다고 보면 됩니다. 일반적으로 고품질은 300dpi 이상으로 설정하는 게 좋아요.

해상도 ppi는 Pixels Per Inch의 약자로 인치당 픽셀의 수예요. 주로 디지털 기반으로 하는 경우 화면에 보이는 이미지의 선명도를 나타내는 단위예요. 이 또한 픽셀의 밀도를 말하기 때문에 ppi가 높을수록 이미지가 부드럽고 선명해집니다. 웹용 이미지는 72ppi로 사용하는 게 일반적이에요.

너무 어렵다면 작업할 때 인쇄용은 CMYK, 300dpi, 화면용은 RGB, 72ppi로 기억하세요!

구분	사용 용도	특징	실무 대화법
RGB	웹, 앱, 영상, 디지털 아트	빛의 3원색 화면은 화려하지만 인쇄 시 색 손실 발생	"이건 화면용이에요. 인쇄하면 색이 차분해져요."
CMYK	책, 브로슈어, 포스터, 패키지	잉크 4원색 인쇄 기본, 별색 추가 가능	"이건 인쇄용이고, 별색까지 쓰면 가격은 올라갑니다."
DPI	인쇄물	잉크 점의 밀도 300dpi 이상이 고품질	"인쇄는 300dpi 이상이면 잡지처럼 매끈하게 나와요."
PPI	디지털 화면	화면 픽셀의 밀도 72ppi가 웹 표준	"웹용은 72ppi면 충분해요."

Q. 화면 디자인과 인쇄 결과의 색감 차이를 최소화하는 방법?

경력직 디자이너는 항상 컬러칩과 인쇄 샘플을 보면서 작업을 합니다. 팬톤 칩은 디자이너라면 늘 가지고 있던 애장품 중 하나죠. 저도 내돈내산 했었어요. 가지고 있는 것만으로도 멋진 디자이너가 된 것만 같았거든요. 팬톤 칩은 실제 잉크 색상을 보여주기도 하고 코드 번호가 있어서 인쇄 넘길 때 별색의 경우 코드번호를 주면 인쇄소에서 그 색상

그대로 맞춰주기 때문에 색 손실을 현저히 줄일 수 있어요. 또한 최종 납품 전에는 반드시 인쇄테스트를 통해 실제 결과물을 확인해요. 이 과정을 거치면 화면에서 보던 색상과 종이에 인쇄된 색상의 차이를 미리 체크하고 조정할 수 있거든요. 모니터도 브랜드에 따라 색상 차이가 크게 나기 때문에, 전문 디자이너는 모니터 캘리브레이션을 한 후 작업합니다. 화면 색감을 최대한 일치시켜야 작업 효율이 올라갑니다.

Q. 인쇄소에 넘기기 전 최종 파일 체크 리스트는?

저는 이 순간이 제일 손 떨리는 시간이었어요. 디자인 시안 작업보다 인쇄 넘기기 전 파일체크가 가장 중요해요. 돈이 들어가니까요. 아래 표를 보면서 중요한 부분만 짚고 넘어가요!

체크 항목	확인할 부분	실전 팁
색상모드	RGB → CMYK 변환 / 별색 지정 필요	CMYK로 설정했는가? 별색은 따로 지정했는가?
해상도	인쇄용은 최소 300dpi	벡터가 아니라면 300dpi로 맞췄는가?
도련	재단 시 잘림 방지, 3~5mm 여유 공간	여백을 확보했는가?
오버프린팅	잉크 덮어쓰기 설정	검정 위 컬러가 흰선 없이 인쇄 되도록 했는가?
파일형식	인쇄 표준은 EPS / PDF도 가능	EPS 또는 PDF로 저장했는가?
폰트 아웃라인	폰트 깨짐 방지	모든 텍스트를 아웃라인 처리했는가?
이미지 링크	이미지 포함 여부 확인	링크가 아니라 임베드(Embed) 되었는가?

Q. 클라이언트에게 목업을 보여주는 이유?

클라이언트에게 목업(mockup)을 보여주는 것은 현실 시뮬레이션입니다. 영상에서는 프리뷰 영상 같은 느낌이죠. 포스터, 잡지 디자인의 경우 평면 그래픽이므로 색상 외에는 실제와 다를 게 없지만, 패키지디자인 같은 경우 입체물이므로 평면만으로는 시뮬레이션이 완벽하게 되지 않기 때문에 실제 제품처럼 보여주어 오해를 방지하기 위함이에요.

목업을 보여주는 방법은 다양하고, 요즘에는 목업 사이트에서 제공하는 오픈소스 툴을 활용하면 실제와 유사한 시뮬레이션을 쉽게 만들 수 있어요. 이런 툴을 잘 활용하면 초기 비용을 아끼면서도 전문적인 인상을 줄 수 있죠. 하지만 화면상의 디지털 목업만으로 만족하지 않고 실제와 똑같이 보고 싶어 하는 클라이언트가 있다면, 동일한 종이, 동일한 용기를 사용해 최대한 실제와 똑같이 목업을 제작해야 해요. 예를 들어 화장품 디자인은 제품 용기, 로고, 패키지, 브로슈어, 카드뉴스 등 다양한 품목으로 구성되기 때문에 용기의 모양, 색상부터 금형을 통해 실제 제품 형태를 재현하는 과정을 거쳐요. 최종 확정 후 이 모양으로 양산에 들어가게 되니, 이 단계에서의 정확성이 중요합니다. 왜냐면! 금형 제작도 결국 돈이 들기 때문이죠.

예산에 대한 부담이 있다면 3D 프로그램으로 실제처럼 모델링한 목업을 보여주는 것도 훌륭한 대안이에요. 이 방법은 비용을 절감하면서도 클라이언트가 제품의 입체감을 생생히 느낄 수 있게 해줍니다.

Q. 인쇄 감리가 필요한 이유는 무엇인가요?

저는 디자이너로 일할 때 감리를 가는 걸 좋아했어요. 매일 컴퓨터 앞에서 작업만 하다 보면 지루할 때가 많았는데, 감리를 가는 날은 마치 나들이 가는 기분으로 설렜죠. 인쇄소에 가면 담당자들과 자연스럽게 대화를 나누며 커피 한잔하기도 하고, 그 과정에서 인쇄에 대한 이해도가 점점 더 깊어지기도 했어요. 확실히 감리를 경험한 디자이너와 그렇지 않은 디자이너 사이에는 현장 감각에서 차이가 나는 것 같아요. 이처럼 감리는 인쇄 과정을 감독하고 품질을 보장하는 필수적인 단계입니다. 프로젝트가 거의 마지막 관문에 다다랐네요. 여기까지 오느라 고생 많으셨습니다.

인쇄 감리는 디자이너가 직접 인쇄소에 가서 종이 종류, 색상, 품질 상태 등을 꼼꼼히 확인하며 관리감독을 하는 게 핵심이에요. 별색 인쇄의 경우 팬톤 코드번호가 명확히 지정되어 있어 믿고 맡길 수 있지만, CMYK 인쇄는 여러 색상이 연동되면서 디자이너와 인쇄소의 인식 차이가 생길 수 있어요. 이 차이를 조율하지 않으면 색상 왜곡이나 출력 오류가 발생할 수 있죠. 인쇄 초기에 색상을 정확히 잡아두면 재인쇄라는 큰 비용과 시간을 절약할 수 있으니, 현장 감리는 반드시 진행하는 게 좋습니다. 특히 대량 인쇄나 중요한 프로젝트라면 더더욱 감리는 필수코스겠죠?

Q. 인쇄 결과에 대한 디자이너의 책임 범위는 어디까지인가요?

패키지 디자인 인쇄 감리를 나갔을 때 도면이 거꾸로 인쇄된 어처구니없는 일이 있었어요. 디자인 창업 초창기 때의 경험이에요. 모두 재인쇄를 해야 하는데 그 당시 300만 원이 들었어요. 100% 저의 잘못이었죠. 누가 비용을 지불해야 할까요?

원칙상 디자이너의 실수라면 디자이너 책임입니다. 물론 모든 책임을 디자이너에게 넘기면 무서워서 디자인을 못하겠죠. 그만큼 인쇄가 시작되면 돌이킬 수 없습니다. 최종 파일을 보낸 후 프로젝트 끝!이 아니라 최대한 인쇄 전에 최종 시안, 도면, 출력 방향까지 재차 확인해야 합니다.

□ 클라이언트에게 화면 색상과 인쇄 색상 차이를 사전에 안내했는가?

□ 작업모드에 맞게 색상모드와 해상도 체크했는가?

□ 팬톤 컬러칩이나 인쇄 샘플을 활용했는가?

□ 인쇄소 넘기기 전 최종 작업물 체크리스트를 점검했는가?

□ 목업으로 오해를 방지하고 클라이언트의 직관적 이해를 도왔는가?

□ 인쇄 감리를 가보았는가?

#인쇄색상차이 #마감처리 #목업으로실제같은느낌

13 웹은 또 달라!

**보여주는 게 아니다
반응하게 만들어라**

웹은 예쁘게 보이는 것도 중요하지만,
모든 화면에서 잘 작동하는 구조가 더 중요합니다.
사용자의 행동과 경험을 고려한 UX를 바탕으로
UI가 설계되어야 하겠죠.

포스터나 패키지는 한 번 보고 "예쁘다"하고 끝날 수 있지만, 웹은 다릅니다. 웹은 살아있는 존재예요. 예쁘게만 만들면? 처음엔 감탄할지 몰라도, 클릭이 안 되고 버튼이 먹통이면 사람들은 1초 만에 떠나버립니다. (사람 마음은 그렇게 냉정해요!)

생각해 보세요. 웹사이트는 그림이 아니라 무대예요. 사용자가 주인공으로 올라가 직접 움직이고, 눌러보고, 반응해야 비로소 공연이 완성되는 무대죠. 이 무대가 삐걱거리면 박수 대신 '뒤로 가기 버튼'을 누르게 됩니다.

그래서 이 챕터에서 다룰 이야기는 단순히 '예쁘게 보이느냐'가 아닙니다. 모든 화면에서 잘 작동하는 구조, 사용자가 길을 잃지 않고 자연스럽게 반응하게 만드는 UX와 UI의 설계. 이것이야말로 웹디자인에서 놓치면 안 되는 핵심이에요.

Q. 사용자의 행동과 경험을 어떻게 디자인에 녹이죠?

디자인은 보는 것을 넘어 느끼고 반응하게 만드는 것입니다. 인쇄에서 보이는 디자인은 정지되어 있는 요소를 보고 느끼는 것이라면 웹에서는 좀 더 생동감 있는 요소를 보고 반응하는 것입니다. 좀 더 쉽게 말해 사용자가 디자인을 보고 어떻게 느끼고 행동할지 예측하고 그 부분을 반영하는 거죠. 예쁜 디자인과 효율적 사용을 더했다고 생각하면 됩니다. 아래 표가 UX 과정에서 체크해야 할 중요한 부분입니다. 사용자의 경험을 토대로 행동을 유추한 후 UI로 들어가면 되겠죠?

체크 항목	내용	실무 대화법
사용자 조사 (Persona)	타겟층의 연령대, 주 사용 기기(모바일/PC), 검색 습관 등을 설문조사 FGI로 분석	"아, 20대 대학생들이 모바일로 주로 본다고 설정하면 되겠네요."
고객 여정 맵 (Customer Journey Map)	웹사이트·앱에 들어와 머물고 나가는 과정을 시각화. 문제 인식 → 행동 → 감정 흐름을 기록	"사람들이 사이트에 들어와서 어디서 머물고, 어디서 불편해하는지 그림으로 그려보세요."
사용자 테스트	두 가지 안을 제시해 사용자 반응 및 실제 행동을 측정	"헉, 생각보다 B안에서 버튼 클릭이 훨씬 많네요!"
인터랙션 디자인 (Interaction Design)	클릭, 스크롤, 애니메이션 등 사용자의 행동을 유도하는 설계	"오! 스크롤할 때 이미지가 자연스럽게 움직이니까 더 재미있어요."

Q. 반응형이란 게 무슨 말인가요?

반응형 디자인은 말 그대로 화면 크기에 따라 반응해서 자동으로 레이아웃을 조정하는 디자인 방식이에요.

상황을 하나 떠올려 볼까요?

모바일로 쇼핑 사이트에 접속했는데, PC 버전 화면 그대로 연결이 되어 글자가 콩알만 하게 보인다면 어떨까요? 확대와 스크롤을 반복하다가 결국 짜증이 나서 "그냥 안 사야지"하고 창을 닫아버릴 거예요. 이게 바로 반응형 디자인이 필요한 이유입니다.

사용자는 다양한 기기를 오가며 브랜드를 경험합니다.

모바일에서는 손가락 터치에 맞는 큰 버튼과 간단한 메뉴, PC에서는 넓은 화면을 활용한 풍부한 정보와 시각적 확장성, 태블릿에서는 두 환경을 절묘하게 조화시킨 구조가 필요하죠.

이처럼 반응형은 어떤 기기에서 접속하든 동일한 브랜드 경험을 제공하는 일관성을 가질 수 있어야 해요. 사용자의 최적의 경험을 위한 최적의 유연성이라고 할 수 있겠네요.

Q. 사용자가 웹사이트에서 오래 머무르게 할 수 있는 방법이 있을 까요?

웹디자인은 사용자가 오래 머물고 반응하게 만드는 게 핵심이잖아요? 그러기 위해선 계속 재미 요소를 투입해서 이탈하지 않게 수를 써야 합니다!

그 비밀은 사용자 경험을 잘 설계하는 것인데요. 단순히 화려한 그래픽은 이미 사용자에게 식상합니다. 사용자가 어떤 흐름으로 움직이고, 어떤 순간에 클릭하고 어떤 감정을 느끼는지를 자아 이입해서 예측해야 해요.

여기서 중요한 무기가 바로 몰입감 있는 무빙 요소예요.

예를 들어 애플의 사과 로고가 정적으로 서 있는 것보다 한 입 베어지는 애니메이션으로 보인다면 훨씬 더 강렬한 인상을 주겠죠. Google의 로고가 살짝 튕기며 반응하는 것만으로도 우리는 '이 브랜드는 혁신적이다'라는 이미지를 느끼게 됩니다. 이렇게 작은 움직임 하나가 사용자의 시선을 잡아끌고, 호기심을 불러일으켜 머무는 시간을 늘

려줍니다.

하지만 무빙이 많다고 다 좋은 건 아닙니다. 불필요하게 화려한 애니메이션은 오히려 산만해서 사용자가 금방 떠나버릴 수 있어요. 핵심은 브랜드가 전달하고 싶은 메시지에 맞춰, 딱 필요한 순간에 최소한으로 움직임을 주는 것입니다.

결국 사용자가 웹사이트에서 오래 머물고 싶게 만드는 방법은 깔끔하고 직관적인 구조(UI)와 의도적인 몰입 포인트(무빙)를 적절히 배치하는 거예요. 이 두 가지가 만나면 사용자는 볼거리가 많다고 느끼게 됩니다.

▢ UX단계를 거친 후 UI를 진행하는가?

▢ 핵심 메시지를 강조하며 UI 구조가 직관적이고 이해하기 쉬운가?

▢ 기기를 바꿔도 동일한 브랜드 경험과 일관된 디자인이 유지되는가?

▢ 사용자의 흐름을 예측하고 몰입 요소를 적절히 배치했는가?

▢ 화면 크기 변화에 따라 자동으로 레이아웃이 조정되는 반응형 디자인을 확인했는가?

▢ 사용자의 시선을 끌고 몰입을 높이는 무빙 요소를 의도적으로 최소한으로 배치했는가?

#웹디자인 #반응형디자인 #몰입요소

14 거래명세서, 세금계산서

정산도 디자인처럼,
깔끔하고 명확하게

프로젝트가 마무리되는 시점입니다.
결과물만큼 중요한 건 작업을
어떻게 정리하고 증빙하느냐입니다.
디자인은 감각으로 완성했다면,
이제 정산도 디자인처럼 깔끔하게 정리할 차례입니다.

프로젝트의 끝은 언제일까요? 결과물을 멋지게 납품한 그 순간일까요?

사실은 그 이후에 남아 있습니다. 여러분은 이제 디자인 창업의 대표로서 정산까지 멋지게 처리하는 순간을 맞이했네요.

거래명세서와 세금계산서를 주고받는 그 짧은 순간이 지금까지 디자인해 왔던 과정보다 더 중요할지도 몰라요. 혹시 금액이 헷갈리거나 서류가 엉성하게 적혀 있다면, 아무리 훌륭한 디자인을 했어도 신뢰가 살짝 무너질 수 있어요. 반대로 서류가 단정하게 정리되어 있으면 끝까지 프로다운 인상을 남길 수 있죠.

우린 프로니까, 정산 서류도 깔끔하게 가볼까요?

Q. 거래명세서와 세금계산서는 뭐가 다르죠?

거래명세서와 세금계산서 둘 다 거래내용을 증명하는 문서입니다. 하지만 거래명세서는 어떠한 항목으로 거래가 이루어졌는지 기록하는 비공식적인 문서이고, 세금계산서는 세금 정산을 위한 공식 회계 문서입니다. 거래 내용에 대한 비공식적 거래 기록 문서가 거래명세서라면 세금 증빙으로 마무리하는 공식 문서가 세금계산서입니다.

구분	거래명세서	세금계산서
목적	거래 당사자 간의 내역 확인 (서비스 / 물품 세부 항목 기록)	부가세 신고 및 회계 처리를 위한 공식 증빙
성격	비공식 문서(참고용)	공식 회계 문서
법적 효력	없음	있음
형식	자유 양식 (엑셀, 워드, PDF 등 자유롭게 작성 가능)	국세청 표준 양식
사용 시점	거래 완료 후 세부 항목 확인 및 내부 정리용	부가세 신고 및 클라이언트 정산 마무리용
예시	디자인 작업 항목별 비용 정리표	최종 금액에 대해 국세청 전자시스템으로 발행

Q. 거래명세서를 작성할 때 항목은 뭐가 있나요?

거래명세서는 실제 거래가 이루어진 내역을 기록해 클라이언트와 공급자 모두가 거래 내용을 명확히 확인할 수 있도록 하는 문서입니다.

상단에는 프로젝트명, 수신 회사명과 담당자, 공급자의 상호와 대표자 이름, 사업자등록번호, 주소, 연락처 등 발행 정보를 기재합니다. 누가 누구와 거래했는지 기록하는 기본 정보죠.

다음으로 중요한 것은 거래일입니다. 견적서에는 '견적일과 유효 기간'이 들어가지만, 거래명세서에는 실제 거래가 발생한 날짜를 하나씩 기재해야 합니다. 예를 들어 3월 2일에는 기획 및 연출 1건, 3월 19일에는 촬영 6시간, 3월 22일에는 2D 모션그래픽 작업 등 거래가 이루어진 날짜별로 기록하는 겁니다.

거래명세서

수신	○○ 홍보 동영상
참조	○○○
전화/E-mail	010-000-0000
결제조건	현금결제
합계금액(VAT포함)	₩ 9,900,000

공급자	사업자등록번호	000-00-00000		
	상호	○○○디자인연구소	성명	○ ○ ○ (인)
	주소	경기도 ○○ 0000		
	업태	서비스업	종목	산업디자인, 컨설팅
	전화	000-0000	E-mail	

아래와 같이 거래내역서를 제출합니다.

구분	품목명	규격	단위	수량	단가	공급가액	부가세	비고
2025.03.02	기획 및 연출	총괄	건	1	2,000,000	2,000,000	200,000	
2025.03.19	촬영	일 6시간	건	1	2,000,000	2,000,000	200,000	
2025.03.22	3D모델링	시뮬레이션 포함	건	1	2,500,000	2,500,000	250,000	
2025.03.26	중간제작	가편집	건	1	1,000,000	1,000,000	100,000	
2025.04.21	편집	본편집	건	1	1,000,000	1,000,000	100,000	
2025.04.24	녹음	제작준 및 더빙	건	1	500,000	500,000	50,000	

| 합 계 | 공급가액 | 9,000,000 | VAT | 900,000 |

거래 내용에는 각 작업 항목을 구체적으로 적습니다. 단순히 '디자인 작업'이라고 쓰지 않고, '기획 및 연출 1건', '중간 시안 가편집 1건', '본편 편집 1건', '제작 및 더빙 1건'처럼 항목과 단위를 세세하게 나열해야 클라이언트도 쉽게 이해할 수 있습니다.

금액 부분은 공급가액, 부가세, 총액을 구분해 작성합니다. 예를 들어 공급가액 9,000,000원에 VAT 900,000원을 더해 총액 9,900,000원으로 정리하는 방식입니다.

이처럼 거래명세서는 실제로 이루어진 내역을 사실에 근거해 작성하는 문서로, 견적서가 가격을 예측하는 문서라면 거래명세서는 이를 증명하는 문서라고 할 수 있습니다.

Q. 세금계산서를 발행하는 절차는 어떻게 되나요?

세금계산서를 발행하려면 먼저 사업자등록이 되어 있어야 합니다. 개인사업자든 법인사업자든, 사업자등록이 되어 있어야만 발행이 가능하죠. 등록이 확인되었다면 국세청 홈택스(www.hometax.go.kr)에 접속해 볼게요! 공인인증서나 간편 인증으로 접속할 수 있어요.

홈택스에 들어가면 상단 메뉴에서 전자세금계산서 발행 메뉴를 선택합니다. 그러면 공급자인 나의 정보는 자동으로 불러와지고, 이제 공급받는 자, 즉 거래처의 정보를 입력해야 합니다. 이때 거래처의 사업자등록번호, 상호명, 대표자 성명, 주소, 업태·종목 등을 입력하는데, 정확히 쓰기 위해서는 거래처에서 사업자등록증을 미리 받아두고 보면서 정확하게 입력하세요.

그다음은 실제 거래 내용을 적어야 합니다. 작성일자, 품목, 수량, 단가, 공급가액, 부가세, 총액을 입력하는 단계죠. 공급가액에 자동으로 10%의 부가세가 계산되어 표시되니 확인만 하면 됩니다. 모든 내용을 작성하고 발행 버튼을 누르면 전자세금계산서가 자동으로 국세청과 거래처로 동시에 전송되니 전송 전 다시 한번 금액 체크하세요. 숫자 단위 1개만 더 쓰거나 덜 쓰면 금액 차이 엄청납니다.

또 거래처 담당자의 이메일로도 발송되기 때문에, 이메일 주소를 정확히 입력하는 것도 잊지 말아야겠죠.

　　마지막으로, 발행이 끝났다면 홈택스에서 발행 내역을 확인해야
합니다. 혹시 금액이나 정보가 잘못 기재되었다면, 기존 세금계산서를
취소하고 수정 세금계산서를 다시 발행하면 됩니다. 어렵지 않죠? 이제
고지가 보입니다!

□ 거래명세서에 항목별 내역을 빠짐없이 작성했는가?

□ 거래명세서에 견적일과 견적 유효일 등 거래 일시를 명확히 작성했는가?

□ 세금계산서를 국세청 전자시스템을 통해 발행했는가?

□ 세금계산서 발행 시 거래처의 사업자등록번호, 상호명, 대표자 성명, 주소, 업 태·종목 등을 정확히 입력했는가?

□ 거래처 담당자 이메일을 정확히 입력하고 전송했는가?

#거래명세서 #세금계산서 #정산완료

15 사후관리

디자인 작업이 끝났을 때, 관계는 시작된다

디자인 작업이 끝나고 최종 파일을 전달하는 순간,
대부분의 초보 창업자는 '이제 끝났다'라고 생각하지만,
그때부터가 진짜 시작이에요.
작업 완료 이후에도 클라이언트를 한 번 더 챙기는 태도!
잊지 마세요!

세금계산서 발행하고 정산도 완료됐는데, 왜 또 챕터가 남아 있죠? 아직 끝나지 않았어요. 다음의 프로젝트 연결 가능성을 염두에 두고 다시 관계 정립을 할 때입니다. 진짜 관계는 지금부터라니까요? 한번 떠올려 보세요. 누군가 일을 마치고 나서 "고생 많으셨어요, 또 필요한 부분 있으시면 언제든 편하게 연락 주세요"라는 짧은 메시지를 남겨준다면, 마음이 따뜻해지지 않나요? 그 작은 배려가 클라이언트에게는 '이 디자이너는 끝까지 책임지는 사람이구나'라는 인상을 남깁니다.

사후관리는 화려하거나 거창할 필요가 없어요. 결과물 활용 팁을 간단히 정리해 보내거나, 일정이 지난 뒤 프로젝트가 잘 진행되고 있는지 안부를 묻는 메일 한 통이면 충분합니다. 그 순간, 우리의 디자인은 단순한 작업물에서 함께 만든 동료가 되는 거죠. 사후 관리가 왜 필요한지 아셨죠?

Q. 프로젝트가 끝났는데 왜 사후관리가 필요한 거죠?

영화 대사가 생각나네요. "끝날 때까지 끝난 게 아니다."

프로젝트가 끝났다고 해서 클라이언트와의 관계도 끝난 게 아닙니다. 오히려 이때부터가 진짜 관계의 시작이라고 봐야 합니다. 사후관리는 프로젝트의 이후에 일어날 수 있는 모든 일을 챙기는 과정으로 초보 창업자의 경우 '왜 굳이 이렇게까지'라는 생각을 할 수도 있지만, 왜 사후관리가 중요한지 하나씩 풀어볼게요.

관계 유지와 재계약의 기회

클라이언트는 이 프로젝트만 함께 하는 일회성 관계가 아닙니다. 이번 프로젝트가 성공적이었다면 이후 다른 업체를 소개해줄 수도 있고, 이후에 진행하는 다른 프로젝트를 다시 의뢰할 가능성이 있습니다. 따라서 클라이언트 1명의 관계가 이후 비즈니스에 지속적으로 영향을 미칩니다. 반대로 생각한다면 이 프로젝트에 불만족했다면 이후 부정적인 바이럴이 형성이 되면서 이후 다른 계약에도 악영향을 미치지만 반대로 최선을 다해 관리를 한다면 지속적으로 추천을 해줄 수도 있기 때문입니다.

피드백과 회사의 발전

클라이언트에게 만족도 및 개선할 사항을 물어보세요. 우린 초보자고 더 발전해가야 하기 때문에 피드백을 통해 개선하고 이후 계약에는 좀 더 프로페셔널하게 마무리할 수 있습니다.

평판 관리

개인도 회사도 평판 관리는 참 중요한 부분입니다. 주변 사람들에게 혹은 관련 비즈니스 업계에서 좋은 이미지를 차곡차곡 쌓아가는 것이 중요합니다.

Q. 프로젝트가 끝났는데 추가 지원 요청했어요. 어떡하죠?

이건 럭키비키죠! 다음 프로젝트의 연결 가능성을 던질 기회니까요.

프로젝트가 완료된 지 시간이 꽤 흘렀는데, 클라이언트가 갑자기 "이 부분 조금만 수정해 줄 수 있나요?"라고 연락이 올 때가 종종 있습니다. 순간 당황스럽고, 솔직히 짜증이 날 수도 있죠. 하지만 이럴 때야말로 디자이너의 태도가 드러나는 순간이에요.

먼저, 어떤 부분을 요청하는지 차분히 확인하세요. 텍스트 오타 수정이나 이미지 교체처럼 금방 해결 가능한 일이라면 추가 비용 없이 선의로 처리해 주는 것도 좋습니다. 이런 작은 친절은 클라이언트에게 "끝까지 책임져주는 회사"라는 인상을 주고, 자연스럽게 다음 프로젝트로 이어질 수 있는 연결고리가 되기도 합니다.

반대로 요청이 광범위하거나 기존 범위를 넘어서는 경우라면 계약서를 다시 살펴보고 별도 비용이 발생함을 정중히 안내해야 합니다. "추가 지원은 가능하지만, 이 부분은 새로운 계약에 해당됩니다. 견적을 다시 보내드릴까요?"라고 차분하게 설명하는 거죠.

무엇보다 중요한 건, 모든 대화와 합의를 반드시 문서화하는 것입니다. 말로만 약속했다가는 나중에 오해가 생기기 쉽습니다. 메일이나 메신저로 기록을 남겨두면 서로 명확하게 이해할 수 있고, 관계도 견고해집니다.

결국 사후 지원 요청은 짐이 아니라 기회입니다. 잘 대처하면 불편한 추가 요청이 아니라, 클라이언트와의 관계를 강화하고 새로운 프로젝트를 여는 기회를 잡을 수 있어요!

Q. 프로젝트 완료 후 제가 먼저 클라이언트에게 후속 연락을 해야 하나요?

네. 하는 것이 좋습니다. 첫 프로젝트라서 연락을 한다면 부담스러워 하지 않을까? 걱정도 되지만 이 연락이 생각지도 못한 재계약으로 이어지거나 비슷한 다른 비즈니스로 연결되기도 합니다. 후속 연락을 할 때 감사의 메시지를 보내는 것도 좋습니다.

"다시 한번 좋은 프로젝트를 함께 하게 되어 감사했습니다. 이후 디자인에 관해 문의사항이 있으시면 언제든 편하게 연락주세요."

이런 식으로 감사와 여운을 남기면, 클라이언트는 시간이 지나도 다시 떠올릴 수밖에 없습니다. 결과적으로는 프로젝트의 마무리가 아니라 관계의 시작이 되는 순간이죠.

Q. 사후관리로 재계약 가능성을 높이는 실무 팁은?

프로젝트 완료 한 달 정도 후 이 프로젝트의 업계 상황이나 서비스 등을 체크한 후 현재 상황에 대한 최신 상황을 먼저 이야기해 보세요.

"대표님, 안녕하세요. 브랜드 리뉴얼 후 인지도가 굉장히 높아졌더라고요. 뉴스 기사도 잘 보았습니다. 혹시 매장에서 이벤트 프로모션을 진행한다면 좀 더 매출에 효과가 있을 것 같습니다. 컨설팅이 필요하시면 언제든 연락주세요"처럼 지속적인 관심이 있다는 의견을 주시고, 1주년에도 한 번 더 연락을 준다면 연락받는 클라이언트는 감동으로 받아들일 수 있습니다.

이런 소소한 연락이 당장 계약이 성사되진 않더라도 좋은 이미지를 남김으로써 후속 계약으로 연장될 수 있습니다.

Q. 프로젝트 완료 후 회사 포트폴리오 관리를 해야 할까요?

포트폴리오는 디자인 자산 관리입니다. 프로젝트를 진행할 당시에는 포트폴리오 관리에 소홀할 수 있지만, 마무리된 시점에는 우리 회사 홈페이지에 포트폴리오 메뉴를 업데이트 하는 것이 좋습니다. 홈페이지와 더불어 디자인 공유 플랫폼(Behance, Dribbble 등)에 업로드하고 간단한 회사 소개와 제작 의도, 작업 과정을 노출시키는 것도 한 방법입니다.

추가로 인스타그램, 페이스북, 블로그 등 SNS 채널을 적극적으로 활용해 보세요. 작업 결과물만 올리기보다는 제작 과정에서의 고민, 선택한 컬러나 타이포그래피의 이유 등 비하인드 스토리를 함께 담으면 브랜드의 전문성과 인간적인 매력을 스토리텔링하여 전달할 수 있습니다.

☐ 프로젝트 완료 후 클라이언트에게 후속 연락을 해보았는가?

☐ 사후 지원 및 요청 처리에 있어, 효율적이고 명확하게 대응했는가?

☐ 클라이언트에게 신뢰와 책임감을 보여주는 메시지를 전달했는가?

☐ 프로젝트 완료 후 포트폴리오 정리를 했는가?

#사후관리 #재계약실무팁 #포트폴리오관리

부록 1

Q&A 디자인 창업,

도란도란 이야기

창업할까? 취업할까?

**정답은 없다
선택 앞에서 가장 먼저
확인해야 하는 건
내 마음의 방향성**

취업은 디자인 외에도
조직 문화, 협업, 실무 절차를 배울 수 있어요.
창업은 내가 원하는 스타일, 방향, 철학으로
브랜드를 설계할 수 있습니다.
내가 원하는 삶의 리듬이
어떤 모습인지 그려보세요.

디자인 창업의 모든 것

Q. 내가 그리고 싶은 삶의 일상은 어떤 모습인가요?

평생 직업이라는 말이 없어지고 있죠. 나의 콘텐츠, 나의 브랜딩이 더 중요한 시대가 왔다는 의미입니다. 그런 의미에서 우리는 종종 '직업'을 선택한다고 생각하지만, 실은 '삶의 방식'을 선택하는 것입니다. 먼저 내가 꿈꾸는 하루를 떠올려 보세요. 창업이든 취업이든 결국은 당신이 어떤 일상을 살게 될지의 흐름을 결정하는 것이기 때문입니다. 졸업하는 마지막 학기가 되면 학생들에게 졸업 후 나의 삶을 머릿속으로만 생각하지 말고 구체적으로 그려보고 적어보라고 합니다.

창업을 선택해 볼까요? 어떤 일상이 떠오르시나요? 출퇴근 러시아워(rush hour)의 고충 없이 그날의 일정대로 어떤 날은 일찍 시작하기도, 어떤 날은 느지막이 시작하기도 하는 유동성을 가질 수도 있죠. 하지만 평일 9-6의 정해진 시간에 일만 하는 것이 아니라 주말에도 일을 해야 하는 날도 있어요. 말 그대로 프로젝트에 따라, 회의 시간에 따라, 일의 양에 따라 나의 일정에 변화가 생기는 삶이죠. 그럼 이번에는 취업을 선택해 볼까요? 아침에 일찍 일어나서 정해진 시간까지 직장에 도착해서 9시면 업무를 시작하고 6시면 컴퓨터를 끄고 퇴근합니다. 예측 가능한 안정적인 패턴이면서도 구조화되어 있어요. 모든 것은 업무 시간 내에 규칙적으로 움직이고, 퇴근 후에는 업무에 대한 스위치를 끌 수 있어요. 단, 조직 생활이므로 내가 자유롭게 모든 것을 선택하고 결정할 수는 없지만, 팀원들과 함께 브레인스토밍하며 조직 안에서 협업하며 아웃풋을 내게 되겠죠.

상상이 되시나요? 자유로운 리듬 안에서 나의 주도성을 가지며 내가 온전히 책임을 지느냐, 안정된 루틴 안에서 조직 구성원과 함께 협업하며 공동의 아웃풋을 내느냐의 차이입니다. 종이에 두 선택지를 놓고 그 선택지에서 발생할 수 있는 다양한 변수들과 결과를 작성해 보세요. 그리고 강점, 약점, 기회, 위협 요인을 파악해 보세요. 그럼 여러분만의 답이 나올 거예요!

Q. 나는 어떤 방식으로 일할 때 가장 몰입하고 즐거운가요?

이 질문으로 창업과 취업의 종결이 되겠네요. 칙센트 미하이는 그의 저서 《Flow》에서 몰입은 '생산성과 행복을 극대화하는 상태'라고 했으며, 당신이 어떤 환경에서 일할 때 몰입의 상태에 도달하는지를 아는 것이 선택에 큰 힘이 될 거라고 했어요. 만약 내가 자율적이고 개방적인 환경에서 타인의 인정과 간섭없이 일을 할 때 몰입하는 스타일이라면, 창업이 맞습니다. 반대로 조직 안에서 아이디어를 공유하고, 나의 프로젝트와 내가 한 업무를 피드백 받으면서 성장할 때 즐거운 타입이라면 취업이 맞아요. 팀 작업을 해보셨나요? 팀 작업은 서로 소통하고 조율하며 최고의 퍼포먼스를 내야 하는데, 나 혼자 일했을 때보다 훨씬 고퀄리티의 작업물이 나오고 주변의 피드백이 나의 성장에 큰 영향을 미쳐서 그것이 즐겁다고 이야기하는 사람이 있는가 하면, 내가 원하는 시간대에 나 혼자 레퍼런스 찾고 스스로 결정할 때가 더 좋다고 하는 사람이 있기도 합니다.

저는 회사에서 사회생활을 시작한 후 창업을 거쳐, 결국 교수라는 삶의 방식으로 전환이 이루어졌습니다. 회사에서는 조직 안에서의 협업과 체계적인 프로세스를 배울 수 있었고, 창업에서는 클라이언트와의 직접적인 소통, 프로젝트 진행 절차, 그리고 경쟁 PT(프로젝트 비딩)를 통해 치열하게 살아남는 경험을 했습니다. 이 두 단계가 있었기에 지금은 학생들에게 실무와 이론을 함께 전할 수 있고, 그 과정에서 얻은 몰입의 순간들을 나눌 수 있게 된 거죠.

당신은 어떤가요? 학교 프로젝트를 한 번 떠올려 보세요! 스스로의 만족과 타인의 평가와 인정, 자가 점검을 충분히 해본 후 선택해도 늦지 않습니다. 어떤 길을 걷든, 당신이 몰입하는 순간이 결국 당신의 성장을 이끌고 행복을 만들어가게 됩니다. 당신의 선택을 응원합니다.

#삶의선택 #창업취업 #몰입

창업 초기의 고충

**창업 초기의 고충은
사업 성장의 발판이 된다
불확실성을 이겨내는 힘!**

창업의 시작은 나침반 없이 떠나는 항해입니다.
불확실한 미래와 자금 부족, 경쟁의 파도 속에서
중심을 잡는 법을 배우는 순간,
고충은 곧 성공의 발판이 됩니다.

Q. 창업에 대한 불안감은 어떻게 극복할 수 있을까요?

제가 처음 창업을 시작했을 때를 떠올려 보면, 설렘과 두려움이 동시에 몰려왔던 기억이 납니다. 사무실 한편에서 컴퓨터와 프린트 하나로 모든 걸 시작했고, 어디서부터 무엇을 해야 할지 막막하기도 했죠. 아이디어는 많지만 경험과 자본은 부족했고, 클라이언트와의 첫 미팅을 앞두고는 긴장감에 잠을 설친 날도 있었습니다. 창업이라는 건 책임과 불확실성을 동시에 감내해야 하는 일이기 때문에 누구나 두려움을 느낍니다.

오히려 그 두려움을 자각하고 진지하게 고민하는 태도 자체가 매우 건강하고 성숙한 시작이라고 생각해요. 중요한 건 실패를 먼저 떠올리며 주저앉는 것이 아니라, '어떻게 준비하면 실패 확률을 줄일 수 있을까?'에 집중하는 자세입니다. 디자인 창업을 생각하고 있다면 막연한 열정보다는 철저한 사전조사, 명확한 비전 설정, 그리고 구체적인 실행계획 수립이 반드시 필요합니다.

초기에 최소 3곳 이상의 잠재 클라이언트와 업무 연결이 되어 있어야 수익이 안정적으로 발생할 수 있어요. 또한 무엇보다 업계 안에서의 네트워킹이 큰 자산이 됩니다. 동료 디자이너, 선배 창업자, 교수님들, 현업 실무자들과 꾸준히 관계를 맺고, 조언을 구하고, 정보를 나누세요. 때로는 나보다 먼저 부딪혀본 사람의 한마디가 큰 방향을 잡아주기도 하거든요. 한국디자인진흥원(KIDP), 창업진흥원(KOSME), 지역 창조경제혁신센터, 디자인진흥원 지역센터 등에서는 디자인 창업 아카데미, 비즈니스 육성 프로그램, 청년 디자이너 창업 지원 등을 운영하며, 멘토링, 컨설팅,

공간 지원, 판로 개척 등 창업 초기 단계에 실질적인 도움을 제공합니다. 망설이지 말고 직접 전화해 도움을 받아보세요! 결국 창업은 두려움을 준비로 이겨낸 사람이 해내는 일입니다. 오히려 질문을 던질 줄 알고 멈춰 설 줄 아는 사람은 단단하게 나아갈 준비를 하고 있는 중입니다. 그 고민과 두려움, 바로 그 지점에서 좋은 창업이 시작된답니다.

Q. 창업 초기 많은 어려움에 부딪히잖아요. 교수님께서는 가장 힘드셨던 생각나는 부분이 있으실까요?

창업 초기에 운 좋게 여러 클라이언트로부터 프로젝트 제안을 받으며 바쁘게 일할 수 있었던 시기가 있었습니다. 당시에는 디자인 실무 경험도 쌓고, 사업도 키워보겠다는 열정으로 밤낮없이 몰두했죠. 그중 한 기업은 규모도 크고, 장기적으로 함께 성장할 수 있을 것 같다는 기대감이 있어 정말 열심히 임했던 기억이 납니다. 하지만 시간이 지날수록, 상식적이지 않은 수준의 빠듯한 납기와 반복되는 무리한 수정 요청이 계속됐고, 그에 대한 충분한 피드백이나 신뢰는 부족했어요. 처음에는 '처음이니까 더 열심히 해야지', '지금은 힘들어도 나중엔 좋은 파트너가 될 수 있을 거야'라는 마음으로 감내했지만, 점차 깨닫게 되더군요. 이 관계는 '신뢰'를 바탕으로 한 협업이 아니라, 일방적인 소모 관계라는 것을요. 일부 기업들은 디자인을 '빠르고 쉽게, 뚝딱 만들어내는 작업' 정도로 인식합니다. 눈에 보이는 결과물이 금방 나오기 때문에 단순한 기술적 산출물로만 여기는 것이죠. 디자이너를 단순한 오퍼레이터로만 여기는 기업과는 그 어떤 협업도 결국 지속 가능하지 않다는 걸 그때 뼈저리게 배웠습니다. 이후로는 제 가치를 분명히 이해하고 함께 성장할 수 있는 파트너를 분별하는 기준이 생겼어요. 지금 돌아보면 그 경험이 오히려 제 사업 운영에 있어 중요한 전환점이 되었고, 창업 초기에 꼭 한번은 겪어야 했던 '성장통'이었다고 생각합니다. 그래서 이 책에서는 디자인 결과뿐만 아니라, 프로세스와 커뮤니케이션 자체가 얼마나 중요한지 그리고 그것이 지속 가능한 창업의 핵심이라는 점을 짚고자 했습니다.

#불안감해소 #창업리얼스토리 #디자인성장통

클라이언트와
다시 협업하는 법

첫 협업이 끝은 아닙니다
다시 만날 준비가 곧 프로의 태도입니다

클라이언트와의 관계는
프로젝트가 끝났다고 끝나는 게 아닙니다.
후속 연락, 작은 추가 지원, 결과 공유 같은
사후 태도가 다음 협업으로 이어집니다.
좋았던 협업 경험은 다시 불러내고 싶게 만드는
힘을 가집니다. 결국 다시 만나고 싶은 회사의 이미지를
주는 것이 중요합니다.

Q. 프로젝트를 성공적으로 끝냈습니다. 이제 무엇을 해야 하나요?

드디어 프로젝트가 모두 끝났네요. 이제 가장 먼저 해야 할 일은 축하보다는 복기입니다. 결과물도 잘 나오고, 클라이언트도 만족했다면 그에 따른 프로세스 전체를 돌아보며 자신만의 협업 노하우를 정리해 보세요. 이를테면 여러 피드백에서 방향이 좀 더 명확하고 선명해졌는지, 어떤 일정 조율 방식이 효율적이었는지, 처음 설정했던 컨셉팅이 어느 정도 유지되었는지 등 구체적으로 정리해 두는 거죠. 협업은 말 그대로 함께 하는 것이기 때문에 다음 협업에서는 더 만족스러운 결과물을 위해 선행을 해두는 게 좋겠죠? 그럼 프로젝트 복기는 다음과 같이 해보면 어떨까요?

1. 이 프로젝트의 성공 포인트는 무엇인가? 혹은 실패 포인트는 무엇인가?
2. 이 프로젝트에서 내가 배운 점은 무엇이었나?
3. 이 프로젝트를 진행함에 있어 개선해야 할 부분은 무엇이었나?
4. 다음 프로젝트 시작 전 꼭 체크해야 할 리스트는 무엇인가?

이 정도로만 복기한다면 다음 클라이언트, 다음 프로젝트에서는 좀 더 주도면밀하게 리드할 수 있을 거예요. 혹시 블로그가 있다면 이 내용을 콘텐츠화해 보는 것도 추천합니다. 결국 회사의 성장 스토리도 콘텐츠가 되는 시대니까요.

Q. 다시 시작하는 마음으로 다음 협업을 준비할 때 어떤 태도를 가져야 하나요?

태도에 대한 질문은 언제나 중요합니다. 다 사람과 사람이 하는 일이기 때문이죠. 이전 프로젝트의 결과가 성공이든 실패든 그 결과에 심취해 있어서는 안 됩니다. 매 프로젝트마다 업무의 성격도 다르고, 새로운 사람과 다른 맥락 등 늘 새로워요. 그래서 처음처럼 겸손하면서도 똑똑하게 접근해야 합니다. 먼저 과거 경험을 토대로 늘 기술과 역량을 업그레이드해야 합니다. 프로젝트 의뢰가 없는 상황이더라도 늘 프로그램에서 버전 업그레이드된 부분은 무엇인지, 새로운 디자인 레퍼런스가 나온 건 어떤 스타일인지, 최근 성공한 브랜드의 성공 스토리는 무엇인지, 디자인 산업 동향은 어떻고 글로벌 시대에 어떻게 대응해야 하는지 등 끊임없이 배우고 준비해 두어야 합니다. 공부는 멈춰 있으면 안 됩니다. 최근 서점 가보셨나요? 신간 코너, 베스트셀러 코너 등 한 달이 지나면 트렌드가 너무 많이 바뀌어 있습니다. 꼭 디자인 트렌드가 아니라도 경제, 경영, 문학, 비즈니스 등 다양한 분야에 관심을 가지고 배우려는 마음가짐을 가지세요. 클라이언트가 어떤 분야에 관심이 있을지 모르니까 미리 준비해 두었다가 프로젝트가 아닌 전혀 다른 주제에 공감대가 형성되는 것만으로도 여러분에게 신뢰를 가질 수도 있습니다. 그럼 여러분의 다음 협업을 기대하며!

#다시협업 #축하보다복기 #업그레이드

04 영업을 안 해도
일을 할 수 있는 방법

존재감을 보여라!
나를 증명해야 일이 따라온다

사람들은 단순한 결과물이 아닌,
디자이너의 전문성을 보고 찾습니다.
잘 정리된 포트폴리오가 당신을 대신해
문을 두드려 줄 거예요.
온라인에서 꾸준히 나를 빛내보세요!

Q. 정말 영업을 안 해도 일을 할 수 있어요?

지금은 온라인에서의 존재감이 곧 영업력입니다. 인스타그램, 블로그, 포트폴리오 웹사이트 등을 통해 자신의 작업을 꾸준히 공유하고, 타겟 고객이 좋아할 만한 톤앤매너를 유지하면 자연스럽게 문의가 들어오기 시작해요. 많은 학생들이 "디자인을 잘하면 일이 저절로 들어올까?", "영업을 꼭 해야 하나요?"라고 고민하죠.

저 같은 경우, 경력이 쌓이고 어느 정도 업계 내에서 신뢰와 네트워크가 형성된 이후부터는 굳이 발로 뛰는 영업을 하지 않아도 자연스럽게 일이 연결되는 환경이 만들어졌습니다. 하지만 디자인 초년생이거나, 갓 졸업한 학생이 창업을 했다면 불특정 다수를 대상으로 한 홍보 활동이 필수입니다. 디지털 플랫폼을 적극적으로 활용해 자신을 알리고 신뢰를 쌓아가는 과정이 꼭 필요하죠. 내가 어떤 디자이너인지, 어떤 일을 잘하는지 보여주는 자기 증명입니다. 가장 중요한 건, 어떤 요청이 오든 내가 할 수 있는 범위를 정리하고 필요하다면 주변 전문가들과 협업해서라도 고객의 니즈를 충족시켜야 한다는 것이에요.

그렇게 신뢰를 쌓은 한 명의 클라이언트가, 다음 프로젝트를 주고, 또 새로운 고객을 소개해 주기도 하죠. 정리하자면, "영업을 안 해도 일할 수 있을까요?"라는 질문보다는, "나는 온라인에서 어떤 인상을 주고 있는가? 내 작업은 설득력을 갖고 있는가?"를 고민하는 것이 더 중요합니다. 디자인도 결국 사람과 사람의 신뢰로 이어지는 일이니까요. 나를 알리고 내 회사를 알리는 데 적극적이면서 동시에 작은 의뢰도 성심껏 대응하는 태도가 영업보다 더 큰 결과를 만들어냅니다. 지속 가능하게 자신의 브랜드, 포트폴리오, 콘텐츠, 신뢰도를 체계적으로 쌓아두면 굳이 뛰지 않아도 일이 찾아오는 구조를 만들 수 있습니다. 그게 바로 지속 가능한 창작자의 첫걸음이죠.

Q. 좀 더 구체적으로, 일을 자연스럽게 받을 수 있는 방법이 있을까요?

사람을 직접 만나지 않더라도 충분히 비대면으로 안정적인 거래와 수익 활동을 할 수 있다는 것입니다. 대표적인 예로, 크몽, 탈잉, 숨고, 프리모아 같은 온라인 재능 플랫폼에서는 본인의 전문 역량(예: 캐릭터 디자인, 일러스트 삽화, PPT 디자인, 상세 페이지, 로고 디자인, 홈페이지 제작 등)을 서비스로 등록해 두고, 클라이언트의 요청에 따라 비대면으로 작업을 수행한 뒤 납품까지 진행할 수 있습니다. 이런 플랫폼들은 중간에서 결제 보호 시스템이 작동하기 때문에 처음 거래하는 클라이언트와도 비교적 안정적으로 일할 수 있는 환경을 제공해 줍니다.

실제로 많은 디자이너들이 이 경로를 통해 포트폴리오를 쌓고, 단골 고객을 만들어가고 있어요. 특히 성향이 외향적이지 않거나, 직접 영업을 하기에 부담스러운 디자이너라면 온라인 기반의 거래가 하나의 대안이 될 수 있습니다. 그러나 온라인 플랫폼을 통해 비대면 거래를 할 때는 일반적으로 경쟁이 치열하고 선택지가 많기 때문에 견적이 낮아지는 경향이 있으니 염두에 두어야 합니다. 온라인 플랫폼에서 경쟁력을 쌓는 동시에, 내가 잘하는 전문 분야의 디자인 과정, 프로그램 사용법,

실무 꿀팁, 브랜드 스토리 등을 유튜브 콘텐츠로 공유하면, 비대면 환경에서도 자신만의 전문성을 공고히 하고 더 다양한 기회를 얻을 수 있습니다.

05 디자인 창업의 미래는?

기술은 빠르지만,
감각과 공감은 사람에게서 나온다

AI가 점점 정교해지면서 소위 말하는
'예쁜 디자인'으로는 경쟁력을 갖기 어렵습니다.
하지만 디자인의 본질은 여전히
'의사소통'과 '문제해결'에 있습니다.
클라이언트의 말 속에 담긴 진짜 문제를 읽어내는
감각과 맥락을 읽어내는 통찰,
디자인을 통해 사람의 마음을 움직이는 일은
오직 사람만이 할 수 있는 일이에요!

Q. AI 시대에서 디자인 창업의 미래 전망은 어떠한가요?

AI 발전 속도가 무서울 정도죠. 제가 학생들에게 강조하는 건 AI와 인간의 창의성이 결합할 때 폭발적인 힘을 낸다는 거예요. 이 말은 인간과 AI의 하이브리드가 일상화된다는 의미이기도 합니다. 포토샵, 일러스트, 3D 모델링 등 기존 프로그램과 함께 AI 기반 이미지 생성, 자동편집, 레이아웃 제안 도구를 활용하면 작업 속도가 획기적으로 빨라집니다. 발전하는 다양한 AI를 도구 삼아 가장 잘 활용하는 사람이 성공할 가능성이 높아질 거예요. 이때 중요하게 고민해 볼 부분은 그저 예쁜 디자인에서 벗어나야 한다는 것입니다. 예쁜 디자인은 오히려 AI가 더 잘할 수도 있습니다.

Agentic AI(자율 시스템)가 디자인 자동화를 하지만 인간 중심의 창의성과 인간 중심의 문제해결을 하는 수요는 오히려 더 커질 것이라고 전망합니다. 또한 AI가 아무리 빠르게 작업물을 만들어내더라도, 단순한 시각적 결과물만으로는 부족합니다. 성공적인 디자인 창업가라면 브랜드 전략, 메시지 통합, 마케팅 채널 계획까지 아우르는 전반적 시스템을 이해하고 설계할 줄 알아야 합니다. 또한 AI가 쉽게 따라올 수 없는 컨셉 개발, 스토리텔링, 사용자 경험 설계 같은 영역에서 자신만의 전문성을 드러내야 하죠. 디자인은 브랜드의 심장에 생명을 불어넣고, 고객이 경험 속에서 브랜드를 느끼도록 만드는 예술이 되어야 합니다. 여러분이 다른 회사와 경쟁 우위에 있는 부분은 무엇이며 우리는 어떤 가치를 제공해 줄 수 있는지 먼저 파악하여 앞서나간다면 AI 시대, 디자인 창업은 충분히 긍정적이라고 생각합니다.

Q. 스타트업이 성공하기 위해 가장 중요한 건 무엇일까요?

스타트업을 직역하면 빠르게 시작하여 위로 올라가는 사업이라고 할 수 있어요. 기존 사업처럼 신중하게 분석하고 천천히 준비하는 느낌이라기보다는, 아이디어를 재빨리 테스트하고 시장에 던지는 느낌인 거죠. 따라서 빠른 시작을 통해 고속 성장을 추구하는 혁신적인 벤처를 의미합니다. 그럼 스타트업에서 가장 중요한 것은 무엇인 것 같으세요? 시장은 하루가 다르게 빠르게 움직입니다. 늦으면 내가 먹을 파이는 줄어들어요. 그 사이 경쟁자가 먼저 파이를 가져가기 때문이겠죠. 그렇기 때문에 떠오르는 사업 아이템이 있다면 시장 적합성을 빠르게 판단하고 신속히 시작하는 것, 즉 '시장 적합성과 타이밍'이 가장 중요합니다. 빠르게 시작한다고 해서 준비를 소홀히 해도 된다는 의미는 아닙니다. 오히려 이 속도 안에서 디자인 실무의 기본 원칙을 지키는 것이 성공의 숨은 열쇠입니다. 계약금·잔금 시점, 추가 작업 정산 방식, 선입금을 통한 리스크 분산, 지식재산권과 소유권 관리, 유지보수와 후속 관리, 중간 산출물 기록 등 꼼꼼한 준비와 절차를 갖추는 것은 비즈니스로 성장시키는 핵심 전략이 됩니다. 이 책을 읽은 후 창업을 해야겠다고 마음먹었다면 빠른 실행력과 실무적 준비를 동시에 갖춰 up 해보세요!

#AI협업 #스타트업미래 #실행력폭발

그럼에도 창업!

창업, 도전이 만들어내는 빛나는 가능성

창업은 불확실성과 위험을 동반하지만,
도전은 성공을 위한 첫걸음입니다.
쉬운 길은 없지만, 시작의 용기가 새로운 기회를 창출하고,
그 기회를 통해 성장하게 만듭니다.
도전하는 순간, 창업은 가능성으로 바뀝니다.

Q. 힘들고 무섭고 어려움이 많을 것 같은 창업, 정말 좋아요?

저는 종종 말해요. "인생은 결국 비즈니스다." 거래를 직접 경험해 봐야 삶의 구조와 사람을 진짜로 이해하게 됩니다. 창업은 자신의 아이디어와 역량을 시장에 던져보고, 피드백을 받아 발전시키며, 고객과의 신뢰를 쌓아가는 생생한 현실입니다. 디자인 하나를 잘하는 것도 중요하지만, 그것만으로는 부족합니다. 디자인을 사업으로 연결하는 전체 프로세스뿐만 아니라 시장 검증, 수익구조 설계 등 디자인과 비즈니스가 만나는 흐름을 정확히 알아야 하죠. 또한 위 챕터에서 언급했듯이 견적서, 계약서, 세금계산서 발행, 부가가치세 신고, 종합소득세 정산 등 회계와 세무의 기본을 이해하고 실행하는 능력 역시 '진짜 창업'을 지속 가능하게 만듭니다. 이런 실무적 경험은 단순히 돈을 넘어서 자신의 일과 삶을 통제하는 힘으로 이어집니다.

즉 창업을 통해 여러분은 디자인 능력뿐 아니라, 경영자적 사고, 커뮤니케이션 스킬, 재무 감각까지 갖춘 '창작 기반의 비즈니스 마인드'를 기르게 되는 겁니다. 작게라도 시작하고, 거래를 해보고, 돈을 받아보고, 세금 신고를 직접 해보는 것 그 자체가 여러분의 시야를 넓히고 진짜 성장을 이끌어냅니다. 창업은 자기 브랜드를 세우고 세상과 소통하며, 삶을 능동적으로 살아가는 방식 중 하나입니다. 한 걸음씩, 실전에서 배우는 마음으로 도전해 보세요. 그 모든 어려움과 배움은 결국 더욱 단단한 사람으로 만들어 줄 겁니다.

Q.저는 대학생인데 지금 학교 그만두고 창업을 시작할까요?

그런 고민이 생겼다는 것 자체가 굉장히 주체적인 태도이고, 저는 그 점을 높이 평가하고 싶습니다. 하지만 제 대답은 분명합니다. 졸업은 반드시 하세요. 창업에 대한 열정이 아무리 크더라도, 현재 주어진 '학업'이라는 기반을 소홀히 해서는 안 됩니다. 대학은 단순히 수업만 듣는 공간이 아닙니다. 기본적인 전문 지식, 문제해결 능력, 협업 능력, 커뮤니케이션 스킬 등 창업에 반드시 필요한 역량을 안전한 환경에서 연습하고 축적할 수 있는 무대입니다.

요즘은 대학 안에서도 창업을 병행할 수 있는 다양한 제도와 지원 프로그램들이 있습니다. 창업 동아리, 창업보육센터, 산학협력단 등을 활용하면 학교를 다니면서도 충분히 초기 창업 경험을 쌓을 수 있습니다. 또 학교마다 명칭은 다르지만 '창업학기제 실습'처럼 한 학기를 통으로 창업 경험에 집중할 수 있는 제도도 있으니 적극적으로 알아보는 것을 추천합니다. 물론 성공한 창업자 중에는 학업을 중단하고 창업에 올인한 사례도 있지만, 흔한 경우는 아니에요. 대부분의 창업은 철저한 준비, 탄탄한 지식, 그리고 신중한 계획이 있어야 지속 가능합니다. 지금은 뛰쳐나갈 시기가 아니라, 단단히 준비할 시기입니다. 졸업장을 갖는다는 것은 단순한 증서 이상의 의미를 가질 수 있으니까요.

Q. 언젠가는 하고 싶고, 하게 될 창업! 저를 위한 마지막 조언 부탁드립니다.

무조건적인 멘토를 찾으세요. 경험이 풍부한 멘토를 만나 실질적이고 구체적인 조언을 듣는 것은 창업 과정에서 발생할 수 있는 수많은 시행착오를 효과적으로 줄여줄 뿐만 아니라, 올바른 방향성을 잡는 데 큰 도움을 줍니다. 특히 같은 분야에서 성공을 거둔 창업가나 경영자, 또는 해당 분야의 전문가인 교수님과의 꾸준한 소통은 현실적인 문제해결 능력과 전략 수립에 큰 자산이 됩니다. 또한 학교 창업관에 입주한 기업들과 적극적으로 교류해 보세요. 다양한 기업들과 자연스럽게 대화하고 그들의 현장을 경험하는 것만으로도 배울 점이 많습니다. 때로는 의도치 않게 새로운 협업 기회나 아이디어가 생길 수도 있답니다.

예비 창업자에게 결정적으로 중요한 것은 '사람과 네트워크'입니다. 준비 단계부터 믿을 수 있는 멘토와 관계를 만들고, 그들의 경험과 지혜를 자신의 성장에 적극적으로 활용하시길 권합니다. 이 과정이 여러분의 창업 성공 가능성을 한층 더 높여줄 것입니다.

#인생은비즈니스 #창업멘토 #그럼에도창업

부록 2

실무에서
바로 쓰는

디자인
창업 팁

현실 밀착형 꿀팁

디자이너라면 놓치지 말아야 할 핵심 정보

디자인 작업을 더 효율적이고 창의적으로 만들어줄
다양한 도구와 자료들이 있습니다.
창의적인 아이디어와 작업을 한층 원활하게 만들어줄
유용한 정보를 확인해 보세요!

디자인 창업자는 '툴 조합'이 무기입니다! 한 가지 툴만 사용하지 않아요. 이젠 툴을 얼마나 잘 섞느냐가 실력입니다. 전문성과 확장 가능성을 갖춘 디자인 회사를 만들고 싶다면, 툴에 대한 이해와 활용 능력은 선택이 아닌 필수입니다. 브랜딩, 인쇄물, 로고, 영상, 제안서, 웹 콘텐츠 등 다양한 작업을 소화하려면, 각 작업에 적합한 툴을 알고 사용할 수 있어야 합니다.

순번	툴	툴 용도	특장점
1	Ai	**Adobe Illustrator (일러스트레이터)** 로고, 아이콘, 리플렛, 패키지 디자인 등	벡터 기반 핵심 툴
2	Ps	**Adobe Photoshop (포토샵)** 이미지 보정, 합성, 목업 작업 등	시각자료 편집 및 콘텐츠 제작에 필수
3	Id	**Adobe InDesign (인디자인)** 여러 페이지에 걸친 책자, 웹진, 자료집 등	출판 전용 기능
4	Ae	**Adobe After Effects (애프터 이펙트)** 로고 애니메이션, 타이틀, 인트로 영상 등	브랜드 오프닝 / SNS 콘텐츠에 생명력을!
5	Pr	**Adobe Premiere Pro (프리미어 프로)** 영상 컷 편집, 자막, 배경음 삽입 등	제품 / 브랜드 소개 영상, 인트로 영상

순번	툴	툴 용도	특장점
6		**Figma (피그마)** UI/UX 시안, 로고 시안 공유, 웹배너, SNS콘텐츠, 카드뉴스, 시안 구성 등	웹 배너, 상세 페이지, 온라인 이미지, 홈페이지 UXUI
7		**Blender (블렌더)** 제품 시각화, 캐릭터 렌더링, 공간 시뮬레이션	무료지만 강력한 오픈소스 3D 툴
8		**Cinema 4D (시네마4D)** 3D 모델링, 모션그래픽, 미디어아트, VFX	MoGraph 모듈로 복잡한 모션 그래픽 작업 효율성 높음, Adobe After Effects와 연계성 높음.
9		**Canva (캔바)** 카드뉴스, SNS 썸네일, 브랜딩 키트	초보자도 즉시 결과물 제작 가능
10		**Procreate (아이패드용)** 일러스트 삽화, 디지털 페인팅, 텍스처 표현	수작업 느낌의 드로잉
11	AI생성 플랫폼	**Midjourney, Adobe Firefly 등** 시안 제작 초안	반복작업 시간절약, 인건비 절감 등

로고 만들 땐 일러스트레이터로 깔끔하게 선 긋고, 포스터 만들 땐 포토샵으로 감성 한 스푼 첨가! 여기서 끝이 아니죠. 로고에 생명을 불어넣고 싶다면? 애프터 이펙트로 살짝 흔들어주면 애니메이션 완성! 브랜드를 영상으로 보여주고 싶다면? 프리미어로 스토리 편집하고, 애프터 이펙트로 효과 뿌려주면 한 편의 작품이 됩니다. 제품을 3D로 보여주고 싶다? 블렌더에서 입체감 살리고, 포토샵에서 예쁘게 조명과 색감

조절! 더 전문적인 모션그래픽은 시네마4D와 애프터 이펙트를 조합해 완성도를 높일 수 있습니다. SNS 콘텐츠는 빠르고 예쁘게 만들어야 하니까, 캔바로 손쉽게 템플릿 쏙쏙, 피그마로 실시간 피드백 받고 협업까지 OK!

아이패드에서 드로잉 감성을 살리고 싶다면 프로크리에이트로 손맛을 살린 일러스트를 완성할 수도 있죠. 최근에는 미드저니나 어도비 파이어플라이 같은 AI툴을 활용해 시안을 빠르게 뽑아낼 수도 있고요.

이처럼 디자인 창업자들은 툴을 레고처럼 조립하며, 각 프로젝트에 맞는 최적의 조합을 찾아냅니다. 툴 하나하나도 중요하지만, 툴 간의 '케미'를 아는 사람이 진짜 고수입니다.

툴 조합은 창업자의 시그니처! 툴 믹스 잘하는 디자이너가 될 수 있도록 끊임없이 배우고 실험하는 자세가 필요합니다.

Q. 교수님, 저는 툴 사용을 잘 못해서 디자인 회사 창업이 어려울 것 같아요….

툴을 전혀 모르고 시작하면 분명 어려움이 많아요. 하지만 중요한 건 모든 디자이너가 처음부터 툴 마스터였던 건 아니라는 점이에요. 툴은 배우면 반드시 늘고, 익히면 반드시 익숙해지는 도구일 뿐이에요. 창업은 '완벽해서 시작하는 일'이 아니라, 시작하면서 점점 단단해지는 과정입니다. 그리고 요즘은 예전보다 훨씬 쉬운 온라인 강의, 실무 튜토리얼, 유튜브, AI 툴까지… 단기간에 핵심 기능만 익혀도 바로 실전에 투입할 수 있는 수준이 될 수 있습니다. 지금 가장 중요한 건 두려움이 아니라 "무엇을 익혀야 할지 아는 것"입니다. 딱 하나부터 시작해 보세요. 예를 들어 일러스트레이터 하나만 익혀도 로고, 포스터, 패키지 디자인까지 가능해져요. 그리고 그 성취감은 다음 툴을 배우는 동력이 되어줄 거예요.

콘텐츠 제작의 스펙트럼을 넓히는 툴

디자인 회사 창업 초기에는 당연히 로고, 브랜딩, 제안서, 홍보물 정도만 다룰 거라고 생각하죠. 하지만 시간이 지나면 고객은 이렇게 말하기 시작합니다. "혹시 이 로고를 영상으로도 만들어 주실 수 있나요?", "간단한 3D 모션 같은 것도 가능할까요?", "우리 제품이 더 입체적으로 보이게 하고 싶은데요…" 이때가 바로 툴의 확장이 필요한 시점입니다. 여기 소개하는 툴들은 당신의 디자인 회사가 그래픽 → 영상 → 모션 → 3D → 콘텐츠 제작으로 확장해 나갈 때 거쳐야 할 필수 성장 아이템들입니다.

1	ZBrush (지브러시)	ZBrush (지브러시) 조각과 디테일 모델링 캐릭터 구현	실제 점토를 다루듯 직관적이고 섬세한 조각이 가능
2	unity	Unity (유니티) 모바일 게임, 2D / 3D 게임, VR / AR, 인터랙티브 콘텐츠, 시뮬레이션	커뮤니티와 플러그인이 매우 활발하고, 초보자에게 접근성 좋음, 실시간 3D 엔진

3		**3ds Max (쓰리디맥스)** 건축물 및 인테리어 공간 3D 시각화, 가구, 제품, 패키지 입체 디자인	리얼한 구조와 공간 표현 가능
4		**Maya (마야)** 시뮬레이션 효과, 영화 / 광고용 고급 애니메이션, 게임 속 3D 모델과 움직임 구현	정교한 애니메이션, 리깅, 시뮬레이션, 모션 제어 등에 특화
5		**언리얼 (UNREAL ENGINE)** 하이엔드 게임, 건축 / 제품 시각화, 시네마틱 영상, 메타버스	영화급 실시간 렌더링, 고품질 그래픽 구현, VR·전시·이벤트 연출에 최적

디자이너가 쓰는 컴퓨터 사양

디자인 회사 창업을 준비하거나 프리랜서 디자이너로 본격적인 작업을 시작하려는 순간, 가장 먼저 마주하는 고민 중 하나가 바로 작업용 컴퓨터입니다. 어떤 사양이 적당한지, 데스크톱과 노트북 중 무엇이 더 나은지, 그리고 어느 정도의 예산을 투자해야 할지 막막할 수밖에 없죠.

디자인은 단순히 그림을 그리는 일이 아닙니다. 수많은 레이어가 쌓인 대용량 파일을 다루고, 고해상도 이미지와 영상 편집, 노코드 웹 툴을 동시에 실행하며, 경우에 따라선 3D 툴이나 모션그래픽도 병행하게 됩니다. 따라서 적절한 장비는 작업 효율과 수익성에 직결되는 투자입니다.

데스크톱 추천 사양!

구분		제품 사양
CPU	인텔i9-12700F	12코어 20스레드, 성능 우수 최신 디자인 툴, 멀티태스킹에 최적, After Effects, Premiere 렌더링 속도 우수
RAM	DDR4 64G(3200)(삼성)	32GB x 2, 대용량 작업에 유리 고용량 이미지, PSD 파일, 영상 소스 작업 시 강력 Figma, Photoshop, Premiere 동시 구동에도 여유
GPU	RTX 4070 12GB	그래픽디자인용으로 강력 Adobe 툴의 GPU 가속 완벽 지원 3D / 모션 작업도 충분히 소화 가능 WebGL 기반 노코드 툴(Framer, Spline 등)과도 잘 어울림
CPU 쿨러	상급 공랭 240mm 수랭쿨러	고급형 공랭 시스템 발열 제어 우수, 소음 적음 장시간 작업에도 안정적인 온도 유지
SSD	SK GoldP31 NVME(2TB)	빠른 읽기 / 쓰기 속도 대용량 프로젝트 파일도 빠르게 처리 클라우드 + SSD 백업 조합으로 안정적인 데이터 운용 가능
메인 보드	Z690-어로스(GA)D4	인텔 12~13세대 완벽 호환 확장성 좋고, SSD & GPU 장착 여유 있음 DDR4 기반으로 가격 대비 효율적
파워	850W-900W	고성능 부품 안정적 지원 고성능 GPU와 다수 SSD 구성에도 안정적 전력 공급 향후 업그레이드 여유까지 확보

개인적인 사용 경험을 바탕으로 추천하는 데스크톱 사양입니다.

노트북 추천 사양!

구분	제품 사양	
CPU	Intel Core i9-13900H / i7-13700H 이상 or Apple M3 Pro 이상	영상 / 모션 / 멀티작업을 위한 고성능 프로세서
RAM	32GB 이상 (가능하면 64GB 옵션 가능 모델)	포토샵+에펙+피그마 동시 작업에도 여유
GPU	NVIDIA RTX 4060-4070 Laptop GPU 이상	3D / 모션그래픽 / 렌더링 속도 확보
CPU 쿨러	노트북용 쿨링 시스템	고성능 듀얼팬 기반 냉각 설계 발열 제어 우수, 소음 최소화 장시간 영상·렌더링 작업에도 안정적인 성능 유지
SSD 스토리지	NVMe SSD 1TB 이상	빠른 부팅, 대용량 파일 처리
디스플레이	16~17인치 QHD(2560x1600) 이상, 100% sRGB / DCI-P3	색 정확도와 넓은 작업 공간
무게/ 휴대성	2.2~2.6kg 사이 (성능 대비 적당한 무게)	데스크탑 대체용이라면 무게는 감수해야 함
발열 / 쿨링	듀얼팬, 3~4방향 쿨링 설계	장시간 렌더링 시 안정성 확보

개인적인 사용 경험을 바탕으로 추천하는 노트북 사양입니다.

부록 2 실무에서 바로 쓰는 디자인 창업 팁

Q. 맥을 써야 하나요? 일반 윈도우 PC가 더 나을까요?

결론부터 말하면, 어떤 도구로 어떤 작업을 주로 하느냐에 따라 달라집니다. 맥은 감각적인 UI, 색상 정확도, 웹 기반 툴 최적화, 무엇보다 디자이너가 일하는 '분위기' 자체를 만들어 줍니다. 반대로, 영상 편집이나 모션그래픽, 3D가 주 작업이라면? 고성능 윈도우 PC가 유리합니다. 한국은 문서 작업 비중이 높은 편이라, 맥 OS는 호환에 불편함을 느낄 때가 많아요.

제자들 중에도 "대학교 내내 맥북만 쓰다가, 회사에서 윈도우 환경에 적응하느라 너무 힘들었어요"라고 말하는 경우가 종종 있어요. 실제로 대부분의 기업은 윈도우 기반이며, 문서 작업, 협업툴, OA 소프트웨어 등도 윈도우 환경에 최적화되어 있기 때문에 저는 진로 방향에 맞춰 도구 선택도 조언합니다. 창업을 준비하는 학생이라면 맥과 PC를 함께 사용해 보는 것이 좋습니다. 설령 주로 윈도우 PC를 사용하더라도, 맥을 다뤄본 경험이 있으면 훨씬 유리합니다.

기업이나 공공기관과 우선적으로 일을 준비한다면 윈도우 환경에 익숙해지는 게 필수이고, 실무에 적용할 수 있도록 미리 준비하는 것이 좋습니다. 주어진 환경에 얼마나 빠르게 적응하고 유연하게 대응할 수 있느냐가 더 중요하니까요.

Q. 창업에 노트북 하나로 시작해도 될까요?

저는 창업 초기라 하더라도 업무 효율을 높이기 위한 최소한의 투자는 꼭 필요하다고 생각합니다. 노트북 하나로 모든 걸 해결하려다 보면 오히려 작업 속도가 느려지고, 집중력도 떨어질 수 있거든요. 듀얼 모니터와 외부 키보드, 편안한 데스크 환경을 갖추면 업무 효율이 눈에 띄게 좋아지고, 스트레스도 줄어들어요. 장기적으로 보면 이런 작은 투자가 사업 성장과 창의력 유지에 큰 도움이 됩니다.

디자이너가 알아두면 유용한 레퍼런스 사이트

디자인 창업을 준비하면서 가장 큰 도전 중 하나는 창의적인 아이디어를 발전시키고 이를 구현하는 과정입니다. 온라인에 존재하는 다양한 디자인 레퍼런스 사이트들은 무한한 영감의 원천이 될 수 있습니다. 문제는 너무 많은 레퍼런스 사이트들이 존재하고 있고 디자인의 종류도 중구난방이어서 어지럽다는 것입니다. 디자인의 종류에 따라 효율적으로 참고하면 좋을 사이트! 딱 3가지의 사이트만 추려 알려줄게요.

로고

브랜드의 정체성과 가치를 시각적으로 표현하는 로고! 로고 제작 의뢰를 받았다면, 레퍼런스를 살펴보고 브랜드 특성에 맞는 시각적 언어를 탐색하는 과정이 필요합니다.

www.logolounge.com	www.logodesignlove.com	https://logomoose.com
로고라운지	로고디자인러브	로고무스

그래픽

전 세계적인 최신 트렌드와 다양한 그래픽 스타일의 작품들을 볼 수 있는 디자인 사이트입니다. 다른 디자이너들의 작품을 관찰하면서 영감을 얻고 이를 토대로 자신만의 독창적인 아이디어를 발전시켜 보세요.

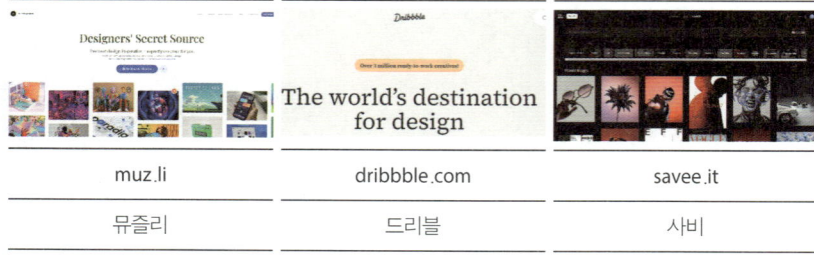

muz.li	dribbble.com	savee.it
뮤즐리	드리블	사비

종합 디자인

디자인 작업에 영감을 얻고 기술을 발전시키기 위한 다양한 디자인 사이트들이 있습니다. 많은 디자이너들이 자주 이용하는 사이트예요. 자신의 작업을 공유하는 플랫폼과 더불어 창의적인 아이디어를 얻을 수 있는 사이트들을 확인해 보세요.

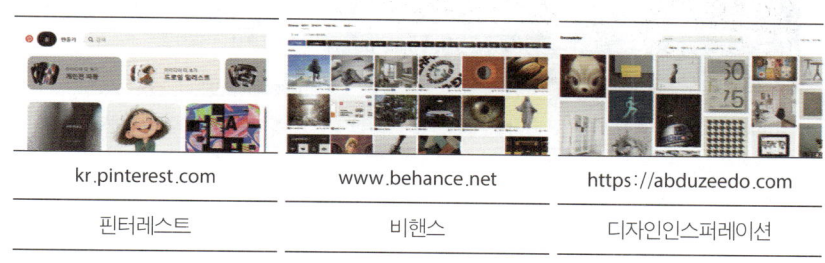

kr.pinterest.com	www.behance.net	https://abduzeedo.com
핀터레스트	비핸스	디자인인스퍼레이션

컬러

컬러는 디자인의 분위기와 메시지를 결정짓는 중요한 요소입니다. 디자인 작업 중 적절한 컬러 팔레트를 고르기 어렵다면, 아래 사이트들을 참고해 보세요.

https://coolors.co	colorhunt.co	color.adobe.com
컬러스	컬러헌트	어도비컬러

영상

영상 작업을 할 때, 영상의 구도, 색감, 모션 등 디자인적 관점에서 그래픽 요소를 잘 설계하고 구성하는 것이 필수입니다. 영상 디자인의 완성도를 높일 수 있도록 레퍼런스들을 참고해 보세요.

https://vimeo.com	https://film-grab.com	https://elements.envato.com
비메오	필름그랩	엔바토

패키지

패키지 디자인은 형태와 구조, 그래픽 요소, 소재 등 광범위한 부분을 잘 알아야 합니다. 브랜드 아이덴티티를 효과적으로 전달하는 패키지의 시각적 매력과 핵심 고려 사항을 레퍼런스들을 통해 확인해 보세요.

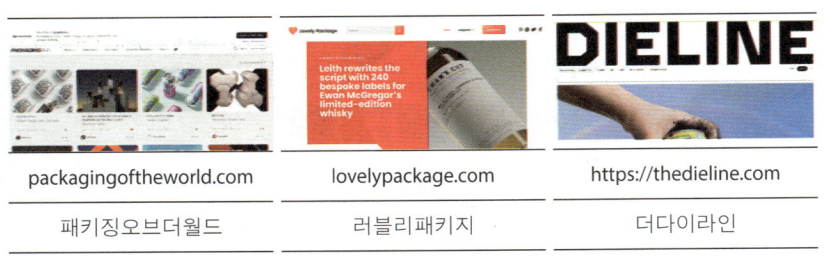

packagingoftheworld.com	lovelypackage.com	https://thedieline.com
패키징오브더월드	러블리패키지	더다이라인

웹 홈페이지

다양한 웹사이트를 참고하면 홈페이지에서 필요한 사용자 경험 (UX), 인터페이스(UI), 레이아웃, 색상, 폰트 등을 확인하고 아이디어를 구체화하는 데 도움이 됩니다.

www.awwwards.com	www.gdweb.co.kr	https://www.cssdesignawards.com
awwwards	지디웹	cssdesignawards

UI/UX

UI와 UX는 서로 밀접하게 연결되어 있습니다. 좋은 UI 디자인이 있어도 UX가 부족하면 사용자는 불편함을 느낄 수 있고, 반대로 좋은 UX를 제공하더라도 UI가 직관적이지 않으면 사용자가 어려움을 겪을 수 있습니다. 레퍼런스를 통해 분석하고, 적용 가능성을 고민해 보세요.

wwit.design	uibowl.io	designus.io
윗	유아이볼	디자이너스

부록 2 실무에서 바로 쓰는 디자인 창업 팁

애니메이션

애니메이션 관련 디자인을 포함해 다양한 창의적인 작업을 볼 수 있는 플랫폼을 확인해 보세요!

https://motionographer.com	https://characterdesignreferences.com/art-of-animation	https://conceptartworld.com
motionographer	Art of Animation	Concept Art World

책 편집

책 편집 구조, 레이아웃 등의 디테일 요소들이 가독성과 책의 완성도를 결정합니다.

https://bookcoverarchive.com	https://notefolio.net	https://www.underconsideration.com/fpo

타이포

타이포그래피는 텍스트의 시각적 표현을 디자인하는 분야로, 글자의 형태, 크기, 간격, 정렬 등을 조정하여 효과적으로 메시지를 전달하고 시각적 매력을 더하는 작업입니다. 타이포만 잘 활용해도 디자인의 전체적인 톤과 분위기를 설정할 수 있어요.

| https://www.typewolf.com | https://fontsinuse.com | https://design.google |

목업

목업(Mockup)은 디자인 작업을 실제 제품이나 환경에서 어떻게 보일지를 시뮬레이션할 때 사용됩니다. 디자인 작업의 시각화와 프레젠테이션을 손쉽게 할 수 있도록 도와줍니다.

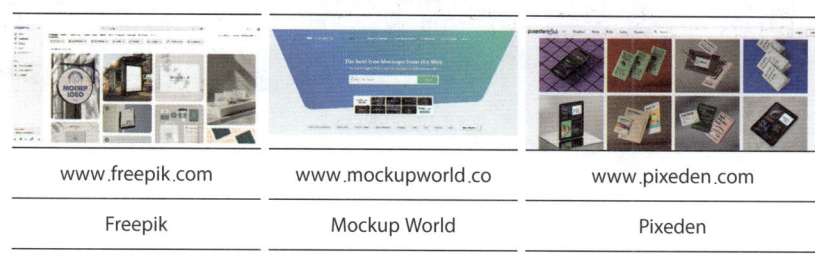

| www.freepik.com | www.mockupworld.co | www.pixeden.com |
| Freepik | Mockup World | Pixeden |

캐릭터 일러스트레이션

캐릭터 디자인은 비디오 게임, 애니메이션, 만화, 영화, 광고 등에서 중요한 역할을 하며, 캐릭터가 스토리와 상호작용을 통해 독자나 관객에게 강력한 인상을 남길 수 있습니다. 참고하기 좋은 사이트예요.

www.artstation.com	www.deviantart.com	www.itsnicethat.com
ArtStation	DeviantArt	It's Nice That

3D그래픽

다양한 3D 모델과 디자인을 검색할 수 있는 사이트입니다. 여러 분야의 3D 아트워크를 쉽게 탐색할 수 있습니다.

https://www.turbosquid.com	www.therookies.co	sketchfab.com
turbosquid	The Rookies	Sketchfab

디자인 창업의 모든 것

디자인할 때 폰트 선택은 정말 중요합니다. 무료 폰트 사이트는 돈을 들이지 않고 다양한 글꼴을 써볼 수 있어서, 아이디어 스케치나 시안 제작에 딱이에요. 상업용 폰트는 라이선스를 구매해서 안정적으로 사용할 수 있고, 독특한 스타일도 많죠. 이 사이트들에서 원하는 폰트를 다운로드해 활용해 보세요. 다만 "상업적 사용 가능"이라고 표시돼 있어도 사용 용도에 따라 제한이 있을 수 있으니, 상업적으로 사용할 때는 판매 목적별 라이선스를 꼭 확인하세요.

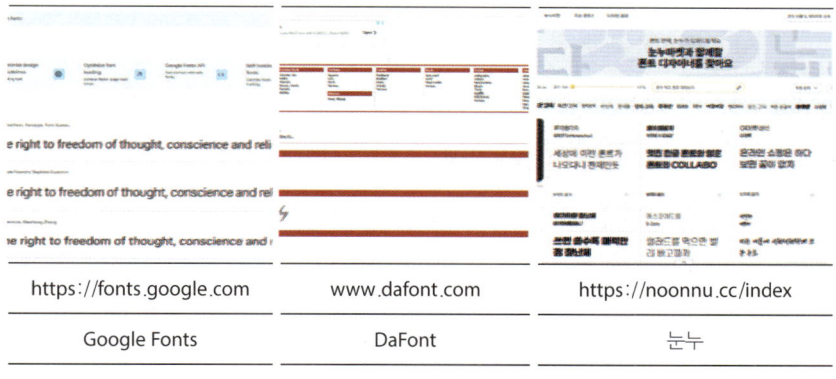

https://fonts.google.com	www.dafont.com	https://noonnu.cc/index
Google Fonts	DaFont	눈누

폰트가 마음에 드는데 이미지만 가지고 있다면? 이 사이트에서 확인해 보세요. 이미지를 검색창에 올린 후 폰트를 눌러보면 비슷한 폰트들을 찾을 수 있습니다.

비슷한 영문폰트 찾기 www.myfonts.com	what the font	
비슷한 한글폰트 찾기 https://www.sandollcloud.com	산돌폰트	

AI 생성 사이트

AI 기술이 최근 몇 년간 빠르게 발전하고 있습니다. 짧은 시간 내에 디자인에 필요한 콘텐츠를 빠르게 제작할 수 있으며 자연스러운 결과물까지 만들 수 있어요. 디자이너는 이러한 AI 기술을 적극적으로 수용하고, 작업 과정에 효율적으로 통합함으로써 경쟁력을 확보하는 것이 필수적입니다.

AI 로고 생성 사이트

로고를 텍스트 입력과 몇 가지 설정만으로 로고 디자인을 자동 생성해 주는 사이트예요. 심볼, 텍스트, 레이아웃, 컬러 등을 선택할 수 있는 메뉴가 있습니다. 디테일한 수정은 어려우나 초보자들이 쉽게 로고를 만들고자 한다면 참고하면 좋습니다. 빠르게 여러 시안을 볼 수 있으며 초기 아이디어 시안용으로 유용합니다.

logoai   https://logoai.ai/ko

AI 애니메이션 생성 사이트

AI로 전문 애니메이션 효과를 쓸 수 있습니다. 다양한 효과를 조절할 수 있으니 활용해 보세요.

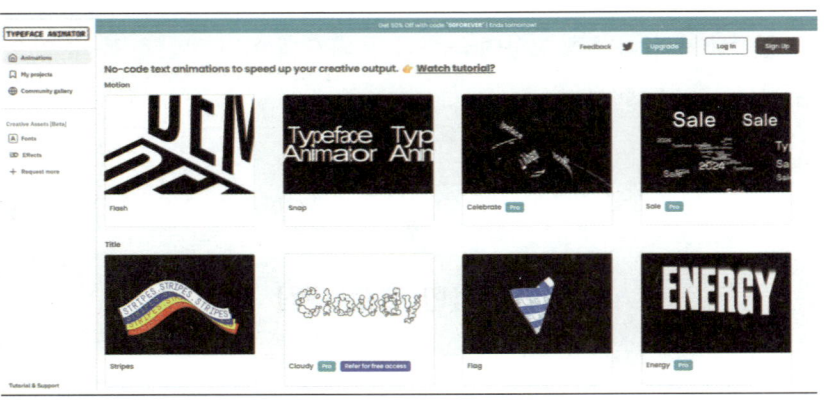

typeface animator   https://www.typefaceanimator.com

AI 이미지 영상 생성 사이트

AI 이미지, 영상 변환 사이트들이 요즘 많이 나오고 있죠. 누구나 아이디어만 있으면 손쉽게 시각화할 수 있습니다. 짧은 시간 안에 이미지와 영상을 구현할 수 있어 활용도가 높은 플랫폼을 소개합니다.

디자인 창업의 모든 것

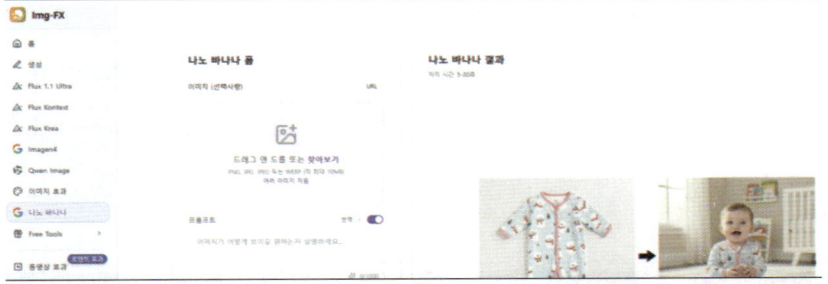

ImageFX   https://img-fx.com/create

Kling   https://img-fx.com/create

veo 3   https://labs.google/fx/ko/tools/flow

AI 3D 아이콘 생성 사이트

복잡한 디자인 기술 없이도 아이디어만으로 개성 있는 3D 아이콘을 만들 수 있어요. 빠른 제작 속도로 앱, 웹, 영상 등 다양한 분야에서 바로 활용할 수 있어 편리합니다.

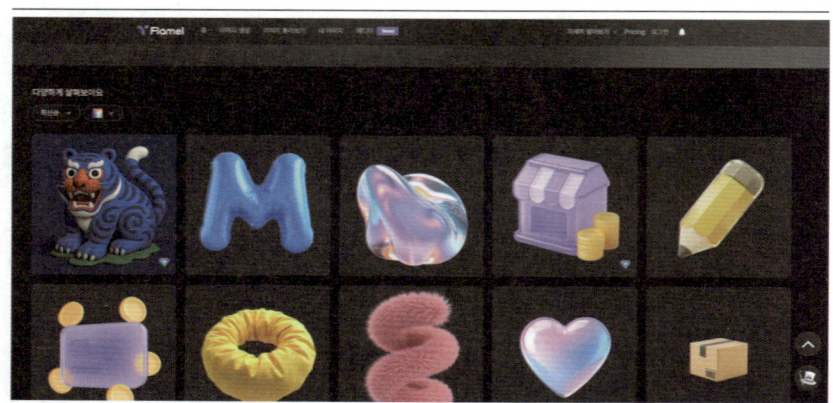

플라멜　　　　　　　　　　　　　　　　　　　flamel.app

AI 웹빌더 생성 사이트

AI 웹빌더 사이트를 이용하면 복잡한 코딩 지식 없이도 누구나 쉽게 나만의 웹사이트를 만들 수 있습니다. 디자인과 구조를 자동으로 제안해주어 빠르게 완성할 수 있고, 개인 프로젝트나 작은 사업 운영에 바로 활용할 수 있는 편리한 도구입니다.

이 사이트는 국외 사이트이며 본 책 '3-14. 웹 홈페이지' 챕터 348쪽에 국내 웹빌더 플랫폼이 기재되어 있습니다.

dorik   https://dorik.com

저희가 2년여간 걸쳐 써 내려간 이 책의 마지막 장을 마주합니다.

책을 쓰는 동안,

다시금 디자인이 가진 무궁무진한 가능성에 감탄했고,

디자인 창업이라는 길이 주는 설렘과 도전 속에서,

우리가 만들어낼 수 있는 가치와 의미를 온전히 느낄 수 있었습니다.

무엇보다도 이 책의 독자가 될 여러분을 떠올리며, 선배로서 경험을 전하고, 교수로서 제자를 응원하는 마음을 담아 한 줄 한 줄 정성껏 채워 넣었습니다.

디자인 창업의 여정을 시작하려는 여러분께, 창업이라는 길은 외롭고 험난할지도 모릅니다. 하지만 그 속에서 느끼는 두려움과 설렘, 고민과 성취는 모두 성장과 경험이 됩니다. 저희 둘이 직접 창업을 하며 겪었던 수많은 순간들 - 클라이언트와의 첫 미팅에서의 떨림, 예상치 못한 난관 앞에서의 좌절, 그리고 작은 성공을 맛보며 얻은 확신 - 이 모두가 결국 지금을 만든 소중한 자산이 되었습니다.

처음의 불안은 용기와 지혜로 바뀌고, 작은 성공 하나하나가 세상을 향한 자신만의 발걸음이 될 것이고, 언젠가는 누군가에게 경험을 나누고 희망을 전하는 자리에 서 있을 것입니다.

오늘도 각자의 자리에서 묵묵히 최선을 다하는 모든 창업가들에게, 진심 어린 응원의 마음을 보냅니다. 이 책이 여러분에게 창업의 지침서를 넘어, 길을 잃었을 때 잠시 기댈 수 있는 동료 같은 책으로 남기를 진심으로 희망합니다.

창업의 길을 걸어온 선배이자 여러분을 응원하는
김진경, 진진아

디자인 창업의 모든 것

1판 1쇄 발행   2026년 1월 15일

지은이   김진경. 진진아
펴낸이   정원우
편집총괄   민지현
디자인   홍성권

펴낸곳   어깨 위 망원경
출판등록   2021년 7월 6일 (제2021-00220호)
주소   서울시 강남구 강남대로 118길 24 3층
이메일   book@premiumpublish.com

ISBN   979-11-93200-55-1 (03320)